レオ・シュトラウス

ホッブズの政治学

添谷育志
谷　喬夫訳
飯島昇藏

みすず書房

HOBBES' POLITISCHE WISSENSCHAFT

von

Leo Strauss

Hermann Luchterhand Verlag GmbH, 1965

序　言*

本研究の意図は、ホッブズ政治哲学の諸原理の分析と、かれの後継者たちの政治哲学の諸原理の分析とを準備することにある。過去数十年の間に獲得された、政治思想の伝統についての知識の深化の結果として、それらの諸原理の新しい分析が必要となってきた。一七世紀と一八世紀を自然法理論の全盛期であると、いかなる留保もつけずに特色づけても無難であった時代は、いまでは過去のものである。このような特色づけは、暗黙のうちに、理性主義の時代の政治理論と一九世紀の政治理論との比較のうえに基礎づけられていたし、そのような比較の限界内においては、そうした特色づけはいまなお正しい。しかし、中世および古代の伝統が正当に考慮されるときには、それはもはや維持されえないのである。このような方向の変化のホッブズ政治哲学の解釈に対する影響は明らかである。J・レアードは、ホッブズに関する最近の書物のなかで、倫理的政治的理論においてホッブズの「声と手は二つとも中世的である」という見解を打ち建てようと試みることができた。この発言は正当であるとは認めがたいものであるけれども、ホッブズの独創性を疑問の余地のないものとしてきた旧来の意見はいくぶん動揺させられており、以前の研究の段階では要求もされなかったいくつかの修正をいまでは必要としているということを、それは明晰に証明しているのである。一般的にいって、もしも自然法理論が、理性主義の時代に特有の特徴であるどころか、中世および古代の伝統にあってはほとんど当然の事柄であるとするならば、われわれは、なにゆえに一七世紀と一八世紀がすぐれて自然法理論の時代であるという名声を獲得したのかと問わざるをえないのである。そして、自然法理論の実践的意義は、周知の政治的理由から、他のいかなる時期よりもその時代により大きかったからであるという不充分な解答を最初から排除しておくためには、われわれは、近代的な自然法の見方と伝統的な自然法の見方の間には原理上の差異が存在していないかどうかという、もっと正確な問いを立てなければならないのである。そのような差異は事実存在している。伝統的自然法は、第一に、そして、主として、客観的な「規則と尺度〔基準〕」、すなわち人間の意志に先んじ、それからは独立した拘束力をもつ秩序であるのに対して、近代的自然法は、第一に、そして、主として、人間の意志に起源をもつ一連の「権利」、すなわち主観的要求であり、そうであろうとする傾向をもっている。わたくしは、本研究において、この見解を打ち建てるべく、近代政治哲学の創始者としてのホッブズの政治的教説と、伝統的政治哲学の創始者としてのプラトンおよびアリストテレスのそれとの比較を試みた。もしもロック、モンテスキューおよびルソーの教説を、たとえば、フッカー、スアレスおよびグロティウスのそれと比較してみても、本質的な点では、同じ結果に到達する。一見すると、前述した規則に対する最も重要な例外であるように思われるライプニッツの教説でさえ、もしもかれが自然法の諸命題に帰している内容のみならず、その形式――条件的性格――もまた考慮されるならば、その規則を確証し(1)ているのは明らかである。しかしながら、ホッブズは、自然法のたいていの唱道者よりも、「人間の諸権利」に実践的な重要性をわずかしか付与していないけれども、近代自然法の本質とそのすべての含意が、かれの教説においてよりも明晰に理解される場所はほかにはないのである。というのも、明らかにホッブズは、偉大な伝統がそうしたようには、自然「法」から、すなわち客観的な秩序から出発せずに、自然「権」から、すなわちいかなる先行する法、秩序、あるいは義務に依存していないどころか、それ自身がすべての法、秩序、あるいは義務の起源である、絶対的に正当化される主観的要求から出発しているからである。(その道徳哲学も内に含んでいる) ホッブズ政治哲学の独創性が、最も曖昧な形ではなく表明されているのは、道徳および政治の原理としての、まさにこの「権利」概念によってなのである。というのも、「権利」から出発することによって、したがってまた「法」の(あるいは、根本的には同じことに帰着するが、「徳」の)優位を否定することによって、ホッブズは理想主義的な伝統に反対する立場を取るのである。他方で、道徳と政治を「権利」に基礎づけて、純粋に自然主義的な性向や欲求には基礎づけていないことによって、ホッブズは自然主義的な伝統に反対する立場を取るのである。すなわち、「権利」という原理は、一方における(伝統的自然法の諸原理のような) 厳密に道徳的諸原理と、他方における(快楽、欲求、あるいはさらには有用性のような) 純粋に自然主義的諸原理との中間の立場なのである。「権利」はとりわけ法学的 (juridical) 概念である、ということができるかもしれない。その概念の哲学的応用の根底にある想定のいくつかは、本研究の最後の章のなかで示されている。しかしながら、その哲学的応用の意義の十全な分析は、他の機会に譲らなければならなかった。というのも、そのような分析がなされうるには、ホッブズ政治哲学は、自然「法」からも自然主義的性向や欲求からも区別された自然「権」から出発している、という明白な事実の単なる承認にとってさえ障害となっているものを取り除くことが、まずもって必要であったからである。

これらの障害は、主として、ホッブズがその政治哲学を近代的自然科学のうえに基礎づけようと努めた、という事実に起因している。この〔ような基礎づけの〕方法を取りたいという誘惑にはほとんど抵抗しがたかった。伝統的道徳・政治哲学は、ある程度まで、伝統的形而上学のうえに基礎づけられていたので、伝統的形而上学が近代的自然科学によって取って代わられたときに、新しい道徳・政治哲学を新しい自然科学のうえに基礎づけることは必然的であるように思われた。この種の試みは決して成功しなかった。伝統的形而上学は、ホッブズの後継者たちの言語を使えば、「擬人的」であり、そしてそれゆえに、人間的な事柄の哲学にとってふさわしい基礎であったのである。他方、すべての「擬人観」、目的や完成のすべての概念を放棄することによって自然を解釈しようと努めた近代的科学は、それゆえに、少なくいっても人間的な事柄の理解には、すなわち道徳や政治の基礎づけには、何ら貢献することができなかったのである。ホッブズの場合には、政治哲学を近代的科学のうえに基礎づけようとする試みは、自然「権」と自然的欲求との根本的相違を首尾一貫しては維持しえなかったという結果に帰着した。それゆえ、もしもホッブズの「権利」の原理の意義が正当に承認されるべきものであるとするならば、かれの政治哲学の真の基礎は近代的科学ではないということが、まずもって示されなければならなかったのである。これを示すことこそが、本研究の特別な目的なのである。

G・C・ロバートスンがその『ホッブズ』のなかで、五〇年まえに述べたように、「〔ホッブズの〕政治的教説の全体は……かれがなおも人間と習俗〔振る舞い〕の単なる観察者にすぎず、いまだ機械論的哲学者になっていなかったときに、疑いもなく、その主要な輪郭は決定されていたのである」(p. 57)。それゆえ、「人間と習俗」についてのホッブズの「前‐科学的」思想、すなわち、まだ科学的「説明」によって歪められていない、人間の生に関するかれのもともとの見解の首尾一貫した解明を試みることは、きわめて自然である。もしもわれわれがホッブズの思想の首尾一貫した理解を望むならば、そのような解明は可能であり、必要でさえもあるということを、わたくしは本研究によって示したと期待している。そのような理解を獲得するのは、一見するとそうみえるほどには、容易ではない。なるほど、ホッブズの読者のすべては、かれの思想が明晰で、厳格で、決然としていることに印象づけられる。しかし、ホッブズの研究者のすべてはまた、かれの著作に現れる多くの矛盾にも驚かされる。かれの最も重要で最も特徴的な主張のうち、かれの作品のどこかで直接的に、あるいはそれらの主張から引き出される明白な結果の否定によって、矛盾をきたさないような主張はごく稀でしかない。矛盾している叙述のどれがかれの真の意見であるのかを見破るためには、われわれは、かれの思想が厳格さと統一をもっているというわれわれの第一印象を固守しなければならない。というのも、その印象は、人間の生に関するホッブズの根本的な見解の知覚にほかならず、しかも、その見解は矛盾しておらず、一にして不可分であるからである。かれの政治哲学の真の基礎は、まさにこの見解であり、近代的科学ではない。その見解は、その起源を、いかなる学習された思い込みのなか、あるいは科学的な思い込みのなかというよりも、人びとが日々の生活や「公的会話」においてどのように振る舞っているかという実際の経験のなかにもっている。人間の生に関するホッブズの見解の根底にある経験は、ひるがえって、ある特殊な道徳的態度に遡及されなければならず、そして、その態度を保持しているひとに、ホッブズに特有の仕方で人間を経験し観察することを強いるのである。こうして、その見解は、ある哲学的体系のなかよりもむしろ、ホッブズの同時代人ラ・ロシュフーコー（ちなみに、自尊心〔虚栄心〕(*amour-propre*) の重要性についてのかれの意見は、「名誉」や「高慢」の重要性についてのホッブズの意見に非常に多く似かよっている）の文体のなかに、たとえば箴言や省察として、その適切な表現を見出すことができるかもしれない。そして、ホッブズの作品のなかにも、そのような文体で書かれている重要な部分が存在する。しかしながら、ホッブズの意図は、ただ単に人間の生に関するかれの見解をかれ自身の経験の表現として詳述するばかりでなく、なかんずくこの見解を唯一正しい普遍的に妥当する見解として正当化することでもある。かれの著作のなかに見出されうるもろもろの矛盾の究極的な理由をわれわれが把握しうるのは、まさにこの意図から出発することによってなのである。というのも、かれは、かれが保持しているような人間の生に関する見解の諸要求に適合するいかなる方法ももちあわせていないので、かれには、哲学的伝統か、それとも、近代的科学かのいずれかによって供給される方法と概念を借りる以外の選択はないからである。しかし、いずれもがそのような要求に対応しない。伝統的概念は根本的に反伝統的な見解にふさわしくないし、近代的科学によって提供される概念は、道徳的態度に起源をもつ人間の生に関する見解とは同じ性質ではない。一方における、人間の生に関するホッブズのもともとの見解と、他方における、伝統ないし近代的科学によって提供される諸概念との基本的な相違が、かれの作品に現れているいささかでも重要性をもつ矛盾のすべてを説明するのである。この事実を確定することが、ただ単に、ホッブズ政治哲学のいかなる首尾一貫した解釈にとっても必要条件であるばかりでなく、わたくしがすでに指摘したように、その哲学の原理の承認にとってさえも必要条件なのである。

ホッブズのもともとの見解が伝統にも近代的科学にも依存していないということをみるためには、かれの道徳的政治的理念の生成を研究しなければならない。というのも、ホッブズの初期の思想を研究することによって、人間の生に関するかれのもともとの概念は、かれが近代的科学を知る以前にかれの心のなかに存在していたことを、われわれは知覚することができるようになり、こうして、その概念が近代的科学に依存していないという事実を確定することができるようになるからである。そして、かれの〔思想の〕その後の展開を研究することによって、その発見をさらに確証するものにわれわれは辿り着くことができる。というのも、そこにわれわれは、かれのもともとの見解と近代的科学の諸要求との間の実際の軋轢を目撃するからである。他方において、伝統からの漸次的な解放である、ホッブズの〔思想の〕展開を全体として研究することによって、われわれは、少なくともかれのもともとの見解の諸前提と諸結果は、かれが伝統の頸木から解放されるにつれて、次第にかれに明らかになってきたということを理解できるようになり、こうして、かれのもともとの概念は、その十全な意味において理解されるならば、ただ単に伝統に依存していないばかりか、それとは対立さえしているということを示すことができるようになるからである。さて、近代的科学の影響の（主に）増加と、伝統の力の（主に）減少という観点から、われわれをホッブズの〔思想の〕展開の研究へと導くものは、同一の理由——人間の生に関するかれのもともとの見解に対する関心——によるものであるが、二つの場合に取られるべき方法は異なっている。第一の場合には、われわれは、とくにホッブズの初期の思想に、すなわちかれが厳密な科学を研究する以前に保持していた見解に関心をもっている。第二の場合には、われわれは、とくにホッブズの後期に最も明晰に開示されている、伝統からの解放への傾向の作用を探ってみたい。しかしながら、これら二つの研究の方向を完全に切り離すことは不可能である。というのも、ホッブズの初期の著作はきわめて少ないので、われわれは、いくつかの場合には、ホッブズの初期の見解は、それ自体明晰に表明されているかれのその後の〔思想の〕展開の仮説的な出発点であると解釈することによって、不充分な資料を補完しなければならないからである。この点は強調されなければならない。なぜならば、さもなければほとんど擁護しえない本研究の構成を、探究の二つの方向の相互依存性が正当化しているからである。

「初期の著作」という用語は、ホッブズの場合には、いくぶん普通とは違う意味をもっている。もしもわれわれが、初期の著作によって、政治哲学に関するかれの最初の体系的取り扱い（一六四〇年に完成した『法の原理』）以前にかれがものしたすべてのものを理解するならば、それらは、かれが五〇歳までに書き上げたものすべてからなっている。この意味においては、「初期の著作」とは、㈠トゥキュディデスのかれの翻訳への序論（一六二八年以降ではない）、㈡『丘の驚異について』(*De mirabilibus Pecci*)という詩集（一六二七年頃）、㈢テニエスによって発見され、編集され、そしてその編集者によって『第一原理に関する小論』(*A Short Tract on First Principles*)と呼ばれた小論稿（おそらく一六三〇年）、㈣アリストテレスの『弁論術』の二つの英語版の抜粋（一六三五年頃）である。上に挙げられた著作のうちで第二と第三の著作は、われわれの目的にとっては、いかなる大きな重要性ももってはいない。他方で、われわれは、ホッブズの初期の時代に関する自伝的説明および伝記的説明と、いくつかのホッブズからの手紙、およびホッブズ宛の手紙を加えなければならない。このようにきわめて資料が乏しいために、ホッブズの初期の思想がそのあらゆる相においていかなるものであったかについての問いに明確な解答を与えることはできない。たしかにホッブズ文書には属していないけれども、わたくしに判断できるかぎりでは、ホッブズの手によって書かれたチャッツワース草稿（Chatsworth MS）が、もしもホッブズの初期の思想の源泉として用いることができるならば、事情は異なったものとなろう。たといこの草稿がホッブズ自身の最も初期の著作ではないとしても、その草稿が書かれたときに、かれの著作が決定的な影響をおよぼしたと想定できる理由が存在する。(2)

すぐに挙げられる例外を除き、わたくしは（*English Works* あるいは *Opera latina* として引用される）モールズワースによるホッブズの著作の版に従った。『法の原理』と『ビヒモス』に関してはわたくしはテニエス版を、『リヴァイアサン』に関してはA・D・リンゼイによる版を利用した。

わたくしは、デヴォンシャー公閣下に対して、チャッツワースのホッブズ文書を検討し、その文書から数節引用する許可を寛大にも与えてくださったことに感謝の意を表したい。わたくしはまた、チャッツワースの図書館員のフランシス・トンプソン氏に対しても多くを負っている。わたくしがホッブズ文書を研究していたときに、トンプソン氏の援助と助言はわたくしにとって非常に貴重であった。

わたくしは、本研究の草稿を読まれ、非常に有益な示唆をしてくださったアーネスト・バーカー教授に感謝しなければならない。わたくしがこの仕事を継続できたのも、主にバーカー教授の親切と関心との賜物である。

わたくしはさらに、R・H・トーニー教授、ベリオール・カレッジ学長〔A・D・リンゼイ〕、N・F・ホール教授、および、E・J・パッサント氏に対して、かれらがわたくしに与えてくださった援助と励ましに対するわたくしの感謝の念を表したい。

わたくしは、ロックフェラー財団（Rockefeller Foundation）、学術振興協会（Academic Assistance Council）、およびシドニー・サセックス・カレッジの学長と理事会（Master and Governing Body of Sidney Sussex College）に対して、財政的援助の上で非常に多くを負っている。

最後に、わたくしは、本研究の翻訳という困難な役目を気前よく引き受けてくださったE・M・シンクレア夫人に感謝申し上げたい。

レオ・シュトラウス

＊　これは英訳版に付された序言（PREFACE）である。――訳者付記

（1）　仮言的命法とは区別されるカントの定言的命法の教説が必要となったのは、まさにライプニッツのこの見解のゆえにであるが、その見解はライプニッツ以前にホッブズによっていだかれていたのである。伝統的自然法の諸規則は、疑いもなく、定言的命法であったし、また、そのように理解されていた。

（2）　問題となっている草稿は'Essayes'と題されており、W・キャヴェンディッシュによって書かれたが、かれはそれを「今日の贈り物」として父親に献呈した。S・C・ロバーツ氏がわたくしに指摘したように、'Essayes'は、一六二〇年に匿名で出版された『余暇』（*Horae subsecivae*）よりも早い時期の、しかも、より短い草稿段階の版である。'Essayes'と*Horae subsecivae*は、一六一二年以前には出版されていなかったベーコンのいくつかのエッセイに基づいているので、それら二つは一六一二年と一六二〇年の間に書かれたのにちがいない。*Horae subsecivae*は伝統的には'Lord Chandos'あるいは'Lord Candish, after Earle of Devonshire'の作と推定されていた。後者の推定の正しいことが、W. Cavendishの署名のある草稿段階の版の発見によって、支持されるが、前者の推定はCandishをChandosと読み誤ったことに由来するのかもしれない。W・キャヴェンディッシュは、もちろん、すべてのデヴォンシャー伯爵がウィリアム（William）を名乗ったので、いずれのデヴォンシャー伯爵をも意味しうる。しかし、可能性は、'Essayes'と*Horae subsecivae*の書かれた日時（一六一二年と一六二〇年の間）によって限定され、その結果、初

代デヴォンシャー伯爵か、その息子、すなわち、後の二代目デヴォンシャー伯爵だけが、それらの著作の作者であることを主張しうるのである。初代デヴォンシャー伯爵が作者であることは、問題外である。というのも、'Essayes'はW・キャヴェンディッシュによって、当時なお存命中であった、その父親に献呈されており、初代デヴォンシャー伯爵の父親は一五五七年に他界しているからである。こうして、'Essayes' さらには、おそらくかなり高い蓋然性をもって、*Horae subsecivae* の（名目上のあるいは実際上の）作者は、W・キャヴェンディッシュ、すなわち、後の二代目デヴォンシャー伯爵以外の何者でもありえないのである。さて、このW・キャヴェンディッシュとはホッブズの生徒にして友人であった。ホッブズが、かれの家庭教師ならびに秘書として、かれとともに暮らしたのは、一六〇八年から一六二八年までであって、それゆえまた、'Essayes' と *Horae Subsecivae* とが書かれえた期間全体に及んでいた。ベーコンとW・キャヴェンディッシュ、すなわち、後の二代目伯爵との間には、そして、ベーコンとホッブズとの間には、個人的な結びつきがあった。これらの結びつきが、ベーコンの *Essays* とキャヴェンディッシュの 'Essayes' との間に存在する著作上の関係を説明するのに役立つ。しかしながら、'Essayes' のなかにはベーコンの *Essays* からのかなりの借用があるにもかかわらず、模範と模倣との間には少なからぬ重要性をもった見解の相違——ベーコンの思想とホッブズの思想との相違に対応する相違——が存在している。

序文

このたびはじめてドイツ語原文で出版されるこのホッブズ研究は、一九三四年から三五年にかけて英国で完成され、一九三六年に英訳版の形で公刊されたものである。アーネスト・バーカーは英語版に序文を寄せてくれた。わたくしは序言を書いた。本書では、以下のコメントをもってそれらの代わりとしたい。

わたくしのホッブズ研究の中心思想は、わたくしがまだドイツで生活していたころ、わたくしの内部に共感や反発を呼び起こしたもろもろの刺激から生じたものである。わたくしがはじめてホッブズについて真剣に耳を傾けて聴いたのは、フライブルク・イム・ブライスガウで一九二二年夏学期に行なわれた、ユリウス・エビングハウスによる宗教改革と啓蒙の社会理論に関する講義においてであった。エビングハウスは、通説にとらわれることなくホッブズの独創性を評価した。かれの生き生きとした表現のなかで、ホッブズの教説は具象化されただけではなく、文字どおり生命をもつものになっていった。むろんエビングハウスは、決してホッブズ主義者といったものではなかった。わたくしの記憶に間違いがなければ、かれは当時すでに、ホッブズの教説のなかで意味のあるものはカント哲学において「止揚されて」いると信じていたのである。もちろんエビングハウスに意識的に対立しようとしたわけではないだろうが、カール・シュミットはその論説「政治的なものの概念」(Der Begriff des Politischen, *Archiv für Sozialwissenschaft und Sozialpolitik*, 1927) において、ホッブズは「まことに最大の、おそらくは唯一の真に体系的な政治思想家」である、と主張した。ホッブズの偉大さと重要性についてのシュミットの判断は、当時のわたくしの感情ないしは嗜好に適うものであるとともに、わたくしのホッブズへの関心を明らかにつのらせるものであった。

わたくしのホッブズ研究は、一七世紀における聖書-批判の端緒に関する研究、とくにスピノザの『神学・政治論』研究との関連において開始された。わたくしにとってはカール・バルトやフランツ・ローゼンツヴァイクの名前によって特徴づけられる、かの神学復興を目の当たりにして、正統的——ユダヤ教およびキリスト教的——神学への批判はいったいどの程度まで勝利を収めたと評価できるのかを、あらためて検討してみる必要があると思われたのである。それ以来、神学-政治問題は、わたくしの研究の主題そのものであり続けている。とくに政治的なものに関していえば、当時のわたくしにとっては、ホッブズとスピノザとの対立点の方が両者の一致点よりも重要であり、啓発的であるように思われた。いずれにせよわたくしは、自らの最初のホッブズ研究によって、従来の祖述的解釈や思いつき的解釈はホッブズにおける決定的に重要なものを正しく評価してこなかった、ということを学びとったと確信したのである。

ある意味では幸運ともいえる運命によって英国に流れ着き、そのおかげで他所では研究できない原典資料を直接手にしたとき、わたくしは、成熟したホッブズの教説の分析に研究を限定するのではなく、同時に、この教説がホッブズの精神のなかでいかにして、またどこから形成されたのかを探ってみなければならない、と考えるようになった。この二重の意図が、本書の研究の特徴になっている。

神学への哲学的関心が、わたくしとゲアハルト・クリューガーとを結びつけた。わたくしのスピノザ論に対するかれの批評は、わたくしの意図と成果を、わたくし自身が成し遂げたより以上に明解に表現していたのである。かれのカント研究書の末尾の文章は、なにゆえにわたくしが「真の政治」に全力を傾注し、ホッブズ主義者としてホッブズについて書かなかったかの理由を説明している。かれのこの文章は当時のわたくしの見解にまったく合致したし、わたくしはいまでも一定の留保つきでならそれに同意するであろう。またつぎのような洞察が、わたくしとヤーコプ・クラインとを結びつけた。それは、近代人《モデルネ》たろうとするか超近代人《ウルトラ・モデルネ》たろうとするかの決断を下すまえに、〔いわゆる「新旧論争」における〕古代人と近代人との争いを、従来なされてきたよりも徹底的かつ厳密に理解する必要がある、という洞察である。この洞察に導かれたかれの見事な模範的研究「ギリシア計算術と代数学の成立」(Die griechische Logistik und die Entstehung der Algebra, *Quelle und Studien zur Geschichte der Mathematik, Astronomie und Physik*, Band 3, Heft 1-2) は、沈黙とはほど遠い現代にあって、ほとんど沈黙をもって無視されるに等しい扱いを受けるという栄誉を授けられたのであった。

本書のもろもろの欠陥についていえば、欠陥が明白になってきたものに関するかぎり、『自然権と歴史』(第V章A) およびポランのホッブズ研究書〔Polin, R., *Politique et philosophie chez Thomas Hobbes*, 1953〕についてのわたくしの批判 (*What is Political Philosophy?*, 170-196) のなかで、わたくしはそれらをひそかに除去してしまった。あとに挙げた著書（a. a. O, 176 Anm.）においてはじめてわたくしは、ホッブズの人間論の簡明な中心思想をあばき出すことに成功したのである。ホッブズ自身は、決して自らの中心思想を簡明な形で表明したことはなかった。その理由は定かでない。かれの名だたる明晰さは、その推論・結果に限定されている。かれの思想の諸前提は、闇に包まれている。とはいえ、かれの難解さは、全部が全部意図せざる結果というわけではないのである。

一三年まえにわたくしが本書のアメリカ版への序言で述べたことを、わたくしはいまもなお承認するものである。わたくしは当時つぎのように述べた。

「さまざまな理由から、本研究は元のままの形で再び出版される。本書は、疑いもなくかなりの改訂を必要としている。それにもかかわらずわたくしには、ホッブズ解釈においてかつてわたくしが取った方法は、選択可能な他の方法よりも好まれてしかるべきであるように思われる。わたくしの目には、ホッブズこそが近代政治哲学の創設者にみえた。だが、それは間違いであった。この名誉は、ホッブズにではなくマキアヴェルリにこそ与えられるべきものであった。しかし、わたくしはいまでも、容易に訂正しうるこうした間違い、あるいはむしろこの間違いを生み出すことになった特色ある諸前提の方が、かつてわたくしがそれと対決することを強いられ、またそれほど容易には訂正されえない通説的見解よりも好ましいと考えている。

わたくしは、近代的《モダン》思惟が、前近代的《プレモダン》思惟に対して決定的な進歩を成し遂げたという、その自信ないしは確信を喪失してしまったことを確認した。またわたくしは、近代的思惟がニヒリズムか、あるいは実際上それと同じことだが、狂信的な蒙昧主義かに転化するさまを目の当たりにしたのである。

そこからわたくしは、つぎのような結論を引き出した。すなわち、〔新旧論争における〕近代人と古代人の対決が、ながらく後生大事に保持されてきた思い込みや信念に惑わされることなく、憎悪も偏愛もなしに再開されねばならない、と。換言すれば、スウィフトが近代世界を小人国《リリパット》になぞらえ古代世界を巨人国《ブロブディンナグ》になぞらえたとき、かれの言い分は正しかったのだということを、われわれは真剣に、すなわち頭を冷やして冷静に検討できるようにならなければならない、という結論を引き出したのである。わたくしは、政治哲学は政治的根本事実に関する究極的な真理への探究として可能でありかつ必然的なものである、という前提に立っていた。そしてわたくしは、ホッブズをイデオローグとか神話学者としてではなく、まさに政治哲学者とみなしたのである。さらにわたくしは、つぎのようなことを考えてみた。すなわち、本質的に非歴史的な活動としての政治哲学は、今日その歴史の批判的研究を必要としていること。そうした批判的歴史の前提は、われわれが過去の偉大な思想家たちをかれらの自己理解のままに理解することにほかならない、ということ。政治哲学の歴史は、適切な時代区分を必要としていること。そして、この歴史の舞台で活躍する人びと、すなわち偉大な政治哲学者たちの自己意識に対応する区分のみが適切なものとみなされうる、ということである。こうしてわたくしは、ホッブズこそ近代政治哲学の創設者であるという結論に到達した。なぜならホッブズは、自らが政治哲学者としての資格において、従来のすべての政治哲学と根源的に訣別してしまったという信念を、キティオン〔キュプロス〕のゼノン、パドヴァのマルシリウス、マキアヴェルリ、ボダンさらにはベーコンにも劣らないほど明白に表現したからである。わたくしのこの見解の正しさは、ベールやルソーといった有資格者たちの下す判断によって保証されたのである。

わたくしが犯した間違いの直接の原因、そしておそらくはそれだけで充分な原因は、マキアヴェルリの『ディスコルシ』の冒頭部分についての反省が不充分だったことである。わたくしはスピノザによって、『君主論』第一五章の特別な意義を理解できるようになった。ところが、斯界のオーソリティたちはみなわたくしに、マキアヴェルリの主著は『君主論』ではなく『ディスコルシ』である、と断言した。そして『ディスコルシ』は、一見したところ、まったく新しい視野を開示する試みというよりむしろ、何か失われたもの、あるいは忘れ去られたものを回復しようとする試みのようにみえるのである。わたくしは、マキアヴェルリにしてなお、ホッブズがそうすることをいさぎよしとしなかった一種の自制を働かせたという可能性、したがって、マキアヴェルリとホッブズの独創性への権利要求が聞き入れられる際の判定基準は、思想の明晰さの程度差ではなく、かれらがどれだけ腹蔵なく語っているかの程度差に還元されうるという可能性を考慮に入れなかったのである。この怠慢の原因は、知恵は節度から切り離されうるのかという問い、あるいは、われわれが精神の自由を得るために払わなければならない犠牲について、わたくしが充分に注意を払ってこなかったことなのである」。

一九六四年一〇月

レオ・シュトラウス

目次

I　序　論

ホッブズの政治学は、人間の正しい生活とは何かという問い、すなわち人間の共同生活の正しい秩序とは何かという問いに対して、体系的かつ包括的に答えようとする、最初の独特な近代的試みである。〔おそらくホッブズの教説の構成要素で、かれの先行者たちの誰かれの教説にまで遡及されないようなものは、一つとして存在しない。そしてそのことは、ホッブズの先行者たちの誰かれは、いくつかの点で、ホッブズよりもずっと伝統によって束縛されていなかった、ということであるかもしれない。しかし、かれの時代以前に分散して出現したそのような諸要素は、ただホッブズにおいてのみ、その特殊近代的な統一を見出すのである。実際、ホッブズの先駆者たちの誰一人として、人間の正しい生活とは何かという問いへの近代的な答えが当然に含んでいる、伝統全体とのあの決定的な断絶を試みたりはしなかった。ホッブズこそが、人間と国家についての新しい学（*nuova scienza*）を探索する必要性を感じ、かつそれを発見することに成功した、最初の人間なのである。〕それはこの種の最初の試みである。——このことで意味されているのは、以後のあらゆる試みが明示的にであれ暗黙のうちにであれ、肯定的にであれ否定的にであれ、進歩的にであれ反動的にであれ、すべてホッブズによって成し遂げられた基礎づけを利用している、という事実なのである。ホッブズ政治学の広範囲におよぶ影響がどれほどのものであるかを示すためには、つぎの事実が想起されねばならないであろう。すなわち、古代的伝統の遺品ではないものとしての、近代的な形での文明という理想、したがってまた、「ブルジョワ－資本主義的」発展と社会主義運動のいずれにとっても基準となる理想は、ホッブズによって、あとにもさきにも二度と到達されることはない深さ、明晰さ、そして率直さにおいて説明されかつ基礎づけられた、という事実である。また、ホッブズ政治学がおよぼした影響の深さがどのような性質のものだったかを示すためには、啓蒙の道徳――ルソーを含めて――のみならずカントやヘーゲルの道徳もまた、ホッブズの作品なしには不可能であったろう、ということが引き合いに出されるかもしれない。しかし、とりわけ重要なのはつぎの点である。すなわち、もしも人間の正しい生活とは何かという問いが、根底的で基準となる問いであるとすれば、ホッブズの政治学はこの問いへの根底的な解答として、単に哲学上の一個別学科にとってのみならず、近代哲学そのものにとっても根底的な意義をもつ、という点である。

ホッブズが自然権と一般国法*の歴史に一時代を画したという事実は、ほとんど万人の認めるところである。かれの業績の意義がそれよりはるかに遠くまで達し、また真に普遍的なものであることは、単に認められていないというだけではない。そのことは、一度も検討の対象になっていないがゆえに、そもそも一度も議論されてはいないのである。この誤解の責任は、本質的な部分でホッブズ自身にあるといえる。すなわち、もしわれわれが、ホッブズはたしかに自然権と一般国法*の歴史においては、そしてその歴史においてだけは一時代を画したとみなす支配的見解に従って、それではいったいかれは何によって一時代を画したのかという問いを提起するならば、ホッブズ自身の言明は否応もなく、ある新しい方法の応用、すなわち以前ガリレイが物理学を科学の地位にまで高めた際に力となったあの方法の応用による、(1)という答えを押しつけてくることになる。「分解‐構成的」方法と呼ばれるこの方法に従って、まず現存の政治的事実(ある特定の行為の正・不正に関する判断基準であれ、正義一般についての通念であれ、正義の実現可能性条件としてすぐれて政治的事実である国家そのものであれ)は、観念のなかでバラバラに解体され、その要素である「個別意志」へと還元される。そしてつぎに「逆の経路を辿り」、この要素たる「個別意志」から出発して「最も明証的な推論に従って」、つまり完全に透明な演繹法によって「集合意志」の必然性と可能性が展開され、こうして最初は「非合理的」全体であったものが「合理化」されるのである。(2)そうだとすれば、ホッブズ政治論の特色ある内容──国家に対する個人の明白な優位、個人を「非社交的なもの」とみなし、自然状態と国家との関係を絶対的な対立関係として捉え、究極的には国家そのものをひとつの「怪物《リヴァイアサン》」とみなす見方──は、方法によってあらかじめその輪郭が描かれているようにみえる。そしてそのホッブズの方法なるものは、ガリレイによる物理学の基礎づけを模倣することによって、かろうじて二番煎じの形で政治学のために役立てられているのだから、ホッブズの業績がいかに偉大なものであれ、いずれにせよそれは第二級のものにすぎない。つまり、ガリレイとデカルトによる近代自然科学の基礎づけに比べてみれば、第二級の業績ということになる。

＊　ドイツ語原文は das allgemeine Staatsrecht だが、英訳版では the theory of the State となっている。──訳者付記

ホッブズ自身による重みのある発言に同調して、方法こそが決定的に重要だとみなされているかぎり、ホッブズ政治学の普遍的意義はいつまでたっても誤解され続けざるをえない。だから、ホッブズ政治論の特色をなすものは方法だけである、などということは決してありえないのである。まさしく「分解 - 構成的」方法という前提のもとで——決してアリストテレスの「発生論的」方法という前提のもとでではない——、自然状態における人間の意志たる「個別意志」の目標と性質への問いが、国家理念の具体的展開にとって決定的に重要なものとなる。そして、この決定的に重要な問いに対する答えがあらかじめ方法によって概略的に描かれる、などということはおよそ考えられないのである。ホッブズに対するルソーの論駁が充分に証明しているように、人間は自然により善である（より正確にいえば、無害である）という主張と、人間は自然により悪である（獰猛である）という主張との間には、相変わらず対立が続いている。ホッブズは後者の見解を選んでおり、しかもこの見解は、それなしにはホッブズ政治論がおそらくその独自な性格を失うほどのものなのだから、この選択には方法とは別の何らかの源泉があるにちがいない。結果的にかれの政治論には、方法よりもいっそう近しいより具体的な源泉が存在しなければならないのである。この源泉——つまりホッブズ政治論の方法、形式（Form）の源泉ではなく、その素材（*Material*）の源泉——は、どこに求められるべきなのだろうか。

従来の研究はこの問いに対して、二つの異なった、とはいえ完全に相互排他的なわけではない答えを与えてきた。ホッブズ政治論の構造そのものによって押しつけられる、最も手近な答えは、つぎのようなものである。すなわち、ホッブズは、かれの体系において政治学に先立つ位置にある機械論的心理学を通じて、「個別意志」の目標と性質についての具体的規定を獲得する。この心理学によってつぎの二つのことが、すなわち消極的には意志自由の否定が、積極的には、人間はいかなる場合にも理性によってより以上にもろもろの感覚的印象およびこれらの印象に対するそのほとんど自動的な反作用（人間の意欲と情念）によって規定されているという主張が、与えられることになる。ところで、この心理学がホッブズ政治論の必然的前提でないことは、容易に確認できる。ホッブズの特色をなすもろもろの教説――「利他主義」の自然性の否定、人間の猛獣性、人類の自然状態としての万人対万人の戦い、理性の本質的無力さなどについての諸命題――は、非決定論前提のもとでさえ、いやまさしくその前提のもとでこそ生命力を保持しうるのである。さらに、人間性（Menschennatur）についてのこの「ペシミスティックな」見解は、かれが機械論的心理学というものについてまだ何らのイメージも実際に思い浮かべなかったし、また思い浮かべることができなかった時代にすでに、ホッブズ自身にとって規定的なものになっている。W・ディルタイは、これらの考察および類似の考察に導かれて、ホッブズ政治論の素材の源泉を、近代の自然科学的心理学のなかにではなく、伝統のなかに求めようとした。ディルタイによれば、近代自然科学は、「いまや（すなわち、とりわけホッブズにおいて）人間学が身につけるようになった形式」を規定したにすぎず、「他方、素材についてみれば、人間学は、先行する時代が記述し整理し説明したことに、その基礎を有していた」(3)。ついでディルタイは、さらにこの素材の由来を、古代のさまざまな出典のなかに求めた。とりわけかれは、ホッブズ政治学の基礎をなす部分である情念論がストア派によって決定的に条件づけられている、という証拠事実を重視したのである。(4) われわれは、ここでは、ディルタイの出典 - 分析を詳細に論じ尽くすことはできない。ただし、つぎの一点だけは強調されねばならない。すなわち、ディルタイは、ストア派の影響を実際に受けている『人間論』の情動理論に即して議論を展開しているという点、換言すれば、かれは、まったく非ストア的でそのうえ最も詳細な『法の原理』の情動理論に言及していないという点である。ホッブズの著作において反復されている伝統的教説は、はたして現実にかれの政治論の譲り渡すことのできない構成要素なのであろうかという疑問、あるいは、むしろその伝統的教説は、ホッブズが原則的に退けた、とはいえかれがつねにまた完全にそこから逃れられたわけではない伝統的教説の単なる残滓にすぎないのではないかという疑問、こうした疑問をディルタイがかつて一度も検討しなかったという事実こそが、原則的に注目されるべき点なのである。ディルタイがかつて自らにこうした問いかけをしなかったのは、かれが伝統全体――ストア派およびエピクロス派を含めて――に対するホッブズの明白かつ原則的な対立を充分真面目に受けとめなかったから〔、ないしは、より正確な検討なしに、この対立を古代の自然科学と近代の自然科学との対立に還元してしまったから*〕にほかならないのである。もしもかれが、ホッブズ政治論の素材を伝統的政治論の素材と比較・対照していたならば――かれによって着手された出典証明はそのための前提ではあるが、あくまでも前提にすぎない――、かれは、伝統的なもろもろの命題と概念がホッブズのもとで完全に非伝統的な意義を獲得していることに気づいたことであろう。(5) 前述の例に即していえば、至福 (beatitudo) の可能性を原則的に否定し、かれにとって情動の反対がもはや安らぎの状態ではないような、そういう哲学者によってストア的情動概念が継受されるとき、それは根底から変化せざるをえないのである。

＊　この部分は英訳版では削除されている。――訳者付記

したがって、ホッブズの意義が最終的に、しかるべき形で承認されかつ理解されるために必要な条件は、一方におけるホッブズ政治論の「素材」、すなわちホッブズにとって基準となる信念（*Gesinnung*）と、他方における古代的であるとともに聖書‐キリスト教的でもある信念との間における根本的な差異、つまり近代自然科学の基礎づけに依存しない、少なくともそのかぎりでは「前科学的な」この根本的差異が、明確に概念化されることである。ホッブズにとって基準となる信念は、近代に特有なものである――いやむしろわれわれとしてはこういいたい。その信念こそが近代的意識の最下、最深の層にほかならない、と。この信念は、ホッブズ政治学のなかにその最も率直な表現を見出した。しかし、この信念が存在してからというもの、それは、概してホッブズ以後よりもホッブズ以前には、古代的およびキリスト教的伝統によって――ホッブズ以後には、なかんずく、ホッブズ自身が道を切り開いた機械論的心理学によって、そして最後には、社会学によって、隠蔽されてきたのであった。だがホッブズは、古代に起源をもつ伝統が動揺しだし、かつ近代的自然科学の伝統がいまだ形成され固定化されていなかった、そういう実り豊かな束の間の時期に哲学的思索を行なった。この束の間の時期にかれは、そしてかれだけが、人間の正しい生活とは何か、人間の共同生活の正しい秩序とは何か、という基本的な問いを提起したのであった。この束の間の時期は、それ以後の全時代にとって決定的に重要なものとなった。まさしくこの時期に、政治学のより新しい展開を全面的に支える土台となる基盤が据えられたのであり、そして近代的思惟は、この基盤からみてはじめて根源的に理解され

うるのである。のちになると、この基盤は二度と当時のように目にみえるものとはならなかった。ホッブズがあの束の間の時期に獲得した着想《イデー》に従って構築を開始した建築物は、それが存続しその堅牢さが信じられていた間は、それを支える基盤への洞察を不可能にしたのである。

II　道徳的基礎

ホッブズはかつて政治学——すなわち、一方では道徳論、他方では狭義の政治論からなる学問[1]——を、体系的かつ包括的に三回論じた。すなわち、『法の原理』(一六四〇年)、『哲学原理』の第二部と第三部(第二部『人間論』、一六五八年、第三部『市民論』、一六四二年)、および『リヴァイアサン』(一六五一年)においてである。これら三叙述のすべてにおいて、政治学は方法的および実質的に、自然科学に依拠している。方法的にというのは、ホッブズ政治学の方法がガリレイの「分解 - 構成的」方法にほかならないという意味であり、実質的にというのは、それらがもろもろの情念およびそれに先立つ知覚の機械論的説明に基づいているという意味である。したがって、かつてホッブズについてものを書いたほとんどすべての人びとが、かれの政治学を、方法的にであれ実質的にであれ、あるいは方法、実質の両面にわたってであれ、自然科学に依存していると解してきたのは、きわめて納得できることだといえる。しかし、一見したところ明白な事実の承認にすぎないかにみえるこの見方は、詳細に検討してみると、きわめて疑わしいものであることがわかる。

政治学を自然科学の一部ないしは付属品として、自然科学の方法に従って完成させようとする試みは、ホッブズの作品において、これら二つの学問分野間の方法的および実質的な原則的差異についてのかれの意識によって、たえず疑問視されている。政治学は本質的に自然科学から独立しているというかれの確信は、まさにこの意識に基づいている。だからこそかれは、かれの哲学体系の第三部である『市民論』を体系上これに先行する第一部、第二部より何年もまえに執筆し公刊することができたのである。〔『物体論』『人間論』よりも〕『市民論』の方をまえに公刊することを正当化しながら、かれはその序文において、つぎのように明言している。「……〔体系上の〕順序に従えば最後（の部分）であるものが、それにもかかわらず時間のうえでは最初に公刊される結果になった。それというのも、とくにその最後の部分は、その独自の原理を経験的認識に依存させているので、先行部分を必要としないことを、わたくしは知っていたからである(2)」。政治学は自然科学から独立している。なぜなら、政治学の諸原理は、自然科学からはもちろんのこと、およそいかなる学問からも借用されることはなく、経験を通して――各人が自分自身で手に入れた経験を通して――提示されるもの、いやむしろ各人の自己認識、自己吟味の努力によって獲得されるものだからである(3)。その結果として、政治学の明証性は自然科学の明証性とはまったく異種のものとなる。一方で、前者は後者よりも理解されやすいといえる。なぜなら、政治学の対象と諸概念は、自然科学の基礎をなしている数学の対象と諸概念ほど、本質的に一般の人びとから疎遠なわけではないからである(4)。他方、「政治学の方が、二つ〔政治学と幾何学〕のうちで、むずかしい研究である」。なぜなら、人間は己れの情念のために、政治学によって確立される諸規範の、それ自体としては明晰かつ単純な認識を曇らせているからである。しかも、その情念、その利己心にとらわれた人間こそが政治論の対象なのであり、そして人間はあらゆる種類

の欺瞞によって、かの諸規範の根拠づけの基礎である自己認識に反抗するのである。(5)

　ところが、ホッブズの主張によれば、政治学は単に自然科学から独立しているだけではない。それは人間の知全体の一主要部門であって、もう一つの主要部門が自然科学なのである。つまり、知全体は一方における自然科学と、他方における政治学とに分節化される。(6)諸学の区分はどれもみな、存在するものの何らかの区分に基づいている。(7)ホッブズによる諸学の区分は、存在するものを、自然によって存在するものと人為によって存在するものとに区分することに基づいている。(8)ところで、こうした区分はホッブズの意図と完全にみあっているわけではない。なぜなら、人工的に作られたたいていの事物、なかんずくあらゆる機械等々は、自然科学の対象だからである。(9)人工的に作られた事物というよりむしろ、制作、人間的活動そのもの、すなわち、本質的に制作する存在としての人間、とりわけその人為によって自らの自然から市民ないしは国家を制作し、市民へと自己形成を遂げる存在としての人間こそが、原則的にあらゆる自然的事物から区別される。人間は自分自身に働きかけ、それに従ってひたすら自己認識によってのみ正しい生き方をし、市民へと自己完成を遂げることができるのであるが、そうであるかぎり、人間は決して自然的存在ではないのである。「人間は……単に自然的物体であるだけではなく、国家の、すなわち、(いうならば)政治体の一部でもある」。(10)「人びとの振舞い」は、「自然的諸原因」とは何か異なっている。(11)ホッブズによる諸学の区分の根底に本当に横たわっている、存在するものの根本区分は、一方における自然と、他方における制作しかつ行動する存在としての人間、すなわち道徳的‐政治的存在としての人間との区分なのである。(12)

　こうして、ホッブズは政治学を自然科学の一部ないし付属品として理解していたのか、それとも完全に独立した学問として理解していたのかという問い、いいかえれば、かれの政治学は自然主義《ナトウラリスティッシュ》を志向しているのか、それとも人間学《アントロポロギッシュ》を志向しているのかという問いは、単に方法だけに関わるのではなく、すぐれて実質に関わっている。自然主義的政治論と人間学的政治論との対立の実質的意義が完全に明らかになるのは、この対立が、人間的自然の見方と評価に関するホッブズの作品全体を貫徹している対立の最も一般的な形態にすぎないことが諒解されるときである。実際、一般的矛盾がホッブズによって取り除かれていないように、個別的矛盾も取り除かれてはいないのである。

ホッブズは、その政治論の根底に横たわっている人間的自然についての自らの教説を、「人間的自然の二つのきわめて確実な要請〔公準〕」へと総括した。第一の要請は「自然的欲望」(13)のそれであり、「それによって各人は、共同の事物の使用をもっぱら自分自身のためにだけ要請する」。自然科学的説明によれば、この欲望は人間が感性的存在であること、すなわち人間の動物性のなかに根拠をもつとされる。つまり、人間は他のあらゆる獣たちと同じく一個の獣であり、知覚する生命体として、欲望と嫌悪を機械的に呼び起こす多種多様な印象に絶えず身を委ねている。その結果、人間の生命は他のあらゆる獣たちの生命と同じく、絶えざる運動にほかならないのである。しかしながら、そこにはー つ重要な相違がある。すなわち、他のあらゆる獣たちから人間をとくに区別するものは、理性である。それゆえ、人間が瞬間的な感覚印象に身を委ねる度合いは、獣よりもずっと少なく、獣よりもずっと多く未来について考えることができる。まさしくそれゆえに、人間は獣のように単に現在の飢えのために飢餓を感じるだけではなく、未来の飢えのためにも飢餓を感じるのである。つまり、人間とは最も獰猛で、最も狡猾な、最も危険で、最も強力な動物である。(14) こうして、人間的欲望はそれ自体として獣的欲望から区別されるのではなく、人間の場合には獣的欲望がさらに理性を意のままに用いることができるという、ただそのことによってのみ区別されるのである。こうした見方は、ホッブズによってくりかえし強調されたつぎのような事実、すなわち人間的欲望は外的印象の「無限性」の結果としてはじめて無限なのではなく、自ずから無限であるという事実によってすでに疑問符を付されることになる。[15] ところで、もしそうであるとすれば、人間的欲望が獣的欲望から本質的に区別されるのは、獣が外的印象に対してのみ反応し、いずれにせよつねに有限な対象そのものだけを欲するのに対して、人間の方は自ずから無限に欲望するということによってである。人間的欲望についてのこのような見方だけがホッブズ政治論の意図にみあうものであることは、疑問の余地がない。

人間的欲望についてのこれら二つの見方は、たとえば機械論的見方と生命論的見方というように単に内容的に区別されるだけではなく、方法的にも区別される。すなわち、機械論的見方は知覚の機械論的説明、したがってまた一般的な運動理論に基づいている。それに反し、一見したところ生命論的な見方は、何らかの一般的な自然科学的ないしは形而上学的な理論に基づくのではなく、自己認識と自己吟味とによって確証され深められた人間理解に基づいている。しかし、人間的欲望についての二つの理解は、その方法および実質上の対立にもかかわらず、両者をともに自然主義的と呼ぶことを許すような、かなり深い部分での共通性を有しているのである。

人間的欲望の自然主義的見方にとっての最も完全かつ明晰な表現は、つぎの命題である。すなわち、人間というものは自発的かつ継続的に、したがって無数の孤立した知覚によって喚起されるであろうあれこれの無数の孤立した欲望の総和のゆえにではなく、欲望というものの一つの奔りという形で力を、それもますます大きくなる力を欲するのである、と。「……わたくしは第一に、全人類の一般的性向として、つぎからつぎへ力を求め、死によってのみ消滅する、やむことなくまた休止することのない意欲をあげる」[16]。ところが、このきわめて明晰な命題が、原理的には両義的なのである。というのも、際限のない力の追求そのものが両義的だからである。ホッブズは続けてつぎのように述べている。「そしてこの原因は、ひとがすでに獲得しているものよりも強度の歓喜を望むということでは必ずしもなく、また、かれが適度な権力に満足できないからでもない。そうではなくて、ひとは、自分が現在所有しているところの安楽に生きるための力と手段を確保しうるには、さらにそれ以上の力と手段を獲得しておかなければならないからである」。したがって、力の追求は貪欲であることもあれば、また理性的でもありうる。何といってもより頻繁に見出されるのは、理性的な力の追求よりも貪欲な力の追求の方であるが、この貪欲な力の追求のみが人間の自然的欲望と等置されうる。なぜなら、理性的な力の追求はすでに理性的な熟慮に基づいており、まさしくそれゆえに「自然的」すなわち生得的なものではなく、あらゆる外的誘因、あらゆる経験と教育以前には現存しえないからである[17]。ひとえに自然的な力の追求、したがってまた人間の自然的欲望は、ホッブズによってつぎのように叙述されている。「人びとはこの世に誕生したその日から、自然に、自分たちが切望しているすべてのものを得ようと争い、もしできることなら全世界に自らを恐れさせ、自らに服従させることを望んでいる[18]」。子供が自ら目にするこの特定の事物を「欲しがり」、自ら目にすることのない、その実在について何も知らないような事物を「欲しがり」はしないということは、外的作用すなわち知覚に依存している。しかし、子供が「……全世界に（自らを）恐れさせ、（自らに）服従させることを望んでいる」

ということ、任意の事物を感性的知覚によって刺激され欲しがるようになるに際して、子供が全世界に対する絶対的支配を熱望するということ、これらのことが、知覚された事物の印象を原因として生じることはありえない――実際、獣たちはたしかに知覚し欲望しもするが、絶対的支配を得ようとはしないものである――。そうではなくて、その原因は、人間にあっては動物的欲望が人間そのものの奥底から到来する自発的な無限の絶対的欲望によって増幅されそして変形される、ということにあるのである。

貪欲な力の追求、すなわち人間の自然的欲望のより正確な規定は、貪欲な、それゆえに許容されない力の追求と、理性的な、それゆえに許容される力の追求とのつぎのような区別のなかに見出される。「自己の安全のための必要を越えた征服を追求し、この征服行為における自己の力を眺めて喜びを感じるひともいるので、もしそうでなければ謙虚な限界内で安楽を楽しんでいたような他のひとたちも、侵害することによって自分たちの力を増大させず、守勢に立つばかりでは、長く生存していくことはできないであろう。それゆえ、人びとに対する支配をこのように増大することもひとの保存に必要なことであるから、かれに許されなければならないのである」(19)。ひとはこのことからつぎのことを明確にみてとることができる。すなわち、許容される理性的な力の追求は、自ずから有限である――いいかえれば、それによって導かれる人間は、自ずから「謙虚な限界内に」とどまるだろうし、「適度な力で満足する」であろう。許容されない非理性的な貪欲な力の追求だけが有限ではない、あるいはむしろ無限なのである。ところで、人間の自然的欲望たる貪欲な力の追求は、人間が自分自身の力を眺めて得る喜び、すなわち虚栄心を根拠としている。したがって、人間の自然的欲望の源泉は、知覚ではなく虚栄心なのである。

ホッブズは倦むことなく四つの異なった論拠に即して、人間を獣から特徴的に区別するものとして、名誉と名誉ある地位の追求、他人に対する優越およびこの優越の他人による承認の追求、野心、高慢、名声欲を挙げている。[20] 人間の自然的欲望とは、他人に対する優越およびこの優越の他人による承認の追求にほかならないのだから、人間の自然的欲望の個別形態、つまりもろもろの情動とは、優越と承認を追求することの個別的なやり方以外の何ものでもないのである。「精神のあらゆる喜びと悲しみは、かれらが自分自身と比較する他人たちに対する優越を求める闘争のなかに（存する）」。[21] そして、「あるものごとに対して、通常、他人にみられるより以上の、強い激しい情念をもつのは、人びとが狂気と呼ぶものである」のだから、そもそも情念の何たるかは、狂気においてとくに明瞭に現れるにちがいない。そこで、狂気の原因についてはつぎのように述べられている。「激しさや継続によって狂気を生じるような情念は、普通、高慢とか自負心とか呼ばれている非常に大きな虚栄心であるか、あるいは、大きな失意である」。[22] あらゆる情念そしてあらゆる種類の狂気は、自己－過大評価もしくは自己－過小評価の諸形態である――原則的にいえば、優越の追求と優越の承認の追求の諸形態なのである。そして、ホッブズの見解によれば、この追求は、優越性つまり承認された優越性をひけらかして自己満足にひたりたいという人間の意志、すなわち虚栄心のなかに動機を有するのである。[23]

ホッブズはその政治学の三叙述において、人間の自然から必然的に万人対万人の戦いが生じてくる、いいかえれば万人は万人に対して優越しようとし、まさしくそのことによって万人を傷つけるがゆえに、結局のところ万人は万人に対して敵なのだ、という自らの主張を証明している。その証明のためにかれが手段として用いる諸論証の厳密な分析と対照は、つぎのような同一の結論に導く。すなわち、三叙述相互の驚くべき相違、各個の叙述のそれ以上に驚くべき曖昧さ、いやそれどころかその論理的欠陥、これらが証明していることは、ホッブズ自身その基本的主張の基礎づけをうまく成し遂げてはいないということである。しかも、より正確に観察してみればわかるように、それをうまく成し遂げていないのは、かれが人間的欲望の虚栄心への還元をはっきりと根底に据えようと決意することができなかったという、ただそれだけの理由からなのである。われわれはここで、この主張の証明に立ち入ることはできない(24)。その代わりにわれわれは、きわめて明瞭であるにもかかわらずこれまでわれわれの知識がつねに見逃してきた一つの事実、すなわち、ホッブズがその政治学の最も詳細な叙述に『リヴァイアサン』という表題を与えるきっかけとなった理由を想起させるにとどめる。この著作の最も重要な部分の末尾にいたって、ホッブズはこう述べている。「これまでわたくしは、人間（かれの高慢およびその他の諸情念が、かれをして自ら統治に服することを余儀なくさせた）の自然を、かれの統治者の強大な力とともに述べてきた。後者をわたくしは、リヴァイアサンに比し、そのたとえを『ヨブ記』第四一章の最後の二節から取ってきた。その箇所で、神は、リヴァイアサンの強大な力について述べ、かれを誇り高ぶる王と呼んでいるのである(25)」。強大な力そのものではなく、もろもろの高慢を屈伏させる強大な力こそが、リヴァイアサンと国家との共通項なのである。すなわち、国家もまた、そしてまさしく国家こそが「あらゆる誇り高ぶる子らの王」であるがゆえに、国家はリヴァイアサンに類似しているのである。ただ国家だけが、高慢を永続的に抑制することができる。いやそれどころか、人間の自然的欲望が高慢、野望、虚栄心であるということ以外に、国家にはいかなる存在理由《レゾン・デートル》もないのである。こうした意味においてホッブズは、自著『リヴァイアサン』について、それは「正義の尺度、そして野心への警告」(26)である、と述べているのである。

ところで、なにゆえにホッブズは、人間の自然的欲望は虚栄心であるという、かれにとって真に基準となる見解を、はっきりとその政治学の基礎にしようと決意できなかったのであろうか。もしかりに自然的欲望のこうした見方が正しいとすれば、したがって人間は自然によりすべての他人に対する勝利によって自己満足に耽ろうとするものであるならば、人間は自然により悪であることになる。ホッブズは自らの教説のこうした帰結ないしは前提をあえて主張しようとはしなかったがゆえに、なかんずく万人対万人の戦いをもたらす諸原因を列挙するにあたって、かれは虚栄心を最終的には〔『リヴァイアサン』では〕最後の位置に据えてしまったのである。[1] 事実そうであることは、『市民論』[2]の序文の一箇所からみてとることができる。当時ひとはホッブズを、人間は自然により悪であるという かれの教説のゆえに論難していた。かれはこう答えている。「たとい……自然により、すなわちかれらがそこから生まれたその自然性により、動物がつぎのような傾向をもつとしても、すなわち動物が自分たちの気に入るものすべてをすぐさまかつ最大限に欲しがり、さらに恐怖によって、脅威となる害悪から逃げ去るか、あるいは怒りによって、それらを寄せつけないようにする傾向をもつとしても、そのゆえをもってかれらは通常、悪とは呼ばれないのである。なぜなら、動物的自然に由来する魂の情動は、それ自体として悪なのではなく、そこから発する行為が、……悪なのである。……われわれはつぎのことを承認しなければならない。すなわち、人間は自然により欲望、恐怖、怒り、その他の動物的情動をもつことはありうるが、そのゆえをもって自然により悪に生まれついているとはいえないのである」。したがって、つぎのような結論が導かれる。人間は自然により一個の獣なのであるから、それゆえにかれは自然により悪ではない、つまりそれゆえにかれは獣たちと同じく無垢（*unschuldig*）なのである。このことからして、虚栄心は人間の欲望を特徴づけることはできない。実際ホッブズは、いかにもかれらしいやり方だが、かれの教説によれば人間は自然により悪であることになるのではないか、という非難に対する自己弁護において、虚栄心には一言も言及していないのである。自然的虚栄心は「その他の情動」のなかに姿をくらましている。[27] それというのも、もし人間の自然的無垢を主張しようとするのであれば、つまり人間の悪を無垢なる獣の「悪」として理解しようというのであれば、虚栄心は「その他の情動」のなかに姿をくらまさねばならないし、それらによって隠蔽されねばならないからである。こうしてホッブズは、人間的欲望を虚栄心として規定することが道徳的意味をもつことになるがゆえに、無垢なる競争、無垢なる力の追求、無垢なる動物的欲望に与して、虚栄心をますます退けるのである。しかし、ホッブズは他の誰にもまして、人間は決して無垢な獣ではないという事実を忘れることはできない。最終的にかれは、単に罪ある者、犯罪者については悪意を否認し、裁判官の方に悪意を認定しなければならないだけではない。[28] なかんずくかれは、力の追求そのものの記述において、力の追求が無垢であり、中立的であり、道徳と無関係であること（moralische Indifferenz）は仮象にすぎないことを、はしなくも露呈している。すなわち、力の追求は人間的な力の追求として、つねに、善であり許容されるものであるか、あるいは悪であり許容されないものであるかのいずれかである。外見上の道徳との無関係さは、ただ単に、ホッブズ自身によってすぐさま強調される必然的な道徳的差異（Differenz）の捨象によって成立しているにすぎない。ホッブズの政治学は、無道徳的な (amoralisch) 道徳という幻想にではなく、ある新しい道徳に、より正確にいえば、道徳そのもののある新しい根拠づけに基づいているのである。ホッブズが「自然的欲望という要請」とならんでその政治学の基礎とした、「人間的自然のきわめて確実な二つの要請」の第二は、「自然的理性という要請」であり、「それによって各人は、最大の自然の害悪としての暴力による死を避けようと努める」。自然主義的な根拠づけという意味では、この「要請」は自己保存の原理に還元される。すなわち、生命の維持はいかなる欲望の充足にとっても必要不可欠な条件《コンディティオ・シネ・クワ・ノン》であるがゆえに、それは「第一の善」である。[29] この思想の当然の帰結として、ホッブズは自然権、自然法そしてあらゆる徳——プラトンのいう四つの枢要徳——を自己保存の原理から導出しようと試みる。[30] ところで、ホッブズが「生命の維持」という積極的表現よりも「死の回避」という消極的表現の方を好んでいることは、注目に値する。理由は難なく解明できる。生命の維持こそが第一の善であると語るのは理性であり、ただ理性だけである。それに反し、死は第一の悪であると語るのは、情動、死の恐怖という情動である。そして、理性はそれだけでは無力であるので、人間は、もしも死の恐怖という情動によって強制されないならば、自らの生命維持こそが第一かつ最も緊急の善であるとは考えようとしないであろう。[31] 積極的表現よりも消極的表現の方を好むことには、さらに、上述した理由と密接に関連しているそれ以上の理由が加担している。ホッブズによれば、生命の維持は第一の善であり、ますますはるかな目標へ向けての妨げられない前進、「永続的繁栄」、一言でいえば幸福は、最大の善である。他方、最高善、すなわち精神がそれを享受することで安らぎを得られるであろうような善は、存在しない。[32] それに反し、死は第一の悪であるとともに最大の悪であり、また最高の悪でもある。[33] なぜなら、死は第一の善の否定であるばかりか、まさしくそれゆえに、最大の善をも含めてありとあらゆる善の否定でもあるからである。また同時に、最高善といったものが存在しないのに対して、死は最高の悪なのだから、死こそが、それに照らして人間が自らの生を統一的に秩序づけることができる唯一の絶対的基準なのである。善なるものの等級には本来的限界など存在せず、そのうえ第一の善と最大の善は完全に区別されているのに対し、悪なるものの等級においては第一、最大かつ最高の悪は一致する。それゆえ、悪なるものに照らしてのみ、欲望の限界づけ、人間の生の統一的方向づけが可能である。人間は死を介してのみ一つの目標を——すなわち、死の影を垣間みることによってかれに課せられた、死の回避という目標を——もつがゆえに、死を介してのみ人間は目標をもつのである。したがって、ホッブズが「生命の維持」という積極的表現よりも「死の回避」という消極的表現の方を好むのは、つぎのような理由からであるといえる。すなわち、われわれは死を感じることはあっても、生を感じることはないから。われわれは死を直接的に恐れるのに対し、われわれが生を欲するのは、理性的な熟慮が生命こそわれわれの幸福の条件であると語りかけたうえでのことであるから。われわれは生を欲するよりも限りなくはるかに多く死を恐れるから。

　ホッブズは、死こそが第一、最大かつ最高の悪であるという主張に安んじていることはできない。なぜなら、悲惨な苦痛に満ちた生の方が死よりもより大きな悪でありうることを、かれは知っているからである。それゆえ、死一般が最大かつ最高の悪なのではなく、苦痛に満ちた死、あるいは、さしあたり同じことをいっているようにみえるのだが、暴力による死こそが最大かつ最高の悪なのである。[34]しかし、もしかりにホッブズが苦痛に満ちた死を最大かつ最高の悪と現実にみなしたのだとすれば、かれはたとえばデカルト(35)やスピノザ(36)よりも、いっそう大きな重要性を医学に認めなければならなかったであろう。ところが実際はそうでなく、それどころか、かれは医学を文字どおり忘却しているほどである。すなわち、「しかし、人間の勤勉によって回避することのできるあらゆる禍は戦争、とりわけ内乱に由来する。そこから、流血、孤独、ありとあらゆる物の欠乏が生じるのである」(37)。こうして、苦痛に満ちた死一般ではなく、他人の手によって人間を脅かす暴力による死こそが、ホッブズにとって唯一語るに値するものなのである。また、かれが苦痛に満ちた死について、それは最大の悪であると述べるとき、その際にもかれはもっぱら他人の手にかかる暴力による死のことだけを考えている。「自然的理性という要請」はこうした思想をこそ表現しているのであり、そこではこう述べられている。「(各人は)最大の自然の害悪としての暴力による死を避けようと努める」(38)、と。

死は最大かつ最高の悪であるという理性的な、したがってまたつねに不確実な認識ではなく、死への恐怖、すなわち死を免れようとする情動的、不可避的な、それゆえまた必然的かつ確実な衝動(39)こそが、法と国家の源泉なのである。ところで、この恐怖は相互的な恐怖である。すなわち、各人が、自らにとって殺人者となる可能性をもつあらゆる他人に対していだく恐怖である(40)。自己保存という理性的な原理ではなく、前 - 理性的な、とはいえ効果としては理性的に作用する、暴力による死への恐怖こそが、ホッブズによれば、あらゆる正しさの、したがってまたあらゆる道徳の根源なのである。かれは、このことからすべての結論を引き出したのであった。実際、国家すなわち平和を可能にすること、つまり暴力による死の危険に対する原則的な安全保障に寄与することのないすべての徳、したがって暴力による死への恐怖から生じるのではないすべての徳、これらの徳についてかれは最終的にその徳としての性格を否認している。「というのは、勇敢あるいは慎慮は、性格の卓越というよりむしろ精神の力であり、かつ節制は道徳的な徳というよりむしろ……貪欲な性向から生じる悪徳の欠如である」(41)。

したがって、ホッブズ政治論の出発点となる対立は、一方における自然的欲望の根源としての虚栄心と、他方における、人間に道理を弁えさせる情動としての暴力による死への恐怖との対立である。より正確にはこういわなければならない。すなわち、ホッブズは人間の自然的欲望を虚栄心に還元するがゆえに、それゆえかれは、苦痛に満ちた死一般への恐怖ではなく、いわんや自己保存の追求などではまったくなく、ただただ暴力による死への恐怖だけを道徳の原理として承認することができるのである、と。それというのも、人間の自然的欲望は虚栄心に由来するというとき、それは以下のことを意味しているからである。すなわち、人間というものは、すべての他人に優越していること、および自らの優越性がすべての他人によって承認されることを自然により追求し、そうすることで自己満足に耽ろうとするものなのである。実際かれは、全世界が自分を恐れそして自分に服従することを欲する。他人に対する不断に増大していく勝利――不断に増大していきはするが、理性に即して増大していく力ではなく、まさしくこの他人に対する勝利こそが、自然人の目標であり幸福なのである。つまり、「継続的に一つ上位のひとを追い抜くことは、至福である」。生は一つの競走にたとえられうる。「しかし、この競走には、先頭に立つということ以外にいかなるゴールも栄冠もないのだということを、われわれは心得ておかねばならない」(42)。勝利の幸福を求める競走に没頭していると、人間は、自分が頼りとするのは自らの生命、自らの身体の維持という見栄えのしない第一の善なのだということに、まったく気づくことができない(43)。自らの身体的欲求を認めようとせずに、かれは精神の喜びと苦悩だけを、すなわち、実に想像上の喜びと苦悩を体験するのである。「もしも各人が自らの身体と四肢を死と苦痛から守り保護しようと全力を傾けるならば」、それは理性に適っているのに対して、「精神のあらゆる快楽とあらゆる喜びは、比較した場合に自分の方が優れていると思うことのできるようなひとを発見することのうちにある(44)」。自らの想像の世界に生きていると、人間は他人に対する自分の優越性を確信するためには、何も現実に行なう必要はなく、ただ自らの行為を思い描きさえすればよい。というのは、かれに対して本当に「全世界が服従する」この世界では、すべてがかれの願望どおりに実現するからである(45)。現実世界の抵抗を自分自身の肉体に感知することによって人間はかろうじてこの夢想の世界から覚醒し、正気に帰ることができる。要するに、「損傷経験(46)」を通して人間は理性的になるのである。しかし、もし損傷経験が、人間にとってさして重要ではないであろう身体的な力の限界だけではなく、かれの洞察や悟性――そして人間にとっては悟性の優越性がとくに重要である(47)――の限界をも指し示すというのであれば、その損傷は当然に予見されないものでなければならない。つまり、「人びとは、その人生の途上でふりかかる予見されない災難から推理する以外には、自分自身の暗黒を認識する何らの手段ももたないのである(48)」。この自己認識は、死という最大かつ最高の悪の予見されない認識によってとくにもたらされる。人間は自然により、勝利の幸福というこの光り輝く、ひとを畏怖させる見せかけの善を夢みて生きているがゆえに、それゆえかれを夢から覚醒させるためには、それに劣らずひとを畏怖させる力が必要である。そして、ひとを畏怖させるこの力とは、死の尊大な威厳にほかならないのである。

　したがって、自己認識の理想的な条件は、予見されない死の危険である。虚栄心にとらわれた自然の人間は、なにゆえに、またいかにして、この経験をするのだろうか。この問いに答えることによってはじめてひとは、ホッブズが死一般への恐怖のなかにではなく、暴力による死への恐怖のなかに道徳の源泉を認めるにいたった、その本当の理由を認識することになるのである。自らの想像のなかで他人に優越していると信じる、虚栄心にとらわれた人間は、自らの自己評価を自分自身で確信することができない。かれは、自らの優越性の他人による承認を必要とする。それゆえにかれは、自らの想像の世界から外に歩み出る。かれは、優越性と優越性の承認要求を他人たちに向かって主張する。つまり、「自分だけにはすべてのことが許されることを欲し、かつ尊大にも、他人に対して尊敬をかち得ようとするのである」。他人たちがかれの要求を真に受ければ、そのときにはかれらが軽蔑されていると感じるし、あるいはかれらがかれの要求を真に受けなければ、今度はかれが軽蔑されていると感じる。いずれにせよ、要求を通そうとすることは、軽蔑という結果をもたらす。ところで、軽蔑されるということは最大の「精神の苦悩」(49)であり、軽蔑されるという感情から、傷つけようとするこのうえなく強大な意志が生じる。軽蔑された者は復讐への意欲を燃やす。復讐するためにかれは他人に対する攻撃に着手するが、その際かれは、自らの生命を失うか否かにはまったく無頓着である(50)。自らの生命の維持には頓着しないが、しかしかれは徹頭徹尾、他人が生き続けることを欲する。なぜなら、「復讐は敵の死を目的とするのではなく、敵を捕え服従させることを目的とする。……復讐が目指す勝利は、死者のうえには築かれない(51)」からである。さて、こうして勃発する闘争、つまり両方の闘争者の私念によれば、各闘争相手の殺害ではなくただ相手の服従だけが重要であるこの闘争において、事態は必然的に深刻なものとなる。それは、この闘争が肉体同士の闘争、現実的闘争だからである。すでに闘争の開始とともに、両方の闘争者は知らず知らずのうちに、思いがけず、想像の世界を完全に離れ去ってしまったのである。この闘争においていつかある時、事実的な侵害、より厳密にいえば身体的苦痛が、生への憂慮を呼び起こす。そうして憂慮は怒りを和らげ、軽蔑されているという思い込みを背後に押しやり[52]、復讐欲を憎悪に変える。憎悪する者の目標はもはや敵に対する勝利ではなく、敵の死である[53]。優越性という「些細なこと」をめぐる闘争から、生死を賭する闘争が生じてしまう。したがって、自然人はこのようにして思いがけずに死の危険に陥り、この第一かつ最大にして最高の悪をまずもって身近に感じるようになり、つぎに死を恐れ逃れようとしながら生命を賭して闘う際に用いる抵抗しがたい暴力によって、かれは死を最大かつ最高の悪として認識するのである。

自然人は、自らの敵を殺害することによって、ほんの一瞬間だけ死の危険から逃れうるにすぎない。というのは、いかなる人間もかれの敵なのだから、かれは最初の敵の殺害後に「再び他人からの同様な危険に[54]」、いや実にすべての他人からの危険にさらされるからである。したがって、敵の殺害は、死を恐れ逃れることからの結論としては最も先見の明に乏しいといえる。自らの生命をほんの一瞬の間だけではなく、永続して守るためには、人間は仲間を必要とする。その仲間の助力によって人間は、仲間以外の人びとに対して自らの生命を首尾よく防衛しうるのである。仲間は二つの方法によって獲得される。すなわち、暴力によってかまたは合意によってである[55]。第一の方法は、第二の方法よりも先見の明に欠ける。というのも、それは、敵の殺害と敵との合意のいわば中間に位置しているからである。まさしくそれゆえに、第一の方法は第二の方法よりも「より自然的」であり、自然人により適合的である。

人間が勝利を求める闘争の遂行において陥ることになる生への憂慮は、勝利への意志を抑制する、いやそれどころか押し殺しさえもし、そして、もしもそれによって人間が自らの生命を救うことができるとすれば、服従し敵に勝利を譲るようかれに仕向けるのである。ところでその場合、相手を服従させることによって自らの優位性、自らの名誉の承認を確保するという、まさしく自らの目標を達成してしまった敵は、自らの名誉のために、相手の人間から生命を奪うことはできない。なぜなら、「恐怖以外の何ものも、他人の生命を奪うことを正当化できない。そして、恐怖は、自分自身の弱さの意識をうっかり露呈させる何らかの不名誉な行為によってしか、めったに明るみに出されることがないから、勇敢や大度といった情念が自らの内で優位を占めてきたすべての人間は、残虐な行為をさし控えたのである。……それゆえ、一言でいえば、戦争における諸行動の唯一の法は名誉である」(56)。こうして、主人と奴隷の関係が成立する。自らの名誉を守った勝者が主人となり、「死の恐怖のために……服従した」敗者、自らの弱さを認め、そうすることで名誉を喪失した敗者が、奴隷となる(57)。奴隷に対する主人の支配――専制統治――は、自然的国家の一形態である(58)。そして、自然的国家のもう一つの形態である家父長的統治は、ホッブズによって、完全に専制統治をモデルにして構成されているのだから、専制統治こそが自然的国家そのものであるということさえできるのである。

それ自体いっそう完全な人工的国家は、両闘争者がともに自分たちの生への憂慮に陥り(59)、自らの憂慮を白状するという虚しい恥辱を克服し、自分たちの本当の敵は競争相手《ライバル》などではなく、「あの恐ろしい自然の敵、すなわち死」(60)にほかならないと認識するときに成立する。つまり、死はかれら双方の共通の敵として、かれらを相互の了解、つまり信頼と統一へと駆り立て、そしてそのことによって、共通の敵に対するできるだけ永続的な安全確保を目的として国家の設立を実行するという可能性を、かれらに付与してくれるのである。そして、虚栄心が打ち砕かれる予見されない生死を賭する闘争のなかで、虚栄心の無効性が暴露される一方、前‐理性的な死の恐怖に基づいてもたらされる共同生活としての生命の和合のなかで、死の恐怖は人間の置かれた状況にふさわしいということ、つまりそれは「理性的」であることが明らかになる。いやそれどころか、死の恐怖に基づいてのみ生命の和合がもたらされるのだから、死の恐怖こそが「自然的理性の要請」そのものであるということすらも、明らかになるのである。

こうして、ホッブズが自らの政治論の根底に据える二つの「人間的理性の要請」の間には、きわめて密接な関連が存在している。放任された虚栄心は、必然的に生死を賭する戦闘へと導く。また「各人は、かれが自分についてするのと同じ程度に、かれの仲間がかれを評価してくれることを求める」から、各人の虚栄心は必然的に「万人対万人の戦い」へと導くのである。そして、人間は自然によりまず自らの想像の世界のなかで生き、ついで他人の思い込みのなかで生きるのだから、他人との闘争において思いがけず現実世界を感知するという、そうした仕方によってしか、かれは現実世界をもともと経験することができない。すなわちかれは、第一かつ最大かつ最高の悪、人間生活の唯一かつ絶対的な基準、現実世界のあらゆる認識の端緒たる死を、もともと暴力による死としてのみ認識するのである。

ホッブズが、人間の自然的欲望の虚栄心への還元によって人間に罪を認めるとすれば、したがってこの還元が道徳的意図をもってなされているとすれば、虚栄心に対立する死への恐怖の肯定もまた、当然に何らかの道徳的意味をもたざるをえない。すなわち、ホッブズは死への恐怖を、あらゆる正しさそしてあらゆる道徳の源泉として、あらゆる非道徳的および無道徳的な動因から原則的に区別したにちがいないのである。したがって、国家はただ相互的な恐怖からのみ生まれ、また生まれうるというかれの主張は、決して単に技術的な意味だけではなく、ある道徳的な意味を有しているのである。

他のいかなる道徳主義者《モラリスト》にも劣らぬほど厳密に、ホッブズは合法性と道徳性を区別している。つまり、行動の合法性ではなく信念の道徳性こそが、ある人間を正しくするのである。刑罰への恐怖からとか自らの名声のためとかではなく、それが法であるがゆえに法を遵守する人間こそが正しいのである。[62] ホッブズは、「心の最初の運動が（神への恐怖によって阻止されたのに）罪悪だと主張する」人びとは「自分自身に対しても他人に対しても、あまりにも過酷」である、と考えるのだけれども、かれは「こちら側〔現世〕で誤る方が、反対側で誤るよりも安全である」ことを「認める」のである。[63] したがって、行動よりも信念、良心、意図の方が重要であるということに関して、ホッブズはキリスト教の伝統[64]と一致するのと同様にカントとも一致するのである。かれがキリスト教と相違するのは、さしあたり、国家による立法に依存せずに正しい行動と不正な行動が区別されるという可能性を否定することによってのみである。自然状態においては、個々人の良心が自己保存のために必要だと認めるいかなる行動も、原則的に許容される。そして実際、自然状態においては、まさしくいかなる行動もこの条件を満たしうるのである。しかし、すでに自然状態において、個人的良心の判断に従って自己保存に役立たないようないかなる行動も禁止される。したがって、たとい自然状態においてはいかな

とって、それゆえ絶対的に、妥当するのである。(65)

人間を無条件に義務づける、したがって、すでに自然状態において義務づける自然法といったものがもしも存在するならば、ホッブズはもうこれだけで済ますこともできたであろう。しかし、そういった法の実在は、かれによって明確に否定されている。すなわち、「これらの理性の指示(つまり自然法)は、ひとが法という名で呼ぶのがつねであるが、妥当ではない。なぜなら、それらの指示は、何がかれら自身の保存と防衛に役立つかについての、結論または定理であり、これに対して、法とは本来、権利に基づいて他人を支配する者の、言葉だからである(66)」。法とは、すなわち義務のことである(67)。ところで、それまでは自由な、何の義務も負わない人間たちの契約に基づいて、そもそもはじめて義務が生じてくる。それゆえ、「信約がまだなされていなかったところでは、いかなる権利も譲渡されていなかったわけであり、あらゆるひとはあらゆるものに対して権利をもっている。……しかし、信約がなされると、それを破ることは不正となる。かくて不正義の定義は、信約の不履行にほかならないのである(68)」。したがって、なされた約束を守るという真摯な努力だけが、もともとの正しい信念たりうる。ところが、本来的な意味での法などまったく存在しない、いまだまったく存在しないのだから、こうした努力の正しさが、法そのものへの尊敬、法そのものに対する服従に存することはありえない。それゆえ、正しい信念とは服従であるどころか、むしろそれは高慢な自尊心以外の何ものでもないのである。すなわち、「人間の諸行為に正義の色あいを与えるのは、勇敢の、特定の高貴さ優雅さ(まれにしかみられない)であって、それによって人は、かれの生活の満足を得るためにあざむくことや約束を破ることを、軽蔑するのである」。「……人間の自然のなかには、（言葉の力の）強化に役立つものは、二つしか考えられない。それらは、約束を破った際の結果についての恐怖か、あるいは、約束を破棄するような必要はないと他人に見せかける得意や高慢かのいずれかである」[69]。これがホッブズの究極の言葉たりえないことは、「高慢」という言葉の使用がすでに示しているところである。さきにみたとおり、いま引用した箇所が見出される『リヴァイアサン』という書物の表題がすでに、高慢は正しい信念の源泉ではありえないばかりか、むしろ不正な信念のまさしく本当の源泉なのであるということを表現している[70]。正しい信念を高慢へと還元することはホッブズの中心思想からの逸脱であって、その逸脱の歴史的由来はそれ自体ひとつの問題ではある。ホッブズが正しい信念と認めるのは高慢ではなく、ましてや服従などではさらになく、死への恐怖なのである。すなわち、死への恐怖から、いいかえれば他人に対する自らの弱さを意識して人間が行なうこと、かれが自らの名誉を気にせず自己および他人に対して自らの死の恐怖と弱さを正直に白状しながら行なうこと、こうしたことこそが、根本的に正しいのである。「簡単にいえば、自然状態においては、正と不正は行為によってではなく、行為者の意図と良心によって評定される。必要から、平和と自己保存への努力からなされることは、正となる」[71]。ところで、人間は不可避的な必然性をもって死を恐れるがゆえに、自己保存およびそのために要請される平和への努力は、必要不可欠である[72]。ホッブズの究極の言葉は、良心と死の恐怖との同一視なのである。

たといひとがこの同一視をいかに評価しようとも――いずれにせよそれが正と不正、道徳的動機と非道徳的動機との原則的区別を許容する。この同一視だけが、ホッブズにつぎのように述べることを許すのである。すなわち、「諸情動から、それも主に空虚な自己評価から発する、相互に傷つけ合おうとする人間の自然的傾向に加えて、さらに、それによって一者が正当に攻撃し他者が正当に反撃する、万人に対する万人の権利を付け加えるならば……(73)」、と。この〔良心と死の恐怖との〕同一視は、とりわけ、ただ単に刑罰への恐怖から、すなわち何らの内的確信なしに国家の法に服従する、不正な人間の信念と、死への恐怖から、それゆえ内的確信から、いわば国家設立そのものの実行にあらためて参加しつつ国家の法に服従する、正しい人間の信念との区別を可能にしてくれる。死への恐怖と刑罰への恐怖は、あたかも、生命を完全かつ根底から規定している先見の明ある首尾一貫した恐怖と、近視眼的で一時的な、展望を欠く恐怖とが区別されるように、相互に区別され続けるのである。

ホッブズは良心を死の恐怖と同一視する。すなわち、死の危険の認識は同時に死を恐れ遠ざけることでもあるが、そうした死の危険の認識によってのみ、人間は自然的虚栄心から、つまり自らの想像の世界への自然的とらわれから根源的に解放されうるのである。ところで、もしそうであるとすれば、死の恐怖、暴力による死への恐怖は、人間の共同生活にとってだけでなく、学問にとっても必要不可欠な条件である。共同生活がもろもろの情念によって妨げられるように、学問は偏見によって妨げられる。そしてわれわれの偏見が何に起因するかといえば、それは「問われているものの真理を（われわれは）すでに知っているという誤った意見」、すなわち「われわれ自身の知識についての誤った意見(74)」にほかならないのである。学問の妨げとなる基本的偏見の素材をなすものは、視覚および聴覚のもろもろの幻影である。ところで、これらの幻影に同意が与えられるということ、つまり人間がそれらを信じるということは、虚栄心の一帰結なのである。すなわち、「（神が）あるひとに夢のなかで語ったということは、そのひとが、神が自分に語るのを夢みたということにすぎず、……そのような夢は、ひとが自分をなみなみならぬ啓示の恩恵に値したのだと考えるようにしたところの、自分の信心深さやその他の徳について有する自己欺瞞や愚かな尊大さや誤った意見から（発するかもしれない）……。かれが超自然的な霊感によって語るということは、かれが語りたいという熱烈な意欲をもつということか、かれがそれに関して自然的で充分な理由を申し立てえない、ある強い意見を自分についてもつということである」[75]。したがって、虚栄心は不正の究極原因であるとともに、度し難い無知、偏見、迷信の究極原因でもある。何といっても虚栄心にとっては、あらゆる他の優越性にもまして、精神的な優越性、悟性の優越性こそが問題である。それゆえに虚栄心は、「何びとも、自分がすでに到達しているよりも高次のもの（理解）があると考えることができない。そしてそこから、人びとは、その人生の途上でふりかかる予見されない災難から推理する以外には、自分自身の暗黒を認識する何らの手段ももたないということが生じる」[76]ことの原因なのである。ところで、予見されない災難の極限事例は、予見されない死の危険である。したがって、とりわけ予見されない死の危険およびそれと同時に生じてくる有無をいわせぬ強制力をもつ死の恐怖によって、われわれは、自分たちの想像と偏見の力から自らを解放することができるようになる。学問は、こうしたその出自の痕跡をわが身にとどめている。すなわち、学問の諸原理は「いささかも美しくはないだけでなく、むしろ慎しく、無味乾燥で、かつほとんど醜く（みえる）」[77]。それというのも、学問は「ゆっくりと、そしてこのうえなく綿密な推論によって進められつつ、最も能力の乏しい者にとってさえ自明な、最も低級かつ慎しい諸原理から」[78]出発するからである。学問は、きわめて目立ちそして実際「突然に」[79]獲得される、あらゆる教義的、修辞的およびいわゆる霊感的な見せかけの知と対立するのである。

　人間は自然により自らの想像の世界にとらわれているがゆえに、それゆえかれはひとえに予見されない災難によってのみ、自分自身の暗黒の認識と、したがってまた同時に、現実世界についての控え目で慎重な認識に到達することができる。ところで、そのことでもって述べられているのは、人間にとって現実世界はもともと非明察的な（*uneinsichtig*）認識といったもの――何らかの抵抗の経験――によって開示される、ということなのである。最も明察力に欠ける感覚は触覚である。このようにして、ホッブズの知覚の生理学と心理学において触覚に対して暗黙のうちに認められている優先的地位についての説明がつくのである。すなわち、あらゆる感性的知覚、なかんずく視覚という最も明察力に富む感覚の知覚は、触覚という経験から解釈されるのである。

　こうして、ホッブズ政治論の根底に横たわっているのは、一方における道徳と無関係な動物的欲望（ないしは道徳と無関係な人間的力の追求）と、他方における道徳と無関係な自己保存への努力との自然主義的な対立ではなく、原則的に不正な虚栄心と原則的に正しい暴力による死への恐怖との、道徳的な人間中心《ヒューマン》の対立なのである。これに対して、ひとはこう反論するであろう。すなわち、この道徳的対立がホッブズ政治論のなかに見出されるのは、ホッブズ自身が聖書‐キリスト教的伝統の影響からいまだ完全には自由になっていないという、ただそれだけの理由からである。実際、虚栄心‐暴力による死への恐怖という対立は、全能の（*allmächtig*）神が相対的により大きな力をもつ（*übermächtig*）他人によって、ついでほどなくして国家すなわち「可死の神」[80]によって、取って代わられるがゆえに出現してくる、傲慢‐神への畏怖（ないし恭順）という伝統的対立の「世俗化された」形態以外の何ものであろうか、と。しかしながら、この系譜関係がたとい正しいとしても、またそれが正しければこそ、そこから、ホッブズ政治論におけるいま話題になっている道徳的対立が、ただ単に、原則的に退けられた伝統のあらずもがなの残滓でしかないという結論は、とうてい生じようもない。それどころか逆に――この対立こそが、ホッブズ政治論の本質的な、なくてはならない構成要素、より正確にいえばその本質的な基本原理なのである。もしかりにホッブズがその対立を放棄してしまったならば、したがって、もしかりにかれが自然主義的政治論といったものを展開したとすれば、かれは「人間の自然の攻撃性」と「万人の万物に対する権利」とを区別する可能性を奪われてしまったであろう。そうだとするとかれは、理性が自然によって権利づけられるのと同じく、人間の自然的欲望が、あらゆる情動がみな等しく、とりわけ虚栄心もまた自然によって権利づけられているとみなさなければならなかったであろう。いいかえれば、その道徳的基本原理を剝奪された政治論はスピノザの政治論ではあるが、しかしもはやホッブズの政治論とはいえないのである。つまり、もうホッブズがではなく、スピノザがはじめて権利（Recht）と力（Macht）とを等置するのである。自然主義的政治論は、必然的に権利概念そのものの廃棄へと導く。ホッブズは自らの政治論の道徳的基礎のおかげで、そしてひとえにそのおかげでのみ、権利について語り、権利と力とを区別する可能性を維持したのであった。

スピノザの政治論に対するホッブズ政治論の本質的利点は、スピノザがあらゆる存在者の自然的権利から出発し、まさしくそれゆえに権利という特殊人間的な問題を扱いそこねているのに対し、ホッブズが自然権というとき主として人間の権利のことだと理解している、という点に基づいている。ホッブズ政治論は現実に、その主唱者が要請しているように、各人の自己認識と自己吟味によって確証され深化される人間理解に基づいているのであって、何らか普遍的な自然科学的ないしは形而上学的な理論といったものに基づいているのではない。そして、それが人間的な生の経験に基づいているがゆえに、自然科学に由来する激しい誘惑にもかかわらず、それは道徳的な差異の捨象という危険にはまったく陥らないのである。ホッブズの政治論は、それが自然科学から導出されるのではなく、人間的な生の始原的経験に基づくという、そのゆえに、一つの道徳的基本原理を有しているのである。

ホッブズによる政治論の人間中心の道徳的基礎づけは、まずもってひとが政治論をそれから解きほぐさなければならない自然科学的基礎づけより以上に始原的であるという主張は、もしもつぎのことが明らかにされうるならば、一つの間接証明を得ることになるだろう。つまり、道徳的基礎づけのあらゆる契機であれ、その最も重要な契機であれ、いずれにせよそうしたものが、ホッブズにとって、かれがいまだ自然科学に関心を向けていなかった時期にすでに確定していた、ということが明らかにされうるならばである。事実そうである蓋然性は、はじめから大きいといえる。ホッブズがユークリッドの原理を「発見した」ときかれは四〇歳を過ぎており、その後になってようやくかれは真剣に自然科学に取り組み始めた。ユークリッドの「発見」は、疑いもなくかれの人生において一時期を画するものであった。実際それは、ホッブズにとってまさしく画期的な事件そのものであった。すなわち、その後にかれが思考し記述したことはすべて、この事件によって規定されているのである。しかし、かれの最も始原的な思想は、数学から借用された証明形式と自然科学から借用された心理学によって、解明されるというよりむしろ隠蔽されるということに、もしひとが一度気づいたならば、そしてまた、もしひとが、ホッブズは四一歳の年にいたるまで眠り込んでいた、したがって眠りから覚めるためにかれはユークリッドの「発見」を必要とした、などと思い込もうとしないならば、ひとはつぎのような推測に傾くことになる。つまり、その青年期に、すなわち四一歳の年までに、したがって数学と自然科学によるいかなる影響より以前にホッブズが書いたものは、かれの最も始原的な思想を、その成熟期の作品よりもより良く表現しているのではないか、と。現実にそうであるかどうか、またどの程度そうであるかは、残された青年期ホッブズ哲学の数少ない断片が正確に探究されたのちにはじめて決定されうるのである。この探究の終結をまってはじめてひとは、ユークリッドの「発見」とこの事件に後続する自然科学への取り組みは、かれの政治論の生成をただ単に妨げただけではなく、他方では促進しもしたのかどうか、またどの程度そうであったのか、という問いにも答えることができるであろう。

III　アリストテレス主義

われわれは、手始めに、数学と自然科学への方向転換以前にホッブズを規定していた諸力についての概観にとりかかる。まず第一に、人文主義（*Humanismus*）が挙げられる。八歳から一四歳の年まで（一五九六－一六〇三年）、ホッブズは故郷でラテン語とギリシア語、およびラテン文学とギリシア文学の教育を受けた。その結果、かれはエウリピデスの『メディア』を「かなり優雅に」ラテン語韻文に翻訳することができるまでになった(1)。一六〇三年から一六〇八年まで、かれはオックスフォードで学んだ。大学での講義に失望したかれは、この時期にとりわけ、すでに故郷で読んでしまった古典古代のテキストの再読にとりかかった(2)。それ以降、かれはあらゆる勉学を数年にわたり中断してしまったが、その後かれはもう一度、とりわけ古典古代の文筆家たちの作品読解に取り組み、その際かれは著名な文法学者たちの解釈を利用しながら読み進めていった。この勉学によってかれは、雄勁かつ明晰なラテン語文体を習得するという、特定の目的をも追求したのである(3)。この目的は、一六二八年に出版された、「徐々に」成立してくるトゥキュディデスの英語訳として受け継がれかつ完遂されたのであった(4)。

オックスフォードでホッブズは、スコラ哲学の手ほどきを受けた。かれ自身、そこではアリストテレスの論理学と自然学を勉強したと告げている。[5] アリストテレスの道徳論と政治論への取り組みについては、かれは何も言及していない。ほぼ五年の勉学ののち、かれは学芸学士（Baccalaureus artium）の学位を取得した。すなわち、かれは「何びとのものであれ、論理学の書物を講義すること」を認可されたのである。[6] 伝統的な履修規則に従えば、学士でもって課程修了となる大学教育の最初の部門においては、形式諸学科――文法、修辞学および論理学――が前面に出ていた。そこから、つぎのように想定することが許されよう。すなわち、スコラ学的勉学はホッブズにとって主として形式的な、学校教育的機能を果たしたという想定、および、かれはスコラ学のより正確な知識を、たとえばのちに自分自身の教説を論争相手から防衛するためにそれを利用した例にみられるように、のちになってそれぞれの場合に応じて習得したという想定、である。いずれにせよ、かれはスコラ学の授業にしぶしぶ従っただけである。それに、かれは大学修了後の何年かのうちに、大好きだった古典語さえあやうく忘れそうになってしまったほど[7]なのだから、スコラ哲学についてはなおさらのこと、かれはさほど多くを心に留めてはいなかったであろうし、とりわけかれは人文学（Humaniora）の勉学のように、その後スコラ哲学の勉学を再開することはなかった。この関連においてひとは、スコラ学的教説の最も詳細な言及は『リヴァイアサン』のなかにはじめて見出されるのであって、それ以前の著作のなかにではないということもまた、おそらく想起してよいであろう。

ホッブズはそのオックスフォード時代をモードリン・ホールで過ごした。そこでかれは、ピューリタン的精神のなかで教育された。[8] 大学修了後かれは、中断することなく一二年間にわたり、キャヴェンディッシュ家との友好的関係のなかで、ウィリアム・キャヴェンディッシュ、すなわちのちの二代目デヴォンシャー伯爵の家庭教師として、のちにはかれの秘書として暮らした。貴族の人びととの交際――ホッブズがこの時代に交際した貴族たちは、キャヴェンディッシュ家の人びとだけではなかった――は、ピューリタン的教育の影響を確実に駆逐してしまった。そして、貴族のものの見方は、かれ自身の見解がはじめて形づくられた時期にあっては、それよりのちの時期とは比較にならないほど多大の影響をかれにおよぼしたであろう。

　上述した四つの力――人文主義、スコラ学、ピューリタニズム、貴族――のうち、疑いなく人文主義こそが、青年時代のホッブズを最も強く規定した力である。かれ自身、自らについてつぎのように述べている。すなわち、「生来、また最初の年月、かれは歴史家と詩人を読むことに没頭した」[9]、と。その際ホッブズは、前後関係から明らかなように、「最初の年月」という言葉で、かれの数学‐自然科学的関心の目覚めにいたるまでの全時期を、そして、他の著作における対応箇所が示すように、「歴史家と詩人」という言葉で、古典古代の著者たちを意味している[10]。したがって、かれの生涯の最初の時期、つまり一六二九年にいたるまでの時期を、かれの「人文主義期」と呼ぶことは、まったく正当な根拠をもっているのである。

　しかしながら、こう断定したからといって、もしもそれがホッブズ的人文主義の意味への問い、さらにはその哲学的動機への問いに向けて進んでいくのでなければ、その断定はまったく価値がない。いずれにせよこうした問いは、たとい他の人文主義者については提起する必要がないにしても、ホッブズ級の哲学者にあっては避けて通るわけにはいかないのである。われわれは主張するのだが、ホッブズ級の哲学者の場合には、まさしくつぎの問いに答えることこそが、かれの伝記の中心的問題なのである。すなわち、かれが哲学に背を向けたこと、かれが人文主義者になりかつほぼ二〇年の長きにわたり人文主義者であり続けたこと、このことはいかにして可能となったのか、またそれは何を意味したのか、と。こうした問いは、いずれにせよR・ブラックボーンにとっては何ら逆説的とは思われなかったらしい。かれは、『ホッブズ伝補遺』(*Vitae Hobbianae auctarium*)のなかでつぎのように書いている。「……(ホッブズは)大学の学者たちの著述への大いなる嫌悪に悩まされ始めた。……そこでかれは、かれにとって哲学することの他の方法を熟考して、ギリシアであれローマであれ、古典古代の哲学者、詩人、歴史家についての講義に真面目に出席し、そのような宝庫から、かれの役に立つであろうものを、正確に学びとったのであった」[11]。ブラックボーンはここで「哲学すること」という言葉を、おそらく学校教育的な意味よりもより広い意味で理解しているのではないかという反論が、もしかりになされるとすれば、われわれとしては、このより広い意味こそ真に哲学的な意味なのだと答えたい。

さきに引用したブラックボーンの文章から推定できるように、ホッブズは大学での勉学修了後、古典古代の詩人や歴史家のみならず、古典古代の哲学者たちを読んだのであった。しかし、それはどのような哲学者たちだったのであろうか。あるいは、――より重要なことだが――人文主義期のホッブズにとっては、いかなる哲学者が基準となったのであろうか。かれのトゥキュディデスの翻訳への序文で、ホッブズはこう述べている。「詩におけるホメロス、哲学におけるアリストテレス、雄弁におけるデモステネス、その他の知識における他の古典古代の人びと、かれらはいまなお各自の首位を維持しているということ、つまり、かれらの誰一人として、後代の誰かによって乗り越えられることはなかったし、その幾人かには近づくことさえできなかったということ、こうしたことが、これまで数人の人びとによって指摘されてきた。そして、われらがトゥキュディデスもまた正当に、これらの古典古代の人びとの列に加えられる。というのも、かれはその作品を仕上げることにおいて、さきに挙げた人びとのいずれにも劣らない完璧な職人だったのだから」[12]。したがって、ホッブズはその人文主義期の末期においてもなお、アリストテレスこそが哲学の古典《クラシカー》とすべき人物そのものであるとみなす支配的意見に対して、何ら反論すべき必要はないのである。さきに引用した言明の意義を過小評価しないためには、のちになってホッブズがどのように判断したかということと、この言明とを比較・対照してみなければならない。のちになるとホッブズは、もはやアリストテレスではなくプラトンこそが、「古典古代の哲学者たちのなかで最善の者」[13]であるとみなす。われわれはここでは、こうした判断の変更のうちに何が含まれているのかを、事細かに説明することはできない。もとより確実なのは、その判断変更が、ユークリッドの原理のかの「発見」の特色ある一帰結にほかならないという事実である。というのも、この事件によってはじめてホッブズは、公然とアリストテレスと絶縁する可能性と勇気を与えられ、かつ同時にこの事件がかれをプラトンへと近づけたからである。しかし、ここでつぎのような疑問が生じてくる。すなわち、数学への方向転換ののちに、かつその方向転換に基づいてホッブズによって遂行された政治学の革命は、ホッブズがその方向転換と同時にアリストテレス的な道徳論と政治論からプラトン的なそれらへと引き戻されたという事実によっては、より直接的かつ根本的に理解されえないことになるのではないか、と。これについて事情がどうあれ、――われわれの関連にとって重要なのは、ひとえに、のちにプラトンを最善の哲学者と、しかも最善の哲学者一般とではなくただ古典古代だけの最善の哲学者と呼んでいるホッブズが、その人文主義期の末期にあってなお、アリストテレスの無制限の優位性、いやそれどころかアリストテレスの権威性すら承認している、という事実だけである。

ホッブズはその数学‐自然科学的研究との関連においてはじめて、アリストテレスと絶縁した。そして、そのときにも、決して即座にきっぱりと絶縁したのではない。アリストテレスに対する論駁は、『法の原理』においてはまだ、『市民論』におけるほど、ましてや『リヴァイアサン』におけるほど激越なものではまったくない。とくに重要な意味をもつ一つの論点が、あらかじめここで強調されねばならないであろう。『法の原理』においてはまだホッブズは、国家を定義するにあたって、したがってその中心的な箇所で、国家の目的として平和と防衛とならんで便益を挙げている。そうすることでかれは、国家の成立根拠（ζῆν）と存在根拠（εὖ ζῆν）とのアリストテレス的区別を、暗黙のうちに承認しているのである。これに反して、『法の原理』以後の叙述における対応箇所では、かれは、国家の必然性と可能性はもっぱら暴力による死への恐怖からのみ理解されるとする、かれ独自の意図により忠実に、国家目的としての便益を省いている。まさしくそうすることでかれは、いま言及したアリストテレス的区別を退けているのである[14]。

ホッブズが、いやしくもかつてそうすることを必要としたときには、いずれにせよきわめて早い時期に遂行したスコラ学との絶縁は、したがって、直ちにアリストテレスとの絶縁といったものを意味してはいない。それでは、いかなるアリストテレスが、どのように理解されたアリストテレスが、スコラ的アリストテレスに代わって現れるのだろうか。ホメロス、デモステネスおよびトゥキュディデスとアリストテレスとの並置は、人文主義的に理解されたアリストテレス、という答えを押しつけてくる。だが、この多義的な言明によって、ホッブズの場合何が意味されているのであろうか。

そのことは、原則的には、アリストテレスの自然学と形而上学からその道徳論と政治論への、つまり人間的な事柄についての（περὶ τὰ ἀνθρώπινα）[15] その哲学への関心の移行を意味している。換言すれば、そのことは、理論の優位に代えて実践の優位を置くことを意味する。その種の原則的な変化を仮定するときにだけ、スコラ学から詩と歴史叙述へのホッブズの方向転換は、何らか生活史上のないしは時代史的な特異性であることをやめるのである。この主張の正しさは、自然科学がホッブズの探究の好みの対象となったのちにもなお、理論に対する実践の優越および自然科学に対する政治学の優越をかれが承認したという事実によって、いっそう強められる。[1] たしかにかれは、認識することの喜びを、他のどんな哲学者にも劣らず知悉しておりかつ評価していた。しかし、これらの喜びは、かれにとって哲学の権利根拠ではない。かれはむしろ人間の便益のみを、すなわち人間的生命の保全と人間的力の増大だけを、哲学の権利根拠として認めるのである。[16] 理論への（伝統的な）賛美の言葉が主として献辞や序言のなかに見出されるのは、[17] 偶然ではない。ホッブズが自分自身の教説を相互に関連づけながら展開する場合には、かれは明確に理論を実践より下位に位置づけている。こうして、かれはアリストテレスのように分別[18]（Klugheit〔＝知慮《フロネーシス》＝prudentia〕）を実践に、そして知恵（Weisheit〔＝知慧《ソフィア》＝sapientia〕）を理論に当てはめてはいないことが理解される。すなわち、ホッブズは分別と知恵がともに実践的目的を目指すことを主張するのだから、分別と知恵との区別は、実践と理論との区別とはいっさい関係がなくなってしまうのである。分別と知恵の関係は、経験と学問の関係に等しいといえる。ところで、知恵とは「何が正であり何が邪であるか、また人類の生存と福祉にとって何が善であり何が有害であるかについての……」学問であり、「一般に、幾何学とかその他の思弁的学問に熟達しているひとではなく、何が人びとの善と統治に貢献するかを理解しているひとだけが、知恵ある人間と呼ばれる」[19]。アリストテレスへのこうした対立は、宇宙における人間の位置についてのホッブズの見方がアリストテレスの見方に対立していることに、その究極的原因を有する。アリストテレスはかつて、人間は宇宙における最も優れた存在ではないという根拠づけによって、道徳論と政治論に対する理論的諸学の優越を擁護した[20]。理論の優位にとってのこの究極的な前提が、ホッブズによって退けられることになる。というのも、かれの主張によれば、人間とは「自然の最も優れた作品[21]」にほかならないからである。この根源的な意味において、ホッブズはつねに人間中心主義者《フマニスト》であり続けた。そして、このことにともなう本質的な制約つきでのみ、人文主義期のホッブズはアリストテレスの権威を承認することができたのである。

　ホッブズは、かれがアリストテレスを「これまでの最悪の教師」とみなさなければならないと信じたときもなお、アリストテレスの二つの作品だけはこの有罪判決から除外していた。すなわち、「しかしながら、かれの弁論術と動物誌はたぐいまれなるものであった[22]」。動物誌へのかれの取り組みについては、何の痕跡も残されていないが、それだけに『弁論術』研究については、いっそう多くの痕跡が残されている。かれによって執筆された、『弁論術』の二編の英文抜粋が活字になっている[23]。また、ラテン語による一編の抜粋は、チャッツワースの「ホッブズ文書」のなかに見出される。しかし、これらの抜粋は、ホッブズの『弁論術』への取り組みにとっての唯一の、そしてなかんずく、最も重要な証拠というわけではないのである。ホッブズ哲学にとっての重要性という点で、『弁論術』の重要性とおおよそにせよ比較されうるような古典古代の他の作品を見つけ出すことは、きわめて困難であろう。かれの人間学（Anthoropologie）の中心的諸章、おそらくかれがそれ以外に書いたすべてのもの以上に、文筆家および人間認識者としてのかれの名声を不朽のものたらしめたこれらの諸章は、その執筆者が『弁論術』の門下生とまでいわないにしても、その熱心な読者ではあったということを、文体のうえでも内容の点でも明らかに示している。われわれがいおうとしているのは、『法の原理』第一部の第八、第九章、『リヴァイアサン』の第一〇章、それに『人間論』の第一一、第一二および第一三章のことである。ホッブズが『弁論術』の当該部分を単純に書き写したのではないことは、もちろんである。だが、もろもろのテーマと叙述様式に関して、さらには個々の点についてすら、ホッブズがいかに多くのものを『弁論術』に負っているかは、一つの比較・対照によって最もよく示されるであろう。

『法の原理』第一部第八章第五節、『リヴァイアサン』第一〇章および『人間論』第一一章第一三節において、ホッブズは「名誉あるもの（Honourable）」（ないしは「高貴なもの（Pulchra）」）という表題のもとに、アリストテレスがかつて『弁論術』の第一部第九章で「立派なもの（καλά）」という表題のもとに論じたことを取り扱っている。

Rhetoric [24]〔A〕

And honourable are...the works of virtue. And the signs of virtue...And the reward whereof is rather honour than money. And those things are honourable which, good of themselves, are not so to the owner...And bestowing of benefits...And honourable are...victory...And things that excel. And what none can do but we. And possessions we reap no profit by. And those things which are had in honour ...And the signs of praise.

Elements〔B〕

And honourable are those signs for which one man acknowledgeth power or excess above his concurrent in another...And... victory in battle or duel...And gifts, costs, and magnificence of houses, apparel, and the like, are honourable.

Leviathan〔C〕

...Victory is Honourable...Magnanimity, Liberality, Hope, Courage, Confidence, are Honourable...Actions proceeding from Equity, joyned with losse, are Honourable.

『弁論術』[24]〔A〕

そして、名誉あるものとは……徳のなせる業であり、徳の徴しである。……また、その報酬が金銭よりも名誉であるもの〔は、名誉あるものである〕。そして、つぎのようなものが名誉に値する、つまりそれ自身善であり、所有者にとってはそうでないもの……また、利益の贈与……。そして、名誉あるものは……勝利であり……、また、卓越せるものである。われわれ以外の誰もがなすことのできないもの、われわれがそれによっていかなる利益も手にしない財産、名誉のうちに保持されているもの、……そして賞賛の徴し〔は名誉あるものである〕〔『アリストテレス全集』第一六巻、岩波書店、五三頁以下参照〕。

『法の原理』〔B〕

そして、名誉あるものとは、あるひとが、他人のなかに、力ないしは競争相手を超える力を認めていることを示すさまざまの徴しである……。そして、戦闘や決闘の勝利……また、贈り物、犠牲、家や衣裳の壮麗さ等々は名誉である。

『リヴァイアサン』〔C〕

……勝利は名誉あるものである。……大度、気前のよさ、希望、勇敢、信頼は名誉あるものである。……損失を払って衡平のためにする行為は名誉あるものである〔邦訳、六三－六四頁〕。

『法の原理』第一部第八章第八節においてホッブズは、「名誉の徴し」の列挙を、「賞賛すること、賛美すること、祝福すること、あるいは幸福だということ」という文章で始めている（『リヴァイアサン』第一〇章〔邦訳、六一頁〕をも参照）。そのことによってかれは前掲箇所で称賛、称福および祝福（*ἔπαινος, μακαρισμός καὶ εὐδαιμονισμός*）について論じているアリストテレスに従っている(25)。

『リヴァイアサン』第一〇章において、ホッブズは「不名誉」のさまざまな形態を論じている。アリストテレスはこれらについて、「自分自身なり、自分自身に属するものの何かが無視される、あるいは無視されたと思うこと、それが原因で生じる復讐への苦痛を伴った欲求(26)」としての怒りの分析の関連において、語っている。

Rhetoric〔A〕

To neglect, is to esteem little or nothing; and of three kinds: (1) Contempt, (2) Crossing, (3) Contumely. Contempt, is when a man thinks another of little worth in comparison to himself.

Leviathan〔B〕

...to disobey, is to Dishonour...To neglect, is to Dishonour...To contemne...is to Dishonour; for 'tis under-

Crossing, is the hinderance of another man's will, without design to profit himself. Contumely, is the disgracing of another for his own pastime...Those that men are angry with, are: such as mock, deride, or jest at them. And such as show any kind of contumely towards them. And such as despise those things which we spend most labour and study upon...And such as requite not our courtesy. And such as follow contrary courses, if they be our inferiors...And such as neglect us in the presence of our competitors, of those we admire, of those we would have admire us, of those we reverence, and of those that reverence us
...

valuing...To revile, mock, or pity, is to Dishonour...To refuse to do (those things to another which he takes for signes of Honour), is to Dishonour...
To dissent, is Dishonour...

『弁論術』〔A〕

無視するということは、ほとんど尊敬しないか、ないしはまったく尊敬しないことであり、つぎの三つの種類がある。一、見くびり、二、いやがらせ、三、驕り高ぶり。見くびりとは、あるひとが自分自身とくらべて他人の価値がほとんど無に等しいと考えるときのことである。いやがらせとは、自分の利益を意図することなしに、他人の意志を妨害することである。驕り高ぶりとは、自分の気晴らしのために他人を辱めることである。……ひとが怒るのは、かれらを愚弄したり、嘲笑したり、馬鹿にしたりする人びとに対してである。また、人びとに向かって何らかの驕り高ぶりを示すような人びと、われわれが最大の労力と工夫をそそいでいるものを軽蔑するような人びと〔も、ひとを怒らせる〕。……また、われわれが示す礼譲に答えない人びとにも怒る。また自分に反対なことをする人びとに対しても、もし人びとが自分より劣っている人びとであれば、怒る。……さらに、われわれが〔名誉を〕競っている相手、われわれが感心している人びと、その人びとによってわれわれが感心されることを望んでいる人びと、われわれが畏れ憚っている人びとのまえで、われわれを無視する人びとに対しても怒る……〔『全集』、一〇四－一〇六頁参照〕。

『リヴァイアサン』〔B〕

……不服従は不名誉にすることである。……無視するのは不名誉にすることである。……侮辱するのは……不名誉にすることである。それは、低く評価することだからである。……ののしり、あざけり、あわれむのは不名誉にすることである。……（他人に対して、かれが名誉の徴しとして考えるようなことを）行なうのを拒絶するのは、不名誉にすることである。……同意しないのは不名誉にすることである〔六一－六二頁〕。

われわれはこれから、ホッブズの情動理論の『弁論術』への依存性を指摘する。

〔A〕 *Rhetoric* (W VI 452ff.)	〔B〕 *Elements* (I, IX)	〔C〕 *Leviathan* (c. 6)	〔D〕 *De homine* (XII)
〔1〕 Anger is desire of revenge, joined with grief, for that he, or some of his, is, or seems to be, neglected. (452＝*Rhet*. ii. 2.)	Anger...hath been commonly defined to be grief proceeding from an opinion of contempt. (5)		(Ira) oritur quidem saepissime ab opinione contemptus. (4)
〔2〕 *ὁ δ' ὀργιζόμενος ἐφίεται δυνατῶν αὑτῷ*. [*Rhet*. ii. 2, 2.]			Objectum ergo irae est molestum, sed quatenus vi superabile. (4)
〔3〕 Those to whom men are easily reconciled, are...such as they			Iram...metus temperat. (4)

fear (453=*Rhet.* ii. 3). Vgl. auch *Rhet.* ii. 12, 9: *οὔτε γὰρ ὀργιζόμενος οὐδεὶς φοβεῖται.*			
〔4〕 ...anger seeks the vexation, hatred the damage, of one's adversary...anger may at length be satiated; but hatred never. (456=*Rhet.* ii. 4.)	To kill is the aim of them that hate, ...revenge aimeth at triumph. (6)		
〔5〕 Shame is a perturbation of the mind arising from the apprehension of evil...to the prejudice of a man's...reputation. The things therefore which men are ashamed of, are those actions which proceed from vice... (458=*Rhet.* ii. 6.)		Griefe, for the discovery of some defect of ability, is Shame... and consisteth in the apprehension of some thing dishonourable...	
〔6〕 Pity is a perturbation of the mind, arising from the apprehen-	Pity is imagination or fiction of future calamity to our-	Griefe, for the Calamity of another, is Pitty; and ariseth	Dolere ob malum alienum, id est, condolere sive compati,

	sion of hurt or trouble to another that doth not deserve it, and which he thinks may happen to himself or his. And because it appertains to pity to think that he, or his, may fall into the misery he pities in others; it follows that they be most compassionate: who have passed through misery. ...And such as think there be honest men...Less compassionate(are)they that think no man honest...(and)who are in great prosperity. (461f.=*Rhet.* ii. 8.)	selves, proceeding from the sense of another man's present calamity; but when it lighteth on such as we think have not deserved the same, the compassion is the greater, because then there appeareth the more probability that the same may happen to us...The contrary of pity is Hardness of heart, proceeding...from extreme great opinion of their own exemption of the like calamity, or from hatred of all, or most men. (10)	from the imagination that the like calamity may befall himselfe ...for the same Calamity, those have least Pitty, that think themselves least obnoxious to the same.	id est, malum alienum sibi accidere posse imaginari, misericordia dicitur. Itaque qui similibus malis assueti sunt, sunt magis misericordes; et contra. Nam malum quod quis minus expertus est, minus metuit sibi. (10)
〔7〕	...indignation...is grief for the prosperity of a man unworthy (462=*Rhet.* ii. 9.)	Indignation is the grief which consisteth in the conception of good success happening to them whom they think unworthy		

	thereof. (11)		
〔8〕Envy is grief for the prosperity of such as ourselves, arising not from any hurt that we, but from the good that they receive. (464 = *Rhet*. ii. 10.) Emulation is grief arising from that our equals possess such goods as are had in honour, and whereof we are capable, but have them not; not because they have them, but because not we also. No man therefore emulates another in things whereof himself is not capable. (465 = *Rhet*. ii. 11.)	Emulation is grief arising from seeing one's self exceeded or excelled by his concurrent, together with hope to equal or exceed him in time to come, by his own ability. But, Envy is the same grief joined with pleasure conceived in imagination of some ill-fortune that may befall him. (12)	Griefe, for the successe of a Competitor in wealth, honour, or other good, if it be joyned with Endeavour to enforce our own abilities to equal or exceed him, is called Emulation: But joyned with Endeavour to supplant, or hinder a competitor, Envie.	Dolor ob praelatum sibi alium, conjunctus cum conatu proprio, est aemulatio: sed conjunctus cum voluntate praelatum sibi retrahendi, invidia est. (11)(27)

『弁論術』（英語版全集第六巻、四五二頁以下）〔A〕

〔A-1〕怒りとは、自分自身なり、自分自身に属するものの何かが無視される、あるいは無視されたと思うこと、それが原因で生じる復讐への苦痛を伴った欲求である（四五二頁＝『弁論術』第二巻第二章〔『全集』、一〇〇頁参照〕)。

〔A-2〕怒る者は、自分にとって可能なものを得ようと目指す者である(『弁論術』第二巻第二章第二節〔『全集』、一〇一頁参照〕)。

〔A-3〕人びとが簡単に和解する相手は、……かれらが恐れているような人びとである(四五三頁=『弁論術』第二巻第三章〔『全集』、一〇九頁参照〕)。また、『弁論術』第二巻第一二章第九節――というのは、怒ると、だれも恐れはしない――をも参照(『全集』、一二四頁参照)。

〔A-4〕怒りが相手に対して目指しているのは苦痛であるが、憎悪は相手に損傷を与えることを目指している。……怒りは最後には満足を得るかもしれないが、憎悪は決して満足を得ることはない(四五六頁=『弁論術』第二巻第四章〔『全集』、一一五-一一六頁参照〕)。

〔A-5〕恥とは、〔現在、過去、未来の悪いものどものうち〕あるひとの……名声を傷つけることになるように思われる悪から生じる心の動揺である。それゆえ、人びとが恥じるのは、悪徳に発するすべての言動である(四五八頁=『弁論術』第二巻第六章〔『全集』、一一二頁参照〕)。

〔A-6〕あわれみとは、そんな目にあうことのふさわしくない他人がこうむった損害や困難を気づかうこと、またそれらが自分自身や家族の身に起こるかもしれないと考えることから生じる心の動揺である。そして、かれないしかれの家族も他人のあわれむべきみじめな境遇に同じく陥るかもしれないと考えることは、あわれみの情に属しているのだから、みじめな境遇をくぐりぬけた人びとこそ最もあわれみ深いということになる。……また、立派な人びとがいるはずだと考える人びとはあわれみ深い。……〔それに対し〕あわれみの情が薄いのは、立派な人びとなどいないと考える人びと、……(そして)人並みはずれて幸福である人びと(である)(四六一頁以下=『弁論術』第二巻第八章〔『全集』、一三〇-一三一頁参照〕)。

〔A-7〕……憤慨とは、それに値しないひとの繁栄をみる苦痛〔悲しみ〕である(四六二頁=『弁論術』第二巻第九章〔『全集』、一三四頁参照〕)。

〔A-8〕われわれ自身と同じような人びとの繁栄をみる悲しみ〔苦痛〕のうちに含まれている羨望は、われわれわれが受ける苦痛〔損害〕からではなく、かれら〔羨む人びと〕が受ける利益から生じる（四六四頁＝『弁論術』第二巻第一〇章〔『全集』、一三八頁参照〕）。――競争心とは、われわれと同等な者が名誉ある財産を所有しており、われわれにもそれが可能ではあるが現在所有していないということから生じる悲しみ〔苦痛〕である。それは、もちろん、かれらが財産をもっているからではなく、われわれが同じようにもっていないからである。それゆえ、だれでも、自分自身に不可能なものをめぐって他人と競争することはない（四六五頁＝『弁論術』第二巻第一一章〔『全集』、一四一頁参照〕）。

『法の原理』（第一部第九章〔第五節以下〕）〔B〕

〔B‐1〕怒りは……一般に、軽蔑されたという思いから生じる苦痛であると定義されてきた（第五節）。

〔B‐4〕殺すことは、憎み合う人びとの目的である。……復讐は、勝利を目的とする（第六節）。

〔B‐6〕あわれみとは、将来自分たちに災難がふりかかると想像ないし仮想することであり、他人の現在の災難に気づくことから生じる。しかし、災難などに遇うはずがないと思われる人びとに災難が突然ふりかかるとき、あわれみはいっそう大きくなる。なぜなら、そのときには、同じ災難がわれわれにもふりかかる蓋然性がいっそう高まるからである。……あわれみの反対は心の厳しさであり、同様な災難から自分自身は免れているという、きわめて尊大な意見か、あるいは、すべての人びとないし大部分の人びとへの憎悪から……生じるのである（第一〇節）。

〔B‐7〕憤慨とは、それに値しないと思われる人びとがたまたま手にするかもしれないすばらしい成功を思い描くことのうちにある苦痛〔悲しみ〕である（第一一節）。

〔B‐8〕競争心とは、競争相手によって自分が凌駕され、はるかに超えられているのをみることから生じる悲しみ〔苦痛〕であり、同時に、時がくれば自分の能力によって競争相手と同等になるか、あるいは他人を凌駕してみせるという希望を伴っている。しかし、羨望は同じ悲しみ〔苦痛〕であるにしても、ひとにふりかかるかもしれない何らかの不幸を想像してみることに含まれる喜びと結びつけられている（第一二節）。

『リヴァイアサン』（第六章）〔C〕

〔C-5〕能力の、ある欠点を発見したための悲しみ〔苦痛〕は、恥であり……そして、このことは、何か不名誉な物事をさとることであり……〔四二頁〕。

〔C-6〕他人の災難に対する悲しみは、あわれみであり、同様な災難が自分の身にもふりかかるかもしれないということの構想から生じる。……したがって、かかる災難に出会うことが最も少ないと考える者も、そのような災難に対して最少のあわれみしか寄せないのである〔四三頁〕。

〔C-8〕富や名誉やその他の望ましいことに関し、競争者が成功したのに対する悲しみ〔苦痛〕は、それが、われわれ自身の能力を競争者と同等ないしはそれ以上に無理やりしようという努力と結合しているときは、競争心と呼ばれる。しかし、それが、競争者を押しのけ取って代わろうとし、またはかれを妨げようとする努力と結合しているときは、羨望と呼ばれる〔四三頁〕。

『人間論』（第一二章〔第四節以下〕）〔D〕

〔D-1〕（怒りは、）最もしばしば、軽蔑されたという感情から生じる（第四節）。

〔D-2〕怒りの対象は、それゆえ、不快なものであって、そのかぎりにおいて、それは力によって克服せられうる（第四節）。

〔D-3〕怒りは……恐怖によって抑えられる（第四節）。

〔D-6〕他人の災難に対して悲しみを感じること、すなわち共苦ないし共感、すなわち他人の災難が自分にもふりかかるかもしれないと想像することは、同情〔あわれみ〕と呼ばれる。それゆえ、同様な災難を自ら経験した者は、より大きな同情〔あわれみ〕を感じ、またその逆も成り立つ。なぜならば、ひとは災難を経験することが少なければ少ないほど、それを恐れることも少ないからである（第一〇節）。

〔D-8〕他人が〔自分より〕優越していることに対する悲しみ〔苦痛〕は、自分自身の努力と結びつけられた場合には、競争心である。しかし、優越者を押しのけようとする希望と結びつけられた場合には、羨望〔嫉妬〕である（第一一節）[27]。

さらにわれわれは、『人間論』の第一一章がその構成と個々の点とにおいて『弁論術』の対応部分を模写していることを強調する。ホッブズはそこで、善いもの（bona：第六－一一節）、愉快なもの（jucunda：第一二節）、高貴なもの（pulchra：第一三節）、そして善いものの比較（bona comparata：第一四節）を議論している。そのことによってかれは、『弁論術』において善いもの（ἀγαθά：第一巻第六章）、快適なもの（ἡδέα：第一巻第一一章）、立派なもの（καλά：第一巻第九章）、そして善いものの比較（μείζω ἀγαθά：第一巻第七章）について論じているアリストテレスに従っている。

Rhetoric (W VI)〔A〕	*De homine*〔B〕
(Good are)...health...And riches. And friends... And whatsoever art or science. And life...(431=*Rhet*. i. 6.)	(Bona sunt) Vita. Sanitas...Amicitia. Divitiae... Scientiae sive artes...(6-10)
(Pleasant are) those things we remember whether they pleased or displeased then when they were present...And victory: therefore also contentious games: as tables, chess, dice, tennis, etc.; and hunting; and suits in law. And honour and reputation...And to be beloved and respected. And to be admired. And to be flattered...And change or variety...And to learn. And to admire...And imitation; and therefore the art of painting; and the art of carving images; and the art of poetry; and pictures and statues...And everyone himself....And	Imitatio jucundum; revocat enim praeterita. Praeterita autem si bona fuerint, jucunda sunt repraesentata, quia bona; si mala, quia praeterita. Jucunda igitur musica, poesis, pictura. Nova, jucunda: appetuntur enim ut animi pabulum. Bene sentire de sua ipsius potentia, sive merito sive immerito, jucundum... victoria, jucunda... et ludi certaminaque omnia, jucunda; quia qui certant, victoriam imaginantur.(28) Placent autem maxime certamina ingeniorum. (29) (12) [2]

to be thought wise... (441 f.=*Rhet*. i. 11.)
Of the colours or common opinions concerning good and evil, comparatively. (432)
...And that which is lasting (is a greater good), than that which is not lasting...And what many desire than what few. (434=*Rhet*. i. 7.)

Bona comparata.

Bona et mala si comparentur, majus est, caeteris paribus, quod est diuturnius...Et, caeteris paribus, quod pluribus bonum, quam quod paucioribus. (14)

『弁論術』（英語版全集第六巻）〔A〕

（善いものは、）……健康……。そして富。それに友人たち……。そして、どんな技芸や学問でも。それに生命……（四三一頁＝『弁論術』第一巻第六章〔『全集』、三六－三七頁参照〕）。

（愉快なものは、）それらがかつてあった当時に快かったか不快であったかにかかわりなく、われわれが思い出すことどもである。……また、勝利は愉快である。それゆえまた、骨投げ遊び、チェス、さいころ遊び、テニス、等々というような闘争的なゲーム、また狩猟、そして訴訟も愉快である。また、名誉と名声……。そして、愛されたり尊敬されたりすること。賞賛されること。へつらわれること……。そして、変化ないし多様性……。学ぶこと。賞賛すること……。また、模倣〔は愉快である〕。それゆえ、絵を描く技芸、表象を彫刻する技芸、詩の技芸、絵画や彫刻……。また、自分自身のものであるすべてのものも……。そして、賢いと思われること……〔は愉快である〕（四四一頁以下＝『弁論術』第一巻第一一章〔『全集』、六八－七三頁参照〕）。

他とくらべてより善いものと悪いものの特色ないしそれに関する一般的意見（四三二頁〔『全集』、四〇頁参照〕）。

……また、より多く長持ちするものは、より少なく長持ちするものよりも……（より大きな善である）。また、多くの人びとが熱望するものは、誰も熱望しないものより〔より大きな善である〕（四三四頁＝『弁論術』第一巻第七章〔『全集』、四六頁参照〕）。

『人間論』〔B〕

（善いものは、）生命。健康……。友人たち。富裕……。学問ないし技芸……（第六－一〇節）。

模倣は愉快なことである。なぜなら、それは過ぎ去った時を呼び返すからである。さらに、過ぎ去ったものをありありと描き出すことは、愉快なことである。もしそれが善であったなら、それが善であったがゆえに〔愉快であり〕、もしそれが悪であったなら、それが過ぎ去ったものであるがゆえに〔愉快である〕。したがって、音楽、詩、絵画は愉快である。新しいものは愉快である。というのは、ひとはそれを精神の栄養として欲するからである。自分自身の能力について良い意見をもつことは、それが正当であれ不当であれ、愉快なことである。……勝利は愉快である。……また、あらゆる種類の遊戯や競技も愉快である。というのは、競い合う者は、自分自身の勝利を想像するからである[28]。しかし、なかでも最も好まれるのは、知力の競争である[29]（第一二節〔2〕）。

善いものの比較（第一四節）。

もろもろの善と悪とを比較するとき、他の条件が同じならば、永続性のあるものの方が、より大きな〔善ないし悪である〕。また、他の条件が同じならば、少数の者にとって善であるものよりも、多数の者にとって善であるものの方が、より大きな善である（第一四節）。

最後にわれわれは、『人間論』第一三章第五節と『弁論術』のそれに対応する諸章との関連を想起する。

Rhetoric 〔A〕	*De homine* 〔B〕
τὰ δὲ ἤθη ποῖοί τινες κατὰ τύχας, διέλθωμεν… τύχην δὲ λέγω εὐγένειαν καὶ πλοῦτον καὶ δυνάμεις (*Rhet*. ii. 12, in princ.). Rich men are contumelious, and proud…And think themselves worthy to command…They do injury, with intention not to hurt, but to disgrace ; and partly also through incontinence. There is a difference between new and ancient riches. For they that are newly come to wealth, have the same faults in a greater degree ; for new riches are a kind of rudeness and apprenticeship of riches. (470 f.=*Rhet*. ii 16.) The manners of men in power, are the same, or better than those of the rich. When they do injuries, they do great ones. (471=*Rhet*. ii. 17.)	A bonis fortunae, hoc est, a divitiis, a nobilitate generis, a potentia civili fit ut ingenia aliquatenus varientur ; nam a divitiis et potentia civili, ingenia plerumque fiunt superbiora ; nam qui plus possunt, plus licere sibi postulant, id est, ad injurias inferendas magis propensi sunt, et ad societatem cum iis, qui minus possunt, aequis legibus ineundam ineptiores sunt. Nobilitas antiqua ingenium facit come …Nobilitatis novae ingenium magis est suspicax, ut qui, nondum satis certi quantus honor sibi tribui debet, fiunt versus inferiores saepe nimis asperi, versus aequales nimis verecundi.

『弁論術』〔A〕

しかし、性格は感情や心の状態や年齢や運に関してどのようなものであるか、それをつぎに述べることにしよう。……運というのは善い素性、富、いろいろな力……のことである(『弁論術』第二巻第一二章冒頭〔『全集』、一四三頁参照〕)。

富める人びとは傲慢であり、誇り高い……。また、〔かれらは〕自分たちが命令するにふさわしい者だと思っている……。かれらが不正事を犯すのは、害意によるのではなく、恥辱を与えようとする意図による。また、部分的には、克己心のなさにもよる。新しい富者と古くからの富者との間には、ひとつの違いがある。というのは、新しく富を獲得した人びとは、富者に共通の欠点をいっそう拡大した形で保持するからである。つまり、新しい富者たちは、いわば富に関して無教養であり、富者になるための一種の徒弟だからである（英語版全集第六巻、四七〇頁以下＝『弁論術』第二巻第一六章〔『全集』、一五〇 - 一五一頁参照〕）。

権力ある者の振る舞いは、富者のそれと同じであるか、あるいはそれ以上に良い。権力ある者が不正事をなす場合は、大きな不正事をなす（同上、四七一頁＝『弁論術』第二巻第一七章〔『全集』、一五一 - 一五二頁参照〕）。

『人間論』〔B〕

幸運〔財〕によって、すなわち富、高貴な家柄、政治権力によって、生来の素質はある程度まで変えられる。というのは、富と政治権力によって、気質は一般により高慢になる。また、より大きな力をもつ者は、自分により大きな自由が認められることを欲する。すなわち、ひとはますます他人に対して不正をなすようになり、より小さな力しかもたない人びとと共に、同一の掟のもとで社会関係を取り結ぶことに、ますます適さなくなる。古い貴族は気質を友好的にする。……新しい貴族の気質は、より以上に不信感に満ちている。なぜなら、新しい貴族たちは、いかなる名誉を要求すべきかについていまだ確信がもてないために、下位の者に対してはしばしばあまりにも苛酷になり、同位の者に対してはあまりにも丁重になるからである。

ホッブズは、比較的に早い時期の著作ではまったく使用しなかった『弁論術』からの引用箇所を、比較的にのちの時期の著作においては利用しているのだから、その人間学の体系的叙述のすべて（『法の原理』一六四〇年、『リヴァイアサン』一六五一年、『人間論』一六五八年）の執筆に際して、かれはそのつど新たに『弁論術』を丹念に読んだことが判明する。「しかし（アリストテレスの）弁論術は、たぐいまれなものであった」というかれのオーブリィに対するコメントには、きわめて多くの含蓄が込められているのである。

『弁論術』へのホッブズの取り組みは、およそ一六三五年まで遡ることができる。詳細な英文の『弁論術』抜粋」（英語版全集第六巻四一九―五一〇頁）は、最初、一六三七年二月に公刊された。[30] ホッブズはすでに一六三五年には、情動理論の独自の叙述を検討していた。[31] また、とりわけかれの最初期の情動理論の扱いがどれほどアリストテレスの『弁論術』によって影響されているかは、われわれがすでにみてきたところである。そのうえかれは、自ら語っているように、一六三一年から一六三八年の間、三代目デヴォンシャー伯爵に対してとりわけ修辞学を講義した。[32] そのことからして少なくともより詳細な「『弁論術』抜粋」の方は、一方でデヴォンシャー伯爵に対するこの教育との関連において、他方では『法の原理』の準備との関連において成立した、と確信することができるのである。おそらくより簡略な「『弁論術』抜粋」についても、ほぼ同一の成立期日を推定しなければならないであろう。[33]

一七世紀の三〇年代、すなわちホッブズがすでにアリストテレス主義との絶縁を公然と成し遂げてしまった時代についてだけは、アリストテレスの『弁論術』へのかれの正確な取り組みが、確実に証明されうる。何といっても、かれはオックスフォードでとりわけ修辞学の講義を聴講した、ということが想起されよう。しかし、なかんずくトゥキュディデスの翻訳へのかれの序論から推察できるのは、一方では雄弁という現象が、他方では情動という現象が、政治的なテーマとして――そしてそれらの現象は、アリストテレスの『弁論術』ではそのようなものとして扱われている――すでにその人文主義期におけるホッブズの心をとらえてしまっていた、という事実である。(34) 要するに、われわれにとっては、ホッブズは以前には詩人や歴史家たちにだけ関心をいだいていたが、その後、体系的な哲学的思索への転回ののち突然に、あたかも以前にユークリッドの原理を発見したのと同じように、この場合には『弁論術』をも独力で発見したのだと思い込むよりも、ホッブズの成熟期について証明されうる『弁論術』の評価と利用は、かれの青年期のアリストテレス主義の最後の残滓であると推定する方が、より適切であると思われる。

チャッツワースの「ホッブズ文書」のなかに、パドヴァのアリストテレス主義者F・ピッコローミニのアリストテレス解釈に依拠する、『ニコマコス倫理学』からの自由な抜粋が見出される。おそらくこの抜粋のなかに、青年ホッブズのアリストテレス主義のいっそう広範囲にわたる痕跡をみることができよう。たしかにそれはホッブズの自筆によるものではない。しかし、もしそれが偶然に「ホッブズ文書」のなかに紛れ込んだのでないとすれば、ホッブズは、かれがまだ修正アリストテレス主義といったものに安んじていることができると信じていた時代に、ピッコローミニ派のアリストテレス解説を抜粋させたか、あるいはだれか他人が自分用に作製した抜粋を貸与されたのではないか、と推測することはできよう。この抜粋がホッブズによるのちのアリストテレス批判のための基礎としては役立たなかったということ、したがって、そもそもこの抜粋が何らかホッブズに関係したとしても、それは人文主義期のホッブズによって利用されたということ、これだけは確かである。

ホッブズの人文主義研究は、トゥキュディデスの翻訳で完了した。たしかに、ホッブズは他の歴史家の著作も読んだし、また歴史家の著作ばかり読んでいたわけではない——しかし、トゥキュディデスほどかれが熱中して読んだ著作家は他にいなかったのである。なるほど、ホッブズはホメロスの英訳も行なった——しかし、それは、哲学的ライフ・ワークの完成後の晩年、暇にまかせてなされたものなのである。「なぜなら、(かれは)他にすることがなかったからである」(1)。これに対して、トゥキュディデスの歴史作品は、青年期ホッブズの関心の中心であり、のちの哲学的ライフ・ワークの先触れとなっている。トゥキュディデスがホッブズにとってこのような特権的地位を獲得したのは、トゥキュディデスが「かつて著述した最も政治的《ポリティック》な歴史家」(2)であったという理由からであった。それゆえ、ホッブズの人文主義の特徴を、それが何を主要な研究対象としていたかという点から考えるならば、青年期ホッブズの人文主義は、政治的な意図をもった歴史への関心によって規定されている、といわなければならない。

人文主義期のホッブズにとって、「歴史と市民的知識」は、のちの時期よりもいっそう密接に結びつけられている。しかも、「歴史と市民的知識」は、「偉大な人びとが最も時間と労苦を費やすに値する種類の学問」(3)なのである。こうした意味において、ホッブズはとくにトゥキュディデスの著作を、「高貴な人びと、および偉大で重要なもろもろの行動を扱うようになるかもしれない人びとにとっての役に立つ教訓をそれ自身のうちにもつものとして」(4)、推賞している。だから、「歴史と市民的知識」は、貴族にとって特筆すべき意義をもつのである。それゆえ、もしもホッブズが交際していた貴族が、単にかれの生活環境のみならずかれの思考をも規定するものであったとすれば、いいかえれば、もしもホッブズが、形而上学から道徳論と政治論へと方向転換したのちに、貴族の徳を最高の徳とみなしたのだとすれば、ホッブズの人文主義は哲学的な意味をもつことになったであろう。

　事実そのとおりであることは、貴族固有の徳を否定しているかにみえる、ホッブズのつぎの言明からでさえ明らかである。かれはこう述べている。「名誉と正直とは、身分が違う人びとにおいても同じものである」(5)、と。しかしホッブズは、徳の本質が身分の違いによって影響を受けることはないとしながらも、同時に、その同じ徳も身分が違えば違った名前をもち、違った形で現れることを認めている。つまり、ホッブズは、その同じ徳のすべて、ないしは少なくともその徳のうちのかなりのものが、原則的にはすべての人間によって獲得されうるが、まずもって最高の身分の人間に期待されねばならず、しかもそれが可能である、と示唆しているのである。もしもホッブズが、「名誉」として理解された徳は「正直」として理解された徳よりも優れている、という考えをもたなかったとすれば、さきの引用箇所の一頁あとで、キャヴェンディッシュ家の「英雄の徳」を賞賛することはできなかったであろう。また、ホッブズは、「歴史のなかでは、名誉ある行為と不名誉な行為は、どちらがどちらか混同の余地なく明瞭に区別されて現れている」(6)という評言によって、歴史の研究を推賞することはできなかったであろう。さらにホッブズは、「たとい(トゥキュディデスが)歴史を書かなかったとしても、かれの名誉と高貴さに関しては、かれの名前は決して消えることはなかった」(7)、すなわちかれの高貴な素性のゆえに、などと述べることはできなかったであろう。

ホッブズは後年になっても、貴族、それもとくに古い貴族への尊敬の念をつねに堅持し続けた。『法の原理』では、「高貴な生まれは名誉なことである」(8)と述べられている。『リヴァイアサン』では、「著名な祖先の後裔であるのは名誉なことである」(9)と述べられており、また『人間論』では、「古い貴族の生まれは人間の気質を友好的にする。というのは、古い貴族たちは自分自身の名誉について充分な自信をもっているので、他の人びとに対して、何の危険もなしに、寛大かつ友好的に名誉を与えることができるからである」(10)と述べられている。

一方には貴族および貴族の徳への尊敬があり、他方には、われわれが前章でホッブズの人文主義の哲学的基礎であることを指摘しようとした、例のアリストテレス主義がある。そして、これら両者の間には歴史的な脈絡がある。すなわち、貴族の徳についての古典的叙述であるカスティリョーネの『廷臣論』(*Cortegiano*)に言及したつぎのような言葉は、まったく正当なのである。「カスティリョーネは、かれが理想とする性格の骨組みを、アリストテレスの倫理学から借りている」(11)、と。だが、まさしくそのことによって、アリストテレス主義は原則的な変質をこうむることになる。たしかにカスティリョーネは、明らかに、実践的生活に対する観照的生活の優位を確信している。そして、かれが理想的な廷臣としてプラトンとアリストテレスの名前を挙げるとき、かれはそのことによって、疑いもなく、廷臣とは理想的にはいわば哲学者の世俗的な現象形態にすぎない、と考えているのである。それどころか、カスティリョーネによる宮廷生活への手引きは、実は、哲学的生活へのアイロニカルな手引きなのだと理解しても、おそらく決して誇張しすぎた言い方にはならないであろう。すなわち、完璧な美を観照する地点にまで自己を高めることができるのは、廷臣、つまり理想的にはプラトンやアリストテレスのような哲学者であって、その教育と指導が廷臣に委託されている君主ではないのである。そして、プラトンにあっては、正しい国家指導のための不可欠な条件であるイデアの観照は、もともとそれ自体として国家指導に役立つものではないように、カスティリョーネにあっても、完璧な廷臣の心を満たす理想的な美への愛は、君主の教育と指導に役立つために存在しているのではない。それにもかかわらず、完璧な廷臣つまりプラトンやアリストテレスのような哲学者は、いったいどんな君主に対しても原則的な優位性をもちうるのかどうかという問い、すなわち、理論と実践との序列関係に関する問いが提出されると、カスティリョーネは、完璧な君主の方が完璧な廷臣よりも優位に立つ、つまり実践の方が理論よりも優位に立つ、と判定を下すのである。(12)しかし、君主が得ようと努めねばならない徳、したがって最高の徳とは、英雄の徳、つまりヘラクレスやアレクサンドロス大王の徳のことなのである。(13)

チャッツワースの「ホッブズ文書」のなかにある『ニコマコス倫理学』からの抜粋には、英雄の徳の側に立って理論的徳を抑制しようという傾向が、より曖昧かつ衒学的な形で現れている。この抜粋の知られざる著者は、知性的《ディアノイア》な徳の詳しい説明を、倫理学から除去することを要求している。(14)そうすることによってかれは、もっぱら道徳的な徳のみを取り扱い、『ニコマコス倫理学』第六巻の知性的な徳の分析も、実践に対する理論の優位を根拠づけた第一〇巻の議論も、ともに省いてしまっている。それに反して、かれは、はっきりとアリストテレスから離れ、かつF・ピッコローミニの先例に従いつつ、(15)アリストテレスに比べてかなり詳細に、英雄の徳を、「それによってひとが、公共の善を激しく切望し、不断に維持し、かつ幸福になるところの、卓越した道徳的な徳」(16)として論じている。英雄の徳の論述には特別の一章が割り当てられており、しかもそれがこの抜粋の最終章になっているのである。

ところで、英雄の徳が直ちに貴族の徳と同一でないことは疑問の余地がない。英雄の徳への関心の高まりは、ルネサンス期のアリストテレス主義においては他にも看取されることだが、(17)その原因をただ貴族の徳への関心ということだけで説明することは絶対に不可能だし、主にそのことから説明することもおそらく不可能である。しかし、いかなる筋道を辿って、いかなる理由から「英雄の徳」と「貴族の徳」との合一化が実現されたにせよ、(18)――いずれにせよホッブズにとっては、英雄の徳と貴族の徳との同一性は当初から確定している。かれがトゥキュディデスの翻訳への献辞のなかで、キャヴェンディッシュ家のもろもろの徳を讃えるとき、かれはこれらの徳を、「名誉」や「英雄の徳」と同じように特徴づけているのである。(19)

ホッブズは後年にいたってもなお、「英雄の徳」と「貴族の徳」の等置に固執した。かれにとって「英雄」とは、君主や貴族に対する古代の呼び名にすぎず、「英雄の徳」とは、廷臣の徳ということと同じである。(20)英雄の徳の本質をなすものは、つぎのようなものである。勇敢、名門の素性、美、愛、支配、知恵、歓談の技術、名誉心(21)――すなわち、カスティリョーネによれば、完璧な貴人の本質をなす諸徳である。まさしくこれらの徳を、ホッブズはその倫理学において、「名誉」という表題のもとに論じているのである。かれはそこでこう述べている。「名誉あるものは、……容姿の美しさ、つまり生き生きとした表情を顔面にたたえていることであり、……異性の人びとの間で幅広い好意を得ることも……〔名誉である〕。そして、身体の強さやさえぎるものなき力から生じる行動は〔名誉であり〕……それらは、たとえば戦闘ないし決闘における勝利などである……。偉業や危険に賭けることもまた、……〔名誉である〕。そして、教えることないしは説得することは、……〔名誉である〕。また、高貴さは……〔名誉である〕。また、権威は、……〔名誉である〕」(22)。したがって、「英雄の徳」と「貴族の徳」の意味内容は完全に一致し、かつこれら二つの表現によって意味されている徳は、貴人に特有の徳なのである。

したがって、ホッブズの倫理学において「名誉」を論じている諸章の元来の機能は、貴族の徳を説明することなのである。というのは、「名誉」は、「正直」が下位の身分と並列されているのと同じ意味で、貴族と並列されているからである(23)。さらに、ホッブズによる名誉の分析と同時代の貴族文学との間には、文献上の関連さえ存在するのである。ホッブズによる名誉の分析と、W・セーガー『軍人の誉れと市民の誉れ』(W. Segar, *Honour Military and Civil*, London 1602) のつぎの箇所とを比べてみるがよい。「……名誉は、外面的な表情、言葉、態度によってもさまざまに表示される。たとえば、ひとの話を懇切に聞くこと、言葉を交わす相手に対して起立すること、等々。座っているひとは、起立しているひとから名誉を受ける……。テーブルについているひとは、給仕するひとよりも名誉がある……。壁沿いに歩くひとは、最上の名誉を与えられる（ただし、これは人数が三人でない場合のことである)。というのは、もし三人の場合には、真ん中にいるひとが最も価値ある位置にいるからである……。王侯やその他の高位のひとから感謝のお言葉や書状を賜るか、あるいは、何らかの官職ないし位階を授与される栄誉に浴したときにも、そのひとには名誉がある……。人びとは従軍することによって名誉を与えられる。というのは、祖先から武具を備えたる者は、一族で最初にジェントルマンになった者よりも名誉があるからである……」(24)。ホッブズは、名誉についてのこのような所見から出発している。かれはこうした所見を、アリストテレスの『弁論術』における立派なもの（$\kappa\alpha\lambda\tilde{\alpha}$）の分析が提出している枠組みのなかに組み入れることによって、すぐさまそれを原則的に深化させているのである。(25)

ホッブズは、英雄の徳を特徴づけるにあたって、勇敢をつねに第一位に挙げている。(26)貴族の徳とは、すぐれて戦士の徳であり、すぐれて戦争において示される徳である。カスティリョーネはつぎのように述べている。「わたくしは、廷臣の主要な、本来の職分は、武人としてのそれであるべきだと考える。そして何よりもまずかれはこの職分に情熱をもって当たり、勇敢で、強く、度量があり、主君に忠誠をつくすという定評が欲しいものである」。廷臣たる者は、「武人としての職業こそが、自分の本分であり、他のもろもろの特質はその装飾にすぎないことをつねにみせるようにし、自身も実際にそう考える」べきである。(27)ホッブズは、名誉すなわち貴族の徳と戦争とを、置き換え可能な形ではっきりと並列させることによって、カスティリョーネのこうした見解を採用している。「徳の要点は、社交的であろうとする人びとには親しみを与え、そうでない人びとには恐怖を与えることである。同じことは、自然法の要点についてもいえる。というのも、社交的である場合には、自然法は平和と社会という方法によって生じるが、恐怖を与えるものであることこそが、戦争時における自然法だからである。そこでは、恐れられることこそが、自力防衛の手段なのである。こうして、前者〔平和時の自然法〕は衡平と正義に存し、後者〔戦争時の自然法〕は名誉ある行動に存する」[28]。「戦争における諸行動の唯一の法は名誉である」[29]。

名誉の分析は『法の原理』や『リヴァイアサン』のなかに、さらには〔「高貴なもの」の分析として〕『人間論』のなかにすら見出される。それだけに、名誉を徳（すなわち戦争の徳）として明確に特徴づけることは最も早い時期の叙述にだけ現れていることが、いっそう目立ってみえてくるのである。『市民論』では、たしかに勇敢はなお徳と呼ばれてはいるが、もはや名誉との関連を断たれている。『リヴァイアサン』と『人間論』においては、勇敢さえも完全に姿を消してしまう。「名誉、正義および衡平」という三つの組み合わせに代わって、「正義と愛」という二つの組み合わせが、ますます現れてくるようになる[30]。こうして、ホッブズが自らの政治学を完成していくにつれて、かれは、名誉を徳として承認する当初の立場から、すなわち貴族の徳を承認する当初の立場から、ますます遠ざかっていった。われわれはこうした事態のなかにも、政治学の自立的かつ体系的な完成という思想をいだく以前の時期には、そしてその人文主義期間中はなおさらのこと、ホッブズにとって名誉ないし英雄の徳が最も基準となる理想であったということを、間接的にもせよ、看取することができるのである。

こうしてホッブズは、その思想的発展の行程において、貴族の徳の承認からますます遠ざかっていってしまった。しかし、こうしたプロセスの終局には、単に独自ブルジョワ的な道徳の根拠づけが存在するだけではなく、同時に、貴族の徳そのものの純化と内面化が存在するのである。

ホッブズの定義によれば、あるひとの名誉とは、他人に対するかれの優越性が他人によって承認されることである。したがって、「あるひとが、他人のなかに、力ないしは競争相手を超える力を認めていることを示すさまざまの徴し」[31]は、「名誉ある」ものである。とりわけ、自らの優越性の意識から生じる情動ないし行為は、すべて「名誉ある」ものである。この意識は、得意ないし高慢〔自負、誇り〕と呼ばれる[32]。しかし、優越性の意識は（承認可能な）優越性の一特殊事例にすぎないとする、この形式的な定義[33]は、「得意」（ないし「高慢」）と「名誉」との本来的な関係を隠蔽している。なぜなら、「名誉ある」ものとは、とりわけ、行為者の優越性の意識から生じる、そうした行為のことだからである。それゆえ、得意ないし高慢こそが名誉の源である[34]、といってもよい。ところで、得意ないし高慢、つまり自らの優越性の意識は、この意識が充分に根拠づけられている場合には、大度（*magnanimity*）である[35]。この大度こそ、のちにホッブズによって、単に名誉の源泉であるだけではなく、あらゆる徳の源泉であるとみなされるものなのである。

名誉、優越性の意識および貴族と大度との関連は、アリストテレスによって古典的な形で説明がつけられている[36]。アリストテレスにとって大度とは、一方では、数ある徳のなかの一つの徳である――それは、偉大な名誉に向けての正しい振る舞いのことである――が、しかし他方では、それは「いわば（他の）もろもろの徳の冠飾のごときもの」〔『ニコマコス倫理学』第四巻第三章、岩波文庫、上・一四六頁〕である。というのも、大度は他のもろもろの徳を必然的に前提しており、かつ前者は後者をより偉大なものたらしめるからである[37]。大度は、卓越した自由な個人の徳として、それ以外の徳をいわば統括している。それは、あたかも正義が、法を遵守し同胞に対して正しく振る舞う市民の徳として、それ以外の徳を統括しているのと同様である。このように、『ニコマコス倫理学』においては、大度と正義との間に、不安定ながらも一つの均衡関係が維持されているわけだが、もしもこのバランスが崩れて、正義に対する大度の比重がますます増大してくるならば、それは、法と義務が道徳的原理としての意義を失い、それに代わって、卓越した個人の優越性の意識（得意）と自らの優越性が他人によって承認されることへの（すなわち「名誉」への）関心こそが道徳的原理であると考えられるようになる、ということを意味する。

そのような発展は、ルネサンスにおいて成し遂げられたように思われる。[38] それは、一定の限界内で、カスティリョーネによる廷臣の理想像のなかに表明されている。「大度は廷臣の魂である。というのは、こまごまとした仕来りの世界にあって、それは、ごく些細なことを強調したり、手段を入念に検討することによって本来の目的を見失ってしまうことから、廷臣を守ってくれるからである。大度によってのみ、廷臣は、……良き作法のエッセンスであるあの鷹揚さを手に入れることができる」[39]。しかも、カスティリョーネのいう廷臣を特徴づけているのは大度なのであるが、それは、単に優越性の意識としての大度ばかりではなく、優越性およびその優越性の他人による承認への関心としての大度でもあり、いやまさしくそのような関心としての大度こそが、カスティリョーネの廷臣を規定しているのである。廷臣は、楽しませたり注目を引いたりする技芸に通暁しているべきである。「結論としていうならば、（上手く振る舞うためには）廷臣たる者は、これまでに廷臣にふさわしいとされた事柄を完璧に遂行することができ、しかもすべていとも容易にやすやすと片付けるので人びとはこれをみて驚き、一方かれは他人の技をみても少しも動じない、というのが好ましい[40]」。大小の名誉に向けての正しい振る舞いへの関心の高まりは、とりわけ、カスティリョーネの書物の最も独創的である諸章、つまり優雅さ〔気品（Grazie）〕についてのかれの叙述のなかに示されている。廷臣のあらゆる技芸と手腕は、それらが完璧であるためには、優雅さを必要とする。それらが優雅さを獲得するのは、ひとえに、技巧が巧みに隠蔽されていること、すなわち、隠蔽そのものがいつまでも隠蔽されたままであることによってのみである。[41] 優雅さに最も対立するものは、気取り、すなわち誇大な自己顕示と自己賞賛である。しかし、このことは、優雅さとは本質的に謙虚さである、ということを決して意味しない。それどころか逆に――優雅さは、まさしく楽しませたり注目を引いたりすることに役立つのである。優雅さとは、それによって廷臣が、実際には所持していないさまざまな技量をもっているという世評を獲得するために用いる、巧妙な欺瞞のことであるとすらいえる。「そして、（廷臣が）何をするにつけても、できることならまえもってよく考え、準備を整えておくべきではあるが、それをいかにも即興で行なったかのように装うのがよい。しかし、十人並みの能力しかないと感じる分野に関しては、……（いわば）本当は見かけよりももっとできるに相違ないと思えるような具合にもっていく方が好ましい。……これは……欺瞞というよりも、そのひとの働きを彩る飾りのようなものである。そして、かりに一種の欺瞞だとしたところで、べつにとやかくいうべきものではないのである」[42]。

それにもかかわらず、依然としてカスティリョーネは、原則的にアリストテレス倫理学の基盤のうえにとどまっている。それに対して、大度についてのホッブズの最終的な教説は、アリストテレス主義との完全な絶縁を前提としている。かれは時折、「大度」と「勇敢」を同義語として用いている。[43] こうした用語法は、直接的には、「雄々しき勇敢さと名づけられうる大度」について論じられている、[44] サー・トマス・エリオットの『為政者論』(Sir Thomas Elyot, *The Boke named the Governour*, 1531)を想起させ、つぎには、エリオットの叙述が依拠している、『義務について』(*De officiis*) 第一巻におけるキケロの大度論(45)を想起させる。そのキケロの詳述が今度はストア派の教説にまで遡り、それが後年トマス・アクィナスによってアリストテレスの教説と合体されるわけだが、そのストア派の教説によれば、大度は、より正確に、勇敢の一部として規定されている。(46) こうして、ホッブズが「大度ないし勇敢」について語るとき、かれはストア派によって根拠づけられたこの伝統に従っているのである。しかしかれは、大度が勇敢の一部なのではなく、逆に勇敢が、そのうえ気前のよさもまた大度の特殊形態であると理解することによって、すでにこの伝統を乗り越えているのである。「わずかな援助や障害を軽視することとは、大度である。死傷の危険に際しての大度は勇敢、剛毅である。財産を使う際の大度は、気前のよさである」(47)。ホッブズは、貴族のすべての徳、つまり輝かしい徳をすべて、卓越した人間たちの自己意識の成果として理解しようとしているかにみえる。かれはこの方向へとさらに考えを押し進めていき、ついには、正義さえも大度の結果であると把握するにいたる。(48) しかし、大度は、「わずかな援助を軽視すること」であって、単に「不正な援助の軽視」というだけではなく、「不正直な援助の軽視」であり、とりわけそうしたものである。(49) つまり、大度は、それが正義の源泉であるのと同じ意味において、名誉の源泉なのである。だが、もしかりに名誉と正義が「徳の要点」であるとすれば(50)、大度についてのホッブズの教説は、大度こそが端的にあらゆる徳の源泉である[1]、というように総括されよう。「(王政復古以後) ホッブズ主義は、洗練された紳士のほとんど本質的な部分となった(51)」という事実を理解しようとするならば、おそらくひとは、『リヴァイアサン』に見出される、貴族の徳のこうした極端な先鋭化について、通常考えられているより以上に深く考えてみるべきであろう。

しかし、それにしても、大度についてのこの教説はいったい何をいおうとしているのだろうか。その究極の前提は、いかなるものなのであろうか。ホッブズにとっては、大度はもはやアリストテレスにとってのように、とりわけ既存の正義の「冠飾」なのではなく、とりわけ正義の源泉であるということによって、ホッブズの教説は一目でアリストテレス的教説から区別される。こうした変化は、原則的につぎのことを意味する。すなわち、卓越した人間の自己意識が徳を構成する、より普遍的には、もはや何らかの態度〔(ふるまい)〕ではなく、ある信念こそが徳を構成する、と。事実そのとおりであることは、ホッブズの断固たるアリストテレス倫理学批判が示しているところである。「……道徳哲学の著作者たちは、(もちろんホッブズと)同じ徳と悪徳とを認めてはいるものの、それらの徳の本質がどこにあるかがわからず、……徳の本質を中庸性におくのである。それはまるで、大胆の原因ではなく大胆の程度が、剛毅をつくるかのようであり、贈与の原因ではなく贈与の量が、気前よさをつくるかのようである」(52)。このことでもっていわれているのは、ある行為ないしは態度の理由、動機だけが、その行為ないしは態度の道徳的評価にとって決定的である、ということなのである。国家による立法から独立に、「各人は、自分の裁判官になり、自分自身の良心によってのみ告訴され、自分自身の意図の高潔さによって潔白とされる。それゆえ、かれの意図が正しければ、かれの行為は罪悪ではない……」(53)。しかし、ホッブズにとって信念が唯一の道徳的原理になるのは、人間が自らの行為を秩序づけるためには従わねばならないであろう、何らかの「客観的」原理の現実性を、つまり、あらゆる人間的意欲に先立つ自然法の現実性を、かれがもはや信じていないからなのである。実際かれは、自然的、道徳的法が真に法であることを、明確に否定しさえする。[54]自然法の否定、いっさいの人間的合意に先立つ義務づけの否定こそ、信念、とりわけ「勇敢の、特定の高貴さないしは優雅さ」、すなわち大度が、あらゆる徳の充分な根拠とみなされることの、究極的な理由なのである。

大度がすべての徳の源泉であるという教説は、『リヴァイアサン』のなかにのみ見出される。『法の原理』では、たしかに大度は尊重すべき情動であると述べられてはいるが、決してそれ以上ではない。『人間論』にいたっては、もはや大度については一言も言及されない。その代わりに、「正しい自己評価」[55]というきわめて精彩のない言葉が現れる。それは、本質的に優越性の意識ではないということによって、大度から本質的に区別される。いま問題になっている大度についての教説は『リヴァイアサン』においてのみ出現している、という事実がすでに、そうした教説はホッブズ道徳論の必然的な契機ではないのではないか、という疑念を呼び起こす。この教説が『リヴァイアサン』という作品においてすら必然的なものではないばかりか、その根本的意図と正面から対立しさえすることは、事実、『リヴァイアサン』そのものからも明らかになる。ホッブズが自らの政治学を前進的に完成させてくるにつれて、かれは当初の貴族の徳の承認からますます遠ざかっていってしまったということを、われわれはさきに指摘した。『リヴァイアサン』は、こうした発展のきわめて進捗した段階に属している。すでにその書名が表現しているように、『リヴァイアサン』は何よりもまず「高慢」という情動にねらいを定めている。[56]ところが、ホッブズが大度を正義の源泉として特徴づけている箇所で、「得意ないし高慢」は、ホッブズによって「勇敢の、特定の高貴さ」（すなわち大度）と同義的に用いられている。大度は、たとい最も「名誉ある」形態であるにしても、あくまでも「高慢」の一形態であるというまさしくそのゆえに、それはついにホッブズによって正義の源泉として承認されることはできない。なぜなら、大度は優越性の意識に基づいているので、それは万人の自然的平等の承認に違反するからである。そして、結局のところホッブズは、この平等の承認だけを、正しい自己評価として認めているのである。(57)

したがって、大度はあらゆる徳の源泉であるという教説は、ホッブズ本来の意図と真っ向から対立する。この教説は『リヴァイアサン』においてだけ現れているのだから、ひとはつぎのように推測してもよいであろう。すなわち、ホッブズはその教説を、一六四九年つまり『リヴァイアサン』の成立時に出版されたデカルトの『情念論』の印象のもとに、いわば一時の間だけ借り受けてしまったのではないか、と。いずれにせよ、ホッブズがデカルトの権威によって畏敬の念をいだかされたのは、おそらくこれが初めてではないし、また唯一のことでもなかったであろう。デカルトはこう述べている。「……高邁(générosité)の徳は、いわば、すべての他の徳の鍵であり、あらゆる情念の迷いに対する万能の薬である」。(58)だが、ホッブズは高邁についてのデカルトの教説を一時的に借用したという事実を、ひとはどのように判断しなければならないのだろうか。デカルトの影響のもとでのみホッブズは、それ以前にも以後にも、かれ自身の手段によってはなしえなかったほどに、自らの道徳的教義を深化させた、というべきであろうか。われわれとしては、つぎのように判断する方がより正しいのではないかと考える。すなわち、その生涯を通じて道徳上の問題に対するかれ自身のいっそう深遠な解答に、一つの明瞭な定式化を見出そうと空しい努力を重ねてきたホッブズは、これまでのかれの思想の発展全体からすれば自明とも思える、浅薄ではあるがそれなりに明晰なデカルトの答えを受け入れることで、一時的に満足してしまったのではないか、と。この判断は、ホッブズの道徳論の方が『情念論』の道徳論よりもデカルトの最も奥深い意図に対応しているだけに、ますます正当なものとみなされる。[59] なぜなら、自らをその自立性と自由において意識するようになった自我の自己確信に先行するものは根源的な懐疑だからであり、そしてそうした自己確信の道徳上の相関概念が高邁であり、根源的な懐疑の道徳上の相関概念が不信と恐怖なのである。デカルトは、自らの偏見に対する不信、なかんずく欺瞞者であるかもしれない神に対する不信をもって、哲学の基礎づけを開始する。同様にホッブズは、国家を、したがってまた道徳を、人間たちの相互的不信から理解する。しかし、基本的な不信の具体的意義および具体的諸前提を主題としたのは、デカルトのではなくホッブズの道徳論の方であった。ホッブズは、デカルトによって自分本来の意図を混乱させられないかぎり、大度のなかにではなく、恐怖、死の恐怖のなかに、徳の源泉をみるのである。かれは、大度ではなく暴力による死への恐怖こそが、結局のところ唯一適切な自己意識であると考えているのである。

自己意識に関わる問いにおいては、ヘーゲル以上に権威ある裁定者は望みえない。ヘーゲルは、自己意識がそこから始原的に出現してくる経験として、他人による承認への関心から生じる生死を賭する闘争をとくに強調しているが、そのことによってかれは、デカルトによる哲学の基礎づけよりも、ホッブズによる哲学の基礎づけの方が優れていることを、暗黙のうちに承認していたのである。『精神現象学』ではこう述べられている。「自己意識は即自かつ対自的に存在するが、これは、自己意識がある他者に対して即自かつ対自的に存在するときのことであり、またそうであることによっている。

いいかえると、自己意識はただ承認されたものとしてのみ存在するのである。……そこで両方の自己意識の関係は、両者が生死を賭する闘争によって自分自身の、またおたがいの証しを立てることであると規定されるわけである。両者はこの闘争に入らざるをえない。なぜなら、両者は自分だけで存在するという自己確信を真理にまで高めざるをえず、しかも他者についても、自分自身についてもそうせざるをえないからである」[2]。この闘争から、主人と奴隷の関係と同時に、自己意識の始原的形態が出現してくる。「ヘーゲルとホッブズのいずれによっても、奴隷の意識は本質的に死の恐怖によって規定されている」[3]。そして、ホッブズにとってと同様、ヘーゲルにとっては、原則的に、主人の意識よりも奴隷の意識の方がより高次の段階を表している。ヘーゲルは、〔『精神現象学』の構成において〕自己意識の前近代的な形態――ストア主義、スケプシス主義、不幸な意識――の分析の前置きとして、ホッブズ哲学に基づく支配[60]〔主人であること〕と隷属〔奴隷であること〕の分析を据えることによって、ホッブズ哲学こそが自己意識の最も根元的な形態をはじめて主題としたことを、承認しているのである。

V　国家と宗教

ホッブズは政治的な意図をもってその歴史研究を行なった。かれが好んだ著作家はトゥキュディデスであったが、かれこそ「かつて著述した最も政治的《ポリティック》な歴史家(1)」なのである。『自伝』のなかでホッブズが述べているところによれば、かれがトゥキュディデスの翻訳を出版したのは、トゥキュディデスによって民主政の欠点と君主政の利点について目を開かされこの教訓を同胞に伝えたいと思ったからだ、という。(2)後年になされたこれらの報告は、トゥキュディデスの翻訳への序論によって完全に真実であることが確証される。そこでホッブズは、トゥキュディデスの「国家の統治に関する意見」をつぎのように総括している。すなわち、トゥキュディデスは「民主政を最も嫌い」かつ「王による統治を最善のものとして是認した(3)」、と。序論全体の調子が、ホッブズがその原著者と自らとを一体化させていることを証拠立てている。こうして、ホッブズ自身は当初から断固とした君主政支持者でありかつ民主政への敵対者であり、そしてかれは全生涯を通してこの立場を堅持し続けたのであった。

ホッブズはその思想的発展の全段階において、世襲的絶対君主政を最善の国家形態とみなした。もっともかれはトゥキュディデスの翻訳への序論では、形式的にも君主政的なペイシストラトスの統治と、名目上は民主政的だが事実上は君主政的なペリクレスの統治とを等価的なものとみなしている。(4) しかもかれは政治学の体系的な三叙述のすべてにおいて、選挙王政の可能性を承認している。かれは選挙王政をローマの独裁官制度と比較し、その統治下では人民はたしかに「主権の所有権者」であるが「その現実の行使者」ではない、という。(5) こうしてみると、かれは原理的に民主政と君主政の権利上の等価性を主張しているのであり、そのうえで君主政の実際上の利点を擁護するかれの論拠は、世襲君主政の何か特別な利点について言及しているわけではないのだから、われわれとしては、ホッブズは絶対君主政も独裁制もともにもっぱら実際上役に立つ支配形態であると考えていた、といってもよいであろう。(6) したがってホッブズは、トゥキュディデスの翻訳への序論から『リヴァイアサン』にいたるまでつねにこの立場を堅持し続けたのであった。独裁制への評価にもかかわらず、事実上かれは世襲的絶対君主政の方に優越性を認めていたという、まさしくこの点においてもかれの意見は決して変わることはなかった。

君主政に対するホッブズの立場は、その全生涯を通して変わることはなかった。(7) しかし、かれが「君主政」という言葉と結びつける概念の方はその分だけ大きく変化することになった。そのことはすでに、かれがさまざまな叙述のなかで君主政の利点を根拠づける際のやり方に現れている。比較的に早い時期の叙述においては、かれはいまだ伝統的な諸論拠に言及している。これらの伝統的論拠はすべて、貴族政と民主政とが単に「人知によって結合された」もの、すなわち人間によって人工的に制作されたものであるのに対し、君主政こそが最も自然的な、すなわち始原的な支配形態であり、自然の始原的秩序に唯一対応する支配形態である、という結論に行き着く。(8) もちろんかれはすでに『法の原理』において、そして『市民論』においてはより明確にこの種の議論の重要性を否定している。それにもかかわらず、比較的に早い時期の叙述においてはともかくもこうした論拠に言及がなされているという事実は、つぎのような推論、すなわちホッブズは漸進的な歩みの果てに伝統的論拠の全面的放棄に辿り着いたのであって、かれは元来は君主政を唯一自然的な支配形態とみなしていた、という推論に根拠を与えることになる。さらにいえば、かれは最後まで一貫して、父権的統治ひいては家産的王政こそが、すべてのもしくは大多数の国家の権利上の〔法的〕起源ではないにしても、その歴史的起源ではある、と信じて疑わなかったのである。(9)

自然的国家と人工的国家との区別は、いついかなる時点においてもホッブズによって維持されてきた。かれは——父親であれ征服者であれかれらの——自然的威力に依拠する「獲得によるコモンウェルス」と、被治者自身のなかから選ばれた政府への自発的屈服によって出現する、したがって人工的に出現する「設立によるコモンウェルス」とをつねに区別している。自然的国家の君主政的性格は、かれにとって自明のことなのである。(10)

ホッブズは政治学の三叙述のすべてにおいて、まず最初に人工的国家を取りあげ、つぎに自然的国家を取りあげて論じている。そして三叙述のすべてにおいてかれは、〔君主政こそが最善の国家形態であるという〕自らの最終的見解に即応して、人工的国家を論じるに際して、同時に設立による君主政すなわち人工的君主政についても、いやまさしくそれをこそ論じている。ただし、この点に関して三叙述にはきわめて注目すべき相違がみられる。すなわち、『リヴァイアサン』では、君主政特有の問題としての継承権がすでに設立による国家を論じる際に取りあげられているのに対し、それ以前の叙述においては、継承権は自然的国家を論じる段になってはじめて言及されてくるのである。(11) ホッブズのもともとの見解によれば君主政と自然的国家とは同一のものであるのだから、継承権という君主政特有の問題は、元来は自然的国家についての議論の一部を構成したはずである。

しかし、それはいかなる自然的国家なのか。ホッブズは二種類の自然的国家、すなわち征服に基づく専制的国家と父権に基づく家産的王政とを区別している。『リヴァイアサン』以前の叙述が君主政における継承権を家産的王政に関連してだけ論じているということ、および『リヴァイアサン』においてすら、専制的国家を論じる際にではなく家産的王政との関連においてのみ継承権についての以前の言及に立ち戻った議論がなされているということ、これらの事実によって暗示されるように、もともとホッブズが自然的国家と同一視した君主政とは、専制的王政のことではなく家産的王政にほかならないのである。しかも、とくに強調されねばならないことは、比較的に早い時期の叙述においてはまだ言及されている君主政の利点を擁護する伝統的論拠は、もっぱら家産的王政にのみ関わるものであって、専制的統治に関わるものではない、という事実である。こうしてみると、もともとはホッブズにとって、君主政と家産的王政とが同一のものだったのである。

のちになってようやくかれは、父権に基づく君主政と征服に基づく君主政とはどの点をとってみても等価的なものだとみなすようになったのである。この変化は、人工的（設立による）君主政という理念をかれが思いついたことの結果である。そしてこの着想に照らしてみれば、人工的制作すなわち自発的委任に基づかないすべての支配形態は自然的と表示されることになる。人工的君主政という理念には人工的国家一般の理念と同様に、三叙述が書き継がれるなかで次第に明確化されてくる。ちなみに『法の原理』ではつぎのように述べられている。「(君主の)臣民は……君主に対して、あたかも君主の子供や下僕と同じような関係にある」。それ以後の叙述においては、こうした記述は跡形もなく消え失せてしまう。[12]『市民論』では、新たに付け加えられたパラグラフにおいて、[13]とりわけ君主政を顧慮しながら統治の権利(ius imperii)と統治の執行(exercitium imperii)とが区別される。君主政は、民主政ないし貴族政がそうであるよりももっと高度に、個人的統治であってはならないとされる。『リヴァイアサン』では、「コモンウェルスを弱め、またはその解体に役立つ物事について」〔第二九章〕および「主権的代表の職務について」〔第三〇章〕と題された章において、つまりそれ以前の叙述ではこれに対応する箇所がない部分において、実質上、理想的な設立による君主政を目指して伝統的君主政を修正しようとする努力がなされている。他方、自然的国家の扱いは少なくとも相対的にはかなり簡略化されている。[14]ホッブズが代表の理念をより鮮明に打ち出すことができるようになればなるほど、[15]つまり設立による君主政の本質について、「自然人」としての国王と「政治人」としての国王との区別について明晰な認識を獲得すればするほど、かれにとって自然的国家、家産的王政、および君主政と父権的統治との親和性は、ますます重要性を欠いたものになっていった。そして最終的に、父権的(および専制的)統治と君主政とは、まさしく相互に対立させられるようになる。「国王は子供たちの父親として、また王家に仕える下僕たちの主人として、これらの子供たちや下僕たちを拘束する多くの物事を命じるが、しかし人民一般に対しては、先行する法律によらないかぎり何ごとをも命じることはできない。つまりかれは、自然人としてではなく政治人として命令するのである」。[16]

ホッブズの最終的見解によれば、当然に君主政的である自然的国家と、権利上はまったく同等に民主政、貴族政ないし君主政のいずれでもありうるのだが、合目的性の観点からはもちろん君主政的であることが最も望ましい人工的国家とが区別されねばならない。しかし、もともとかれは、民主政を人工的国家の原形態とみなしていた。『法の原理』では、人工的国家を論じる際に、依然として「民主政は他のすべての統治形態に先行している」、と明言されている。そして、この始原的民主政から、貴族政と（設立による）君主政とが派生してくるのである。『市民論』では、この主題はきわめて弱められた形でかろうじて現れており、そして『リヴァイアサン』では、完全に消え失せてしまう。(17) こうして、ホッブズのもともとの見解に従えば、自然的国家が家産的王政にほかならないのと同様に、人工的国家は一次的には民主政的なのである。

ホッブズはもともとその自然性のゆえに人工的民主政よりも君主政の方を好んだと考えるならば、それは誤りであろう。まさしく最も早い時期の叙述こそが、最も民主政的なのである。それ以外の人工的国家形態に対する民主政の優位性は、『法の原理』においてのみ断固として主張されている。このことは、すでにわれわれがみたところである。さらに明白なのは、つぎの諸事実である。『法の原理』においてホッブズは、民主政の目的は自由であるというアリストテレスの主張を、それ自体としては拒絶しながらも、のちの叙述におけるよりもずっと正当な評価をこの主張に対して与えている。(18) さらに『法の原理』には、民主政を擁護する論証の名残りのようにみえ、またそれ以後の叙述では本質的に弱められた形でのみ反復される、人工的国家についてのつぎのような記述が見出される。『法の原理』では、こう述べられている。「自分たち自身の間でコモンウェルスを設立する人びとの服従は、下僕たちの服従に劣らず絶対的である。この点では、コモンウェルスに服する人びとと下僕たちとは同等な地位にある。しかし、前者の希望は後者のそれよりも大きい。というのは、強制されることなく自分自身に服従する者は、強制されて服従する者よりも善い待遇を受けてしかるべきだ、と考えるからである。そして、自由にコモンウェルスに集う者は、服従状態にあるにもかかわらず、自らを自由人と呼ぶのである。こうして、自由とは、……力と征服によって服従させられてきた人びとがいだく希望よりもより善い希望の状態のことである、と思われる」[19]。この記述からは、ホッブズのつぎのような考えが漏れうかがえるようにみえる。すなわち、自然的国家へと導く動機は恐怖であり、それに対して人工的国家へと導く動機は希望ないし信頼である、と。こうして、希望と（主権者への）信頼とに基づく人工的国家という望ましいものが、恐怖に基づく自然的国家に対置される。しかし、この対立は、民主政が人工的国家の原形態であるかぎり、家産的王政に対する、とりわけ民主政の優位を意味しているのである。

ともあれ、個々の典拠をすべて度外視しても、ホッブズがその人文主義期においては、それよりのちの時期よりもずっと民主政的理念に好意的であったであろうことは、おそらくはじめから予想できることである。後年かれは、自らの時代における民主政的意見の主要な創始者として、くりかえし古代の著作者たちの名を挙げてきた。そして、かれがまさしくこれらの著作者たちとくに関わりをもっていた時期、かれがこれらの著作者たちの権威に対してかれ自身の政治論を、つまりその自己主張によれば数学的に厳密な政治論を、いまだ対置することができなかった時期、トゥキュディデスの権威だけが、あるいはほとんどその権威だけがかれの味方であった時期、そうした時期にかれが、それよりのちの時期と同じほど断固として民主政的伝統を拒絶していたとは、とうてい考えられないのである。もちろん、結局のところトゥキュディデスがホッブズの絶対君主政的意見に対する申し分のない保証人でなかったのは、いうまでもないことである。まさしくそのトゥキュディデスにあって、コリントス人がアテナイとラケダイモンの国制、すなわち古典的民主政と古典的君主政とを比較している演説のなかに、民主政と家産的王政との関係についてのホッブズによる初期の特徴づけの範例が見出される。トゥキュディデスは、コリントス人の口を借りて語られたこの演説において、アテナイ民主政をその大胆果敢さと希望に満ち溢れていることによって特徴づけ、それに対し「旧式の」ラケダイモンの貴族政をその臆病さと不信によって特徴づけているが[20]、それと同様に、もともとホッブズは希望を民主政の動機とみなし、かつ恐怖こそが、その自然本性からして「より旧い」自然的国家の、したがってまたとりわけ家産的王政の、動機であるとみなすのである。

いずれにせよわれわれは、政治学の最も早い時期の叙述が最も家産‐君主政的であると同時に最も民主政的でもあるという、パラドキシカルな事実を認めなければならない。『法の原理』において最も明瞭に現れている家産‐君主政的理念と民主政的理念とは、どちらも同じく伝統的理念であるということ、ホッブズが追求してきたこれら二つの理念の伝統に反した結合は、『リヴァイアサン』においてようやく完全に達成されたということ、そしてそれゆえに、『リヴァイアサン』以前の叙述においてこれら二つの理念の結合は必然的に不完全なものであり、その結果としてきわめて二律背反的に並立しているということ、こうした事実をもしわれわれが考慮するならば、さきのパラドックスは解消されることになる。『法の原理』においては、そしてその人文主義期の間はなおさらのこと、ホッブズは対立する伝統的理念の結合をいまだ発見しなかった。つまりかれは、設立による人工的君主政についてのかれの最終的概念を、いまだ充分明晰に展開しきってはいなかったのである。このことから、家産的君主政主義（patrimonialer Monarchismus）と民主政主義（Demokratismus）の間での当初の矛盾が生じてくるのである。これら二つの政治的意見の争いにおいて、ホッブズははじめから家産的君主政主義の側に与していた。しかし、かれははじめからこの見解を支持することに対しては、民主政に由来するためらいをいだいていたのである。

こうしてホッブズの国家論は、その生成の場にまで遡行していくと、二つの相対立する伝統の結合として立ち現れてくる。ホッブズが家産的王政こそ唯一自然的な、それゆえ唯一正当な国家形態であると主張するかぎりにおいて、かれは君主政的伝統に従っている。これに反して民主政的伝統は、主権を有する人民の決議こそがあらゆる正当性の源泉であると主張する。ホッブズはまず最初に、自然的国家と人工的国家との区別によって、これら二つの相対立する伝統を結合する。自然的国家についていえば、かれは少なくとも現実の国家の歴史的起源に関しては、最後まで君主政的伝統に従っている。人工的国家についていえば、かれは少なくとも最初は民主政的伝統に従っている。もちろんその際かれははじめから、民主政は事実上の、さらには名目上の絶対君主政へと転換するにこしたことはない、ということを示そうと努めている。

この努力のなかで、もともとホッブズがなぜ相対立する伝統を結合しようとしたのかという、その本当の理由が明らかになってくる。ホッブズは、のちに論じられるであろうさまざまな理由からかれが当初より確信していた君主政の利点を、あらゆる党派によって承認されるようなやり方で明示しようとした。君主政の優位は、王党派によっては当然に認められていた。したがって問題はもっぱら、民主政的伝統の支持者たちにそれを確信させることだけであった。そのための最も簡便な方法は、まず最初に一度、民主政的伝統を批判することなしに容認しておいて、つぎにこの前提に基づいて君主政の利点を証明することである。君主政の利点を擁護する論証は、こうしてもともと一つの二者択一を議論の出発点にしている。原理的な言い方をすれば、この二者択一とは、さきにみた『法の原理』からの引用部分においてなお漏れうかがえる君主政的動機と民主政的動機との、つまり恐怖と希望との二者択一のことである。しかしホッブズは、君主政的原理と民主政的原理、自然的国家と人工的国家、恐怖と希望、という並列関係にいつまでも安住していることはできなかった。かれは自然的国家と人工的国家の双方をともに基礎づけるための、共通する一つの動機を追求した。そしてかれはこの動機を暴力による死への恐怖のなかに、つまりかれがもともとは自然的国家にのみ帰属させたかにみえる動機のなかに見出したのである。この意味において、人工的国家に対する自然的国家の優位性は、ホッブズによって最後まで承認され続けているのである。

こうしてホッブズは、まったく異なった二つの主権理論を結合する。一方に従えば、主権とは、究極的には父権に基づく権利、それゆえ個人の意志からは完全に独立した権利であり、――他方に従えば、すべての主権は、自由な市民の多数者の側からの自発的な支配委譲にその起源を有する。もともとのホッブズならば、おそらくこの対立をたとえばつぎのようなやり方で調停したことであろう。すなわち、父権的統治は家族の自然的秩序である。父親は自然により、その子供と下僕たちの絶対的主人である。それに対し政治的統治は、父親の側から国王へと父権を自発的に委譲することに基づいている(21)、と。ホッブズの最終的な主権理論においては、屈服の非自発性と自発性の双方がともにより原則的なやり方で結合されている。すなわち、人間たち――父親ではなく諸個人――は人工的国家の創設に際して、相互的な恐怖、暴力による死に対する恐怖から、自発的に一人の人間ないし一つの合議体に最高権力を委譲する。そして、〔他に選択の余地のない〕それ自体として強制的な恐怖は、自由と矛盾しない。換言すれば、かれらは自発的に、それ自体として強制的な相互的恐怖を、中立的な第三の力すなわち最高権力に対する、これまた同様に強制的な恐怖によって置き換える。こうしてかれらは、無限定的、不可測的かつ不可避的な危険――敵によってもたらされる危険――を、限定的、可測的かつ回避可能な危険――通常裁判所によって法侵犯者に対してのみもたらされる危険――によって置き換えるのである。

ホッブズが対立する二つの主権理論の原則的結合をいまだ達成しえないでいた間は、かれは否応もなく、伝統的‐君主政的原理によっても伝統的‐民主政的原理によっても基礎づけられえないような政府を、非正当的なものとして退けざるをえなかった。この意味で、トゥキュディデスの翻訳への序論ではつぎのように述べられている。トゥキュディデスは、「（アテナイ人たちの政府を）推賞している。（それが簒奪された権力であることを除いて）ペイシストラトスが統治したときも、またこの戦争の始まりのころ、アテナイが名目上は民主政的であったが、事実上はペリクレスのもとで君主政的であったときにも[22]」、と。したがってホッブズはもともと、（君主政的原理に照らしてであれ、民主政的原理に照らしてであれ）正当な権力と不正に簒奪された権力とを区別することができた。こうして、かれがもともと家産的（それゆえ正当な）王政のみを自然的国家とみなし、征服者の（それゆえ簒奪者の）専制的統治を決して自然的国家とはみなさなかった、ということが理解されうるのである。かれの最終的教説は、いかなる実効的政府もそれが実効的であるというその事実によって正当的である、というものである。それゆえ「僭主政治」と「専制政治」という言葉は、かれにとっていっさいの意味を失うことになる。そしてかれはためらうことなく、およそいかなる、あるいはほとんどいかなる国家権力も最初は簒奪に基づいている、しかもそのことは国家権力の正当性をいささかも損うものではない、と明言してはばからないのである。(23)

もしホッブズがもともと主権の単に事実上の諸条件ではなく、その権利上の諸条件をも承認したのであれば、かれはもともと最高権力の権利上の諸限界をも承認していた、と期待されうるかもしれない。のちになるとかれは、主権のいかなる制限、いかなる分割をも不合理なこととして退けてしまった。しかしかれは、トゥキュディデスの翻訳への序論においては、貴族政と民主政との混合政体は一方では民主政よりも、他方では貴族政よりも優れているというトゥキュディデスの意見に、論評なしに、またどうみてもその意見に同意しつつ、言及している。(24) そして、それ以後の叙述と同じく、かれが混合政体の理念に対して原則的な反対を表明している『法の原理』では、かれはそれにもかかわらず、主権そのものの分割はなるほど不可能であるが、主権の執行機関を君主による指揮部門と貴族政的および民主政的な議会へと分割することは可能である、と認めている。(25) この箇所は、それ以後の叙述では削除されてしまっている。こうしてホッブズは、漸進的な歩みの果てに、混合政体の理念の全面的放棄へと辿り着いたのである。かれのもともとの意見はつぎのようなものだったといえよう。すなわち、たしかに絶対君主政はおよそいかなる状況下においても、貴族政的および民主政的議会を設立し、そうすることで君主政の利点と貴族政および民主政の利点とを結びつけるべき義務を負うわけでは決してないが、場合によってはそうした方が適当なこともある、と。

しかしもともとホッブズは、単に主権行使の自発的制限を勧めただけではなく、主権の義務的な制限をも承認していた。たしかにかれは、三叙述のすべてにおいて同様に断固として、最高権力は市民法によって拘束されるという見解を否定し、さらには、最高権力は所定の条件のもとに臣民から責任を問われることもありうるという見解さえも否定しているが、もともとかれは、最高権力を『リヴァイアサン』におけるほど絶対的なものとはとうてい考えていなかったのである。かれの最終的意見によれば、最高権力は本来的意味での義務をいっさい有することはない。というのは、表面上は最高権力に対して拘束力をもつとされる自然法も、実際には最高権力の命令によってはじめて拘束力を獲得するからである。また、何びとも「自分自身に拘束されることは不可能である。というのは、拘束しうる者は免除することもでき、それゆえ、自分だけに拘束される者は、拘束されない」のであるから、主権者は本来的に事実上何ものにも拘束されないのである。たしかにホッブズは、自然法は単に主権者の命令に基づいてだけではなく、「神の言葉のなかに述べられたものとして」もまた義務的である、と述べている。しかし、かれの主張そのものからして、神の言葉は主権者の命令に従ってのみ法的効力を獲得するのであるから、この制限は無意味である。『法の原理』の教説は、これとは鋭く対立している。すなわち『法の原理』によれば、自然法は啓示に基づいてはじめて義務的になるのではなく、自然的な神認識に基づいてすでに義務的なのである。[27]――したがって自然法は、理性的な存在としての人間すべてに、とりわけ主権者に義務を負わせるのである。そして、最高権力が負うべき義務としてホッブズはもともと、何よりもまず臣民の永遠の平安への配慮と自然法（Naturrecht）に対応する婚姻法制定への配慮を挙げている。『市民論』では、これらの要請の第一は『法の原理』におけるよりもなおいっそう弱められており、第二の要請にいたっては完全に放棄されている。その代わりに、別の関連において、そもそも結婚および離婚とは何かの規定は全面的に市民法に依存しているという教説が語られ、それにともなって自然的な婚姻法は否定される。『リヴァイアサン』では、もはやこれら二つの要請について一言も言及されていないのである。(28)

これまで述べてきたことから、ホッブズのもともとの政治的見解はつぎのように要約できよう。すなわち、世襲的絶対君主政こそが最善の国家形態である。君主政の事実上および権利上の起源は、父権である。父親たちは、自然によってかれらに与えられるべき、その家族に対する絶対的権力を、自発的に君主およびその後継者に委譲した。こうして正当性を獲得した君主政は、あらゆる簒奪権力から原則的に区別される。君主は、自然の普遍的秩序のなかに、つまり全存在者の第一原因たる神の知性のなかに根拠をもつ自然法によって、もっぱらかつ主としてその臣民の身体的安寧に配慮すべき義務を負うだけではなく、なかんずく臣民の道徳的安寧にも配慮すべき義務を負う。分別は君主に対して、貴族政的および民主政的議会を身のまわりに置いて、君主政の利点を貴族政および民主政の利点と結びつけるよう忠告する。もしも何らかの理由から、ある国家体制のなかで世襲的絶対君主政を取ることが不可能であるときには、少なくとも事実上は君主による国事指揮が不可欠である。民主政的傾向は、この君主政的根本信念とは原則的に両立しえない対立関係にある。

ところで、これらの相対立する二つの意見は、それぞれにアリストテレス『政治学』の断章以外の何ものでもない。ホッブズは、父権から生じてくる家産的王政こそが始原的国家形態であるという見解(29)とともに、『法の原理』ではかれがまだ有効性を認めている民主政の概念をも、アリストテレスのこの作品から取り出しているのである。かつてアリストテレスが君主政的理念と民主政的理念とに与えた統一は、もちろん当初からホッブズによってもはや承認されてはいない。そして他方では、かの二つの理念が最終的に『リヴァイアサン』において獲得する新しい統一は、いまだその輪郭すらも浮かび上がってはいないのである。(30)――

ホッブズの政治学の三叙述は、明示的にそういう題名をもつスピノザの論説と比較しても決して遜色ない正当性をもって、神学-政治論と名づけられうるものである。のちのスピノザとまさしく同様に、ホッブズは二重の意図をもって聖書-解釈者になる。すなわち、一つには、聖書を根拠としてかれ自身の教説を証明するために、つぎにそしてなかんずく、聖書の権威そのものを動揺させるために。第二の意図は、徐々に明白な主導的地位に到達してくる。ホッブズは『市民論』では、二つの特別な章において、聖書を根拠にして自然権と絶対君主政の権力についての自らの教説を証明している。『リヴァイアサン』では、これら二つの章のうち第一のものに対応する箇所は存在せず、第二のものの内容は、自然的国家について論じている章のなかの二つのパラグラフで片付けられている。(31)こうしてホッブズは、自然的国家の議論のなかに政治論の神学的根拠づけのための最後の逃げ場を提供することによって、神学とまさしく自然的国家との間の関連を示唆しているのである。この関連は、ホッブズが比較的に早い時期の叙述ではまだ言及している、君主政を擁護する神学的論拠のなかにも現れている。そして、この論拠は主として家産的王政に、したがって自然的国家に関わるものなのである。ホッブズにとって自然的国家がますます重要でなくなってくるのに応じて、政治論の神学的根拠づけもまた重要性を失っていった。かれがまだ人工的国家という理念を思いつかなかった、ないしはまだその理念を完全な明晰さにおいて展開するにはいたらなかったもともとの時期にあっては、それよりのちの時期とは比較できないほど強く、かれは神学的伝統の魅力にとらわれていたのである。そのことは、かれの政治学の三叙述の、なかんずく宗教批判に関わる部分の比較によって明らかになる。

まず最初に、『法の原理』から『リヴァイアサン』へといたる過程で、宗教批判がその外面的分量の点でかなり増加していることを確認しなければならない。『市民論』における四章分と『リヴァイアサン』における一七章分が、『法の原理』における三章分に相当している。この量的拡大は、宗教批判の深化をともなっている。ホッブズと伝統との差異は、『法の原理』から『リヴァイアサン』へと次第に増大しかつ明白化していく。聖書は神の言葉であるということについて、われわれはいったい誰を信じているのか、という基本的な問いに対する答えがすでに、それぞれの叙述においてさまざまに異なっている。『法の原理』では、使徒の後継者たる教会を信じている、と答えられる。『市民論』では、教会ではなくイエスを信じている、と答えられる。『リヴァイアサン』では、世俗的権威によって認可され開設された講義を行なう教師たちのいうことを信じている、と答えられる。すなわちわれわれは、世俗的権威がこの信仰告白を命じればこそ、聖書は神の言葉なりと口に出して――なぜなら、思想はいかなる命令にも服さないから――告白するのである。(32) 三叙述のすべてにおいてホッブズは、救いにとって必要なのはイエスはキリスト〔救世主〕なりという信仰だけである、と主張する。かれはこの基本的信仰箇条のなかに、つねにその諸前提(神の実在、摂理、キリストの復活、等々)をも含めている。ところで、比較的に早い時期の叙述によれば、魂の不死性への信仰はこの諸前提の一部をなしている。ところが他方、『市民論』第二版[1]に挿入された注では、魂の不死性が暗黙裡に人間の〔肉体の〕甦りに取って代わられている。そしてついに『リヴァイアサン』は、人間の甦りを公然と魂の不死性に対立させ、前者のみを聖書に根拠をもつものとして承認しているのである。(33)――すべての叙述においてホッブズは、世俗的権威がキリストとしてのイエスへの信仰を許容するかぎり、キリスト教徒は世俗的権威に対する無条件的服従の義務を負う、と宣言する。しかし、世俗的権威がキリスト教徒に対してこの信仰告白を禁止する場合、キリスト教徒は世俗的権威に服従すべき義務を負うのか、という決定的に重要な問いに対する答えは、『リヴァイアサン』以前の叙述では、この場合キリスト教徒は受苦的抵抗と、究極的には殉教の権利と義務を有するにすぎない、というものである。他方『リヴァイアサン』は、福音を告知すべき特別の使命を帯びていない一般のキリスト教徒からは、殉教の義務はもちろん、その権利すらも剝奪している。(34)――『市民論』によれば、キリストの国は地上のものではなく天上のものであるということが、キリスト教の教義の一部を成している。それに対して『リヴァイアサン』によれば、神の王国は新約・旧約のいずれにおいても純粋に地上の王国として理解されるべきである、とされる。(35)――『法の原理』によれば、最高権力の第一の義務は、「かれらが最善と考える宗教を制定すること」である。『市民論』では、これに対応するパラグラフは、「しかしこの難問については決定を留保したい」という言葉で結ばれている。『リヴァイアサン』では、そもそもこうした事柄がもはやまったく論じられない。(36)――『法の原理』においてホッブズは、監督〔主教〕制的な教会体制（die episkopale Kirchenverfassung）を擁護している。すなわち、この教会体制の正しさは、キリストがその主権的力によって使徒たちを任命し、それを受けて今度はこの使徒たちによって長老たち（die Presbyter）が任命された、等々という事実によって立証されている、と主張される。同時にかれは、キリスト教の階統制において個々の主教たち（die Bischöfe）に優越する「祭司長」（Hohenpriester）といったものが存在することを否定している。そのうえかれは、まさしく『法の原理』においても、聖書の権威の認識根拠として使徒継承を挙げているのだから、われわれとしては、かれはこの著作においては少なくともある程度は、英国国教会的‐監督〔主教〕制主義的見方に追随している、といわねばならない。それに反し『法の原理』以後の叙述では、かれは監督制的体制はもちろん、およそいかなる点においても世俗的権威に従属することのない何らかの教会的権威によって教会の官職が任命されうる、という見解さえも退けている。[37] そしてついに『リヴァイアサン』最終章では、かれは監督制的体制はもちろん、長老制的体制すらも福音の自由に反しており、むしろ独立教会主義（Independentismus）だけがこの自由に合致している、と強調しているのである。[38] さらに注目すべきは、つぎの事実である。すなわち、すでに『市民論』においてもみられることであるが、それと同様に『リヴァイアサン』では、モーセの立法と神によって是認されないサウルの選出との間の時代には、（立法者モーセは祭司長よりも優越した地位にあった、というモーセの存命中にのみ妥当する事例を除いて）すべての精神的および世俗的権力は祭司長の手中に統一されていた、という一見したところきわめて聖職者に好意的な理解が提示されている。ところが『法の原理』は、旧約の全時代を通して精神的権力に対する世俗的権力の優位を、自明のこととして前提しているのである。[39] しかし、一方における『法の原理』の一般的傾向と、他方におけるそれ以後の叙述との間にみられるこの表面上の矛盾は、ホッブズがのちの時期の叙述では最も早い時期の叙述におけるほどには、聖書の教えとの一致に価値を置いていない、ということから説明される。すなわち、聖書が祭司支配を擁護しているという事実は、これからはもはや祭司支配を支持する論拠ではなく、聖書に反対する論拠となるのである。こうして、ただ一つの例外のようにみえるもの〔『リヴァイアサン』と『市民論』における聖職者に好意的な見方〕が、実は、ホッブズは『法の原理』から『市民論』をへて『リヴァイアサン』へといたる過程でますます宗教的伝統から遠ざかっていくという主張にとっての、(あるいは、こういってもよいのだが)ホッブズは英国国教会の監督〔主教〕制主義から独立教会主義への発展(長老派教会主義の段階がとばされているのが特徴的である(40))にかれなりのやり方で――決して信仰を深めるやり方ではなく――参加したのであったという主張にとっての、最も強力な証拠にほかならないのである。

こうしてホッブズは、最も早い時期の叙述においては、いまだ英国国教会の監督〔主教〕制主義に比較的近い立場にある。しかし、かれは当時においてもそれ以後と同様に、敬虔なキリスト教徒とはとてもいえなかった。ただもろもろの政治的な考慮だけが、おそらくかれをして、監督〔主教〕制的教会制度を支持しようと決意させたのであり、まさしくそれゆえに、キリスト教の教義についても、内乱期間中および共和国と護民官の統治下よりもより慎重に発言しようと決意させたのかもしれない。実定的宗教に対するホッブズの本音の立場は、すべての時期を通じて同一であった。すなわち、宗教は国家に仕えるべきであり、宗教はそれが国家に利益を与えるか損害を与えるかに応じて、評価されあるいは非難されるべきである。こうした見解は、すでにトゥキュディデスの翻訳への序論のなかに認められる。そこでホッブズは、無神論という非難に対してかれの原著者をつぎのような言葉で弁護している。「その『戦史』の各所でかれは、神託の曖昧さを指摘している。それでいてかれは、この戦争がいつまで続くかについて、神託予言によってかれ自身の確信を固めている。かれは、ニキアスが自分自身とその軍隊、そして実に自国の全領土をも破壊したとき、神託によってあまりにも几帳面にかれらの宗教儀礼を墨守しすぎているとしてニキアスを非難する。ところが別の箇所ではかれは、ニキアスが神を崇拝していることでかれを賞賛しているのである。……こうしてわれわれの著者はその著書のなかで、一方では迷信を信じておらず、他方では無神論者ではないようにみえる」[41]。迷信と無神論の間での正しき中庸は、国定宗教への拝跪のなかに、すなわち国家の安寧と決して衝突することのない宗教のなかにこそ存するのである。

ホッブズはたしかにその本音では神を信じておらず、その意味では従順な臣民とはいえないかもしれないが、その無信仰を外に向かって表明するか否かの点では、従順でなおかつ慎重な臣民として表明することが許されることに従ってきたという事実は、当然につぎのような推測を正当化する。すなわち、かれは内乱勃発に先立つ何年か、したがってとりわけその人文主義期間中は、『法の原理』の場合と比較してさえなおいっそう自らの本当の意見を隠蔽し、もろもろの政治的理由からできるだけ神学上の仕来りの踏襲に努めてきた、という推測である。この推測は、一六三六年の書簡によって裏づけられる。そこにはこう書かれている。「わたくしは安息日についてのあれらの書物〔*The History of the sabbath.* In two books. By Peter Heylyn. 4to. 1636〕をみてみたいと切に願っています。また、それらの書物が民衆の頭のなかに、かれらの善き生活には何の役にも立たない思想を吹き込むであろうことについては、あなたと同意見です。というのは、かれらが十戒のうちの一つは単に人定法にすぎないと考えるとき（もし教会がそれを変えることができるなら、必然的にそうならざるをえないわけです）、かれらは他の九つもまたそうであるようにと望むでしょうから。また、ひとはみなこれまで、十戒は道徳法すなわち永遠法であると信じていたのですから」[43]。十戒と道徳律との等置は、早くも『法の原理』においてすでに姿を消している。

全般的にみて、宗教に対するホッブズのもともとの立場は、クラレンドンがニューカスル伯のものだとみなした立場と同一であった、ということができよう。クラレンドンはニューカスル伯についてこう書いている。「かれは、国王の栄光と安全のためになるように構成された教会を……愛した。またかれは、国王と教会の双方にとって必要な秩序と服従を維持し活気づけるような宗教を愛した。ただし、その際かれは、公的な平和を乱すおそれのあるものすべてに対してかれが示した嫌悪の情ほどには、宗教のなかで育まれ宗教を党派へと分裂させるさまざまな特殊意見への情熱をいだくことはなかった」[44]。ホッブズはあらかじめ私的な談話においてニューカスルに自分の政治的教理を伝えておいて、そののちニューカスルの「命令」を受けて『法の原理』を執筆した[45]。そして、『法の原理』がそれ以後の著作に比べてずっと保守的な教会政策を主張していることは、すでにわれわれがみてきたところである。

もちろん、これまで述べてきたことは、実定宗教に対するホッブズの立場にだけ妥当するにすぎない。自然宗教に関しては、かれはもともとその可能性について、のちの時期におけると同じほど懐疑的にはまったく考えていなかった。のちになるとかれは——最小限こうはいえる——、まったく認識不可能な、この世を統べる絶大な威力の第一原因が実在するという知識より以上のものであろうとする、いかなる自然的な神認識もいっさい不可能である、とみなした。まさしくそれゆえにかれは、啓示神学のみならず自然神学をも原則的に哲学から排除したのであった。こうした懐疑のもつ危険性を隠蔽し、自分はあくまでもスコラ学の神学に反対しているだけであって、聖書の宗教そのものには反対していないというように見せかけるために、ホッブズはほかならぬ厳格な聖書信仰の名において自然宗教を攻撃し(46)、同時に聖書の権威に対するかれの哲学的および歴史的批判によって、今度はその聖書信仰の基盤をくつがえしてしまうのである。それゆえ、かれの聖書中心主義（Biblizismus）の外見上の前進は、実際には自然宗教に対するかれの批判の前進を間接的に証拠立てるものであり、したがってそれは、もともとかれが自然宗教に対して、のちの時期におけるよりも好意的な判断を下していたということの証拠ともいえよう。ところで、かれの聖書中心主義のそうした外見上の前進は、いくつかの重要な教説に関して確認できる。『法の原理』によれば、自然法の拘束力は自然的な神認識に基づき、それ以後の叙述によれば、啓示に基づくとされる。(47)『法の原理』と『市民論』が依然として魂の不死性の教説を擁護しているのに対し、『リヴァイアサン』は聖書の名において、この哲学的教説を人間の甦りについての教説によって置き換えているのである。(48)『法の原理』は『リヴァイアサン』より以上に詳細かつずっと明確に、神の実在の証拠を提出している。これら二つの著作の系統的叙述を比較するならば、ひとは明らかに、そもそも『リヴァイアサン』における議論はもはや真面目になされたものではないのではないか、という疑念をいだく。他にもしばしばそうした事例がみられるように、この場合にも、［さきの二つの著作の］連結部分は、『市民論』のなかに見出される。そこでは、啓示なしには無神論を回避することはほとんど不可能であろう、とまでいわれているのである。(49)こうしてこの場合にも、宗教批判の前進とともに、口実として担ぎ出された啓示神学によって自然神学を置き換える、というホッブズの傾向が漏れうかがえるのである。さらには、比較的に早い時期の叙述では少なくともまだ言及されている、君主政の利点を擁護するための伝統的論拠は、自然‐神学的諸前提に依拠している、ということが想起されるべきであろう。そして最後に、『法の原理』のなかには、「超自然主義者たち」(supernaturalists)(50)がいだく理性への敵意を批判する言辞が見出される。ところが、それ以後の叙述には、これに対応する部分が存在しないのである。のちになるとホッブズは、たとい単に表面的にではあれ、超自然主義の名においてかつ超自然主義の武器を用いて、決然として超自然主義を攻撃するのだが、その際にかれが本当に拠りどころとしているのは、唯物論なのである。もともとホッブズが超自然主義そのものを公然と攻撃できたのは、かれが自然神学に依拠していたから、したがってまた、最もそれに好意的でない場合でも、唯物論とは比較にならないほど啓示宗教に近い見解に依拠していたからなのである。ホッブズのもともとの、自然神学に基づく啓示批判の最後の残滓が、いま述べた『法の原理』における言辞なのである。というのも、この作品を執筆していた時期には、ホッブズはとうに自然神学と訣別してしまっていたからである。いずれにせよかれは、すでに一六四一年にデカルトと取り交わした書簡のなかで、それ以後と同じく正確に、神と魂の問題に関してかれの唯物論から導き出される諸帰結を支持する主張を展開している。われわれがいおうとしているのは、ただつぎの事実だけである。すなわち、かれがその唯物論を完成させる以前には(51)、そしてかれがまだアリストテレスの権威と絶縁していなかった人文主義期にはなおさらのこと、かれは自然神学の基盤のうえに立っていた、という事実である。

VI　歴史

われわれがこれまで検討してきたことの結論は、ホッブズのもともとの道徳‐政治的諸見解は、大体において、一六世紀という時代の推移のなかで修正されてきたアリストテレス的伝統に由来する、ということである。そうであるかぎり、これらの見解はたかだかかれの政治学にとっての素材（*Material*）であって、まだ未成熟の状態にとどまっているにすぎないその胚芽（*Keim*）といったものでは決してないのである。というのも、かれのその後の教説は、どのように理解されたアリストテレス主義とも原則的かつ明白に対立しているからである。また、はじめからホッブズがその必要性を認識し、あるいは当然のこととして受け継いできた、部分的にはかなり重要なアリストテレス主義の修正が、その後のアリストテレス主義との断絶をあらかじめ準備したのだ、ということがよしんばいえるにしても、この断絶が実現されるためには、アリストテレス哲学ひいては伝統的哲学全般の原則的欠陥の認識がどうしても必要であった。つまり、この原則的認識があってはじめてホッブズは、アリストテレス主義の単なる修正にとどまるのではなく、これまでになされたさまざまな修正を原則的な異議申し立てとして理解し、そして完成させることを余儀なくされたのである。ところでこの原則的認識は、ホッブズの人文主義期の特色となっている、哲学から歴史への転回のなかに伏在している。これまで論じてきた、かれのもともとの立場に含まれる伝統的諸要素とは対照的に、このもともとの立場のなかで歴史が果たす役割は、原理的に革命的なものである。

われわれの出発点は、ホッブズは哲学的意図をもって歴史研究へと方向転換した、ということであった。ところが、まさしくこのことが、さしあたり容易には理解し難いのである。もしもホッブズが、これまでの各章においてわれわれが分析しようと試みてきた道徳‐政治的諸見解をいだいていたのだとすれば、どうみてもかれほどの哲学者にとっては、まずもってこれらの見解について体系的に説明しかつ記述することこそが、当然だったのではなかろうか。そうだとすれば、いったいなぜかれは哲学研究に背を向け、歴史研究に目を向けるのであろうか。「哲学することの他の方法」(alia ratio *philosophandi*) は、いかなる点で、かれが歴史へと方向転換する誘因となったのであろうか。

トゥキュディデスの翻訳への序論から、われわれはつぎのような答えを取り出すことができる。すなわち、哲学と歴史は相互に原則的に異なっている。哲学は、人間の正しい振る舞いのための諸戒律 (Vorschriften) を与える。しかしこれらの戒律は、とうてい諸実例ほどの実効性をもつことはない。戒律に従うことあるいは従わないことについての、そしてそれに由来する成功と失敗についてのさまざまな実例によって、つまりもろもろの物語 (*Erzählungen*) によって人間の経験の幅を拡大し、そうすることで、戒律の伝達によるよりもずっと効果的に、人びとが個々の場合に戒律を応用することができるようにしてやること、これが歴史の任務なのである。哲学ではなく歴史こそが、人間に分別を与えるのである。(1)

この答えによっては、哲学すなわちアリストテレス哲学の権威は、いささかも動揺しない。つまり、アリストテレス哲学が人間行為の規範を正しいやり方で指示していることは、ホッブズによって自明のこととして前提されており、いずれにせよそのことは何ら論駁の対象にはなっていないのである。さらに、哲学の不足点を歴史によって補完しようという要求でさえ、さしあたりはアリストテレス哲学にきわめてうまく組み入れることができる。すなわち、分別は道徳的な徳の充足根拠ではないにしても、その不可欠な条件ではある。分別は経験によって獲得される。(2) だから、アリストテレス哲学の何ものも、個人とその時代の限定された視野を超えて経験の幅を拡大する歴史研究が、分別の獲得に役立ち、したがってまた道徳教育にも役立つことを、何ら妨げるものではないことになる。アリストテレス倫理学と相容れない点があるとすれば、それはひとえに、もろもろの戒律がそれ自体として実効性をもつことへの懐疑だけである。アリストテレスは、理性の戒律が大多数の人間たちに対して何らの影響力をも有していないという事実を否定しないし、明確にそう主張しさえする。ただし、かれの主張によれば、大多数の人びとに当てはまることが、自由と高貴さへの志をいだく真に名誉を愛する自然本性をもつ人びとにも当てはまるわけでは決してない。かれらはむしろ、理性の戒律がいうことを一から十まで聞き入れている。(3) ホッブズがそもそも戒律の実効性一般を懐疑することによって、――そのことによってかれは、すべての人間について、したがって原則的に、理性の無力さを主張することになるのではないか。――かれにとって、理性の無力さは、かれが自然科学に取り組む以前にすでに確定していることになるのではないか。

ここであらためて強調されてよいのはつぎの点、すなわち、もともと歴史が哲学のなかへ侵入する誘因となるものは、理性の戒律の実効性への問いにほかならないという点である。重ねていえば、これらもろもろの戒律の正しさではなく、その実効性だけが懐疑の的になっている、つまり、ただ戒律の応用だけが問題なのである。そのことによって、少なくとも、ホッブズの歴史への方向転換にとっての消極的条件が明らかになる。その正しさが疑われることのないもろもろの戒律とは、事実上、アリストテレス倫理学によって伝達される戒律のことである。そして、これらの戒律の設定（Aufstellung）ないし啓発（Aufklärung）は、アリストテレスによってまったく完璧に成し遂げられてしまっているのだから、いいかえれば、一次的な哲学上の問題はすでに解決済みなのだから、総じてホッブズのような哲学者は、戒律の応用という二次的問題に取り組む可能性と時間的余裕をもつことになるというわけである。

こうして、哲学的伝統を通じて充分に伝達されている戒律の応用だけが、問題になるのである。そして、ほかならぬこの応用に関しては、つぎのように主張されている。すなわち、もろもろの戒律はそれ自身によって実効力をもつことはなく、またそれ自身のために遵守されることもなく、それが実効力をもち遵守されるためには、どんな場合においても――したがって、高貴な自然本性の持ち主たちに関しても――戒律そのもの以外の何らかの方策を必要とする、と。かつてアリストテレスは、とくに「大多数の人びと」を考慮しながら、そのような方策として法律を挙げたのであった。法律の必要性と実効性は、この時点でも疑われていない。しかしこれからは、哲学の戒律と法律とのいわば中間に、歴史から汲み取るべきもろもろの教訓が割って入ることになる。(4) あのもろもろの戒律の実効性が頭から否定され、かつ、この時点でもなお、法律はとりわけ「大多数の人びと」のために必要であるという状態に変わりがないとすれば、これからは歴史の教訓こそが、アリストテレスによればかつて哲学的戒律の任務であったのと同じ役割を、高貴な自然本性の持ち主たちに関して果たさなければならない、ということになる。つまり歴史の教訓は、貴族の教育にとって、哲学の戒律が果たすべき役割を代行するのである。(5)

ホッブズの考えを正しく理解するためには、かれの先行者たちを振り返ってみなければならない。かれはトゥキュディデスの翻訳への序論において、歴史叙述に関する自らの見解の正しさを保証してくれる人びととして、キケロ（*De oratore*『雄弁について』）、ルキアノス（*Quamodo historia scribenda sit*『歴史はいかに叙述されるべきか』）、およびユストゥス・リプシウス（*Politica sive civilis doctrina*『政治的教理、あるいは市民的教理〔についての六書〕』）の名前を挙げている。かれはキケロとルキアノスを通して、弁論術の伝統と結びつく。この伝統は、哲学的伝統とは異なり、否むしろ哲学的伝統に対するある程度の批判をこめて、歴史家たちを研究することの必要性をつねに銘記させてきた。一六、一七世紀にくりかえし引用されているキケロによる歴史への賛辞、「歴史、それはまことに過ぎゆく時代の証人となり、真実に光あらしめ、記憶を甦らせ、人生の指針となり、いにしえの日々の伝えを運ぶもの」(5a)はいうまでもなく、——クインティリアヌスの『雄弁家教育論』（*Institutionis oratoriae*）ではこう述べられている。「われわれはそうした学問のなかに（すなわち哲学のなかに）含まれているものだけではなく、むしろもっと、古代からわれわれに伝達されてきた最も高貴な言行を余すことなく知り、そしてたえずそれを熟考すべきなのである。そして、たしかにわれわれは、これらの言行の貯蔵所として、自国の記録ほどに広大で際立ったものをほかに知らない。いったい誰が、ファブリキウス、クリウス、レグルス、デキウス、マキウス、そしてその他の数えきれない人びとよりも上手に、勇敢、正義、忠誠、節制、質素、そして苦痛と死への軽蔑を教えてくれるだろうか。それというのも、ギリシア人たちが戒律〔の設定という栄誉〕を勝ち取っているとすれば、ローマ人たちはそれだけすばらしい実例を示すことができ、そしてそれは〔ギリシア人の場合よりも〕はるかに偉大な事柄だからである(5b)」。戒律の実効性への懐疑に基づく、哲学の戒律と歴史の実例との対置は、この主題に関する一六世紀の文献のなかでたえず反復されている(5c)。ところが、この同じ思想は、きわめて多様に解釈されうる。それはただつぎのことを、すなわち、「大多数の人びと」が哲学の戒律に耳を傾けず、徳をそれ自体のためにではなく、賞賛というその報酬のために愛するのは、かれらの悲しむべき欠陥に帰せしめられねばならない、ということを意味しさえすればよいのである(6)。しかし、戒律の実効性に対する懐疑は同時に、徳の本当の動機は名声と栄誉であること、つまり徳とは本質的に貴族の徳にほかならないことをも意味しうるのである。この場合には、歴史との関連はなおいっそう直接的なものとなる。貴族たる者は、自らの名声と栄誉への思いをその行動指針にしている。すなわち、自らの行ないが歴史のなかで生き続けることへの思いもまた、なかんずくこの思いこそが、かれらの行動を導いている。そしてこの思いは、歴史家たちによって語り伝えられるカエサル、アレクサンドロス、スキピオ、ハンニバル、等々の偉業への記憶によってたえず育まれる(7)。栄誉ないし名声と歴史との間に存する直接的な関連の結果として、徳が貴族の徳として理解されるにつれて、弁論術の伝統の復活・再生によってすでに助長されていた歴史への関心は、ますます強まっていかざるをえないのである。

トゥキュディデスの翻訳への序論においてホッブズは、歴史叙述についての自らの見解の正しさを保証してくれる人物として、キケロとルキアノスのほかにさらにユストゥス・リプシウスを引用している。リプシウスの政治論を通してホッブズは、一六世紀に生じた政治論の、したがってまた哲学の、歴史へ向けての原則的転回と結びつくことになる。この転回は、いまやはじめて歴史の方法的研究が要求される、ということに現れている。ひとはいまや、歴史叙述についてかつて記述した古代の著者たちが、かれらのテーマを、あたかも「あなたがたはこれらの物事から、歴史の定義を組み立てることは決してできないかのように(8)」論じている、という事実を発見する。ことここにいたっては、どうしても歴史の学問的な（*wissenschaftlich*）研究が必要である。しかも、学問的な歴史叙述というよりもむしろ——すべての要求を満たす歴史叙述が昔から存在するという事実は公認されている——、そしてまた単に歴史叙述に関する何らかの手引きといったものでもなく、なかんずく、現にいま出版されている歴史家たちの著作を方法的に読むこと、つまりこれらの歴史家を利用する学問こそが必要とされているのである。歴史は、何かある学問の素材として使用されるべきである。歴史家たちによって提供される素材は、それから獲得されるべき、人間行為の正しい秩序にとっての教訓に照らして方法的に読み取られ、かつ整序されなくてはならない(9)。新しい学問にとってその素材のもつ歴史性が重要であるのは、ひとえに、人間行為にとって妥当する諸規範の応用に関する唯一明晰な知識は、過去になされたもろもろの行為についての知識であるからにほかならない(10)。こうして緒につきつつある研究は、歴史叙述と同様に学問である。なぜなら、両者はともに真理を探究しているからである。まさしくこの点で、これら両者は哲学と意見が一致する。ただし、これら両者が哲学と区別されるのは、哲学がもろもろの普遍的戒律そのものに関する学問であるのに対して、歴史ないし歴史の利用は、それら戒律の応用、現実化、現実化の条件と帰結に関する経験に基づく学問である、ということによってである。そして、〔真理探究という〕哲学と歴史とを一体化させているのと同一の理由により、両者は、愉悦を主たる目標とする詩学から原則的に区別される。つまり、哲学と歴史はともに真面目なのである。[11] ホッブズは、歴史よりも「より哲学的な」詩学の方を優遇するアリストテレスとも、またベーコンによる歴史、詩学および哲学への知識の区分とも異なる独特なやり方で、歴史と哲学を知識の基本的二部門と呼んでいるが、そうすることでかれは、『リヴァイアサン』においてもなお、詩学よりも歴史を優遇するこうした考えを承認しているのである。[12]

そもそも歴史の目的とは、「人びとが現在にあっては分別ある振る舞いをなし、未来に向けては先見の明ある振る舞いをなすよう、かれらを教え導くこと」[13]であるとすれば、歴史の方法的利用という企ては、分別を身につけるための方法的教育が目指されているということを言い表わしている。分別のための教育は、さまざまな偶然に左右される諸個人の生活経験に委ねられるべきではなく、人類の手にすることのできる経験の総体が見渡しうるようになるものでなければならない。また単に、分別は方法的教育によって育成されるべきであるというだけではない――それは端的に、新しい学問によって置き換えられるべきである。いかにしてひとは個々の場合に正しく振る舞わねばならないか、という問いに対して、ひとはもはや、思慮分別ある者ならばおそらくそう振る舞うであろうように、というアリストテレス的な答えを受け取るのではなく、歴史研究を通して獲得される具体的な諸格率(Maxime)によって、個々の場合にとって少なくともほぼ満足のいくもろもろの指示を、すなわち

「処方箋」(Rezepte)を、受け取るのである。

歴史研究は分別を身につけるための教育を目的とするのだから、それゆえ歴史研究にとって重要なのは、実際の言葉と行為よりも計画(Pläne)である。より正確にいえば、歴史研究にとって言葉と行為は、計画との関係においてのみ問題になる。否むしろ、歴史を通して読者は、いかなる種類の計画が有効であるか、あるいは破滅に導くかについての教訓を得るべきなのである。計画の研究こそ、ボダンがこれまでの探究でとくに欠けていると考えるところのものである。[14]そして、トゥキュディデスの翻訳へのホッブズの序論においても、まさしく計画こそが全面的に強調されているのである。[15]

歴史への方向転換をもたらした哲学的関心の原則的変化は、ベーコン哲学のなかにその最も完成された表現を見出した。[16]ベーコンは、徳と義務に関する教説としての道徳論は、古代の哲学によって完璧な形で完成されてきている、という前提から出発する。かれの見解によれば、古代の哲学の原則的欠陥は、それが「善の本性」についての記述、すなわち「徳と義務と幸福とのすばらしい描写」に限られており、道徳論のなかでそれに劣らず重要なもう一つの部分、つまり「(精神の)管理と耕作に関する」、「人間の意志を(善にあうように)どう抑え、向け、適合させるべきかについての規則を定める」部分が蔑ろにされてしまった、ということである。[17]ベーコンにとっては、戒律の現実化、その応用に向けての学問的指導もまた、いやまさしくそれこそが重要であるがゆえに、古代の哲学によってはただ付随的に論じられるか、もしくはまったく論じられなかったようなもろもろの主題こそが、かれにとっては中心的位置を占めることになる。そのような主題とは、つぎのようなものである。〔第一に〕「人間の自然と傾向とのいろいろ違った性格と気質」。[18]〔第二に〕「性、年齢、地域……によって精神に押しつけられる自然の刻印……それからまた、外的な幸不幸によって惹き起こされるもろもろの刻印」。これらについては、たしかに「アリストテレスが少しばかり触れてはいるが、……しかし、それらが本質的に帰属すべき道徳哲学のなかには組み入れられなかった」[19]。〔第三に〕情動。「そしてこの場合にも、まえにもそうであったが、アリストテレスが倫理学のさまざまな書物を書きながら、倫理学の主要題目である情動を取り扱わなかったことをわたくしは不思議に思う。しかもかれの『弁論術』において、……かれは情動を取りあげ、少ない紙面のわりには充分に取り扱っているが、本当に取り扱うべきところでは、それを看過している。……この主題において、ストア派は、……それよりももっと熱心に骨おったと、わたくしは思う。しかし、どうやら、かれら流に、むしろ定義のこまかさ……において骨おったのであって、生き生きとした、広範な記述と観察においてではなさそうである」[20]。さらに〔第四に〕、「交際と仕事に関する知恵」「忠告と助言の知恵」[21]。さらに〔第五に〕、「財産は、徳と善行の道具として、考察に値する」[22]。そして最後に、「正義の雛型」よりもむしろ「その応用」に関わる、法律についての学問がこれまでは欠如している[23]。ベーコンの主張によれば、これまではまったく扱われてこなかったか、あるいは充分には扱われてこなかったこれらの学問分野はすべて、道徳的戒律の応用に関わっている。つまり、これまでの学問でとくに欠けているもの――すなわち、個々の職業にまつわるもろもろの悪徳についての学問――に触れながらベーコンが明言しており、またその場合に限らずかれがいつもそう意図していたように、これらの学問分野はすべて、人間は何をなすべきかではなく、人間は現実に何をなしているかを問うのである。それらは善を考察するのではなく、「悪のすべての種類と本性」を、あるいはより一般的にいえば、徳の創出と保全に資する分別の格率（Klugheitsmaxime）を獲得するために、徳の素材を考察するのである。[24] 伝統的哲学は、これらの学問分野のために少しも材料を提供しない。この材料は、むしろ「歴史、詩、そして日々の経験」[25]のなかにこそ見出される。しかも、歴史には、詩および個人の生活経験よりも優越性が与えられてしかるべきである。[26] こうして、なかんずく歴史こそが、そこから「生命に役立つ……処方箋が作られるであろう」[27]材料を提供する。それゆえに、歴史を蔑ろにしていることが、スコラ学が不充分で無益だといわれる最も重要な理由の一つなのである。[28] ボダンとまさしく同様に、ベーコンもまた、これまでの学問に欠けているものは、歴史叙述そのものというよりむしろ、歴史の哲学的利用の方であると考えている。もちろん応用の問題への、それゆえまた歴史への原則的な方向転換の結果として、歴史に課せられる任務の範囲もまた拡大する。たとえばベーコンは、歴史の従来すでに手掛けられてきた部門とならんで、学芸の歴史をも扱うことを要求している。[29] というのは、歴史のこの部門もまた、人間に分別を与えるという目的に役立つはずだからである。ベーコンはとりわけ、さまざまな哲学者たちの教説を集めたアンソロジーといったものを欲している。ただしそれは、古代の学説誌《ドクソグラフィー》といった類のもの、つまり「プルタルコスによってなされたように、表題によって一括してまとめられた」ものではなく、「各人の哲学をずっと別個に取り扱った」ものでなければならない。「というのは、ある哲学に光と信用を与えるものは、その哲学自体における調和であり、これに反して、それがつまみ出され、ばらばらにされるなら、その哲学は、奇異で、耳ざわりなものとなるからである」[30]。歴史のあらゆる部門に対する関心のこうした高まり——それは、まさしくベーコンにおいて明らかに確認できることである——の根拠は、応用という問題に対する関心の高まりなのである。この関心が、もろもろの性格、情動、気性、気分等々の直接的研究(31)、要するに、ベーコンの主張によれば、伝統的哲学があるべき人間の研究――それはベーコンの見解に従っても第一次的なものなのだが――を優先させることによって蔑ろにしてしまった、現実にあるがままの人間の直接的研究を動機づけるのと同じやり方で、歴史研究を動機づけるのである。

ベーコンのような哲学者が、自ら、哲学から歴史への転回の代弁者になっているという事実は、この方向転換の諸前提への問いに答えることを容易にしてくれる。歴史が、よしんば哲学の主題とまではいわないにしても、その卓越した素材になるということにとっての最も直接的な前提は、哲学の関心が自然学および形而上学から道徳論および政治論へと移行してくるということだと思われる。というのは、「生き方と振る舞い方を形作っているような、哲学の核心部分は、歴史によって補助されうる、とわれわれは考える」(32)からである。ところで、アリストテレスの主張によれば、人間が全宇宙《コスモス》のなかで最も優れた存在とみなされるや否や、こうした関心の変化が生じてくる(33)。しかしながら、アリストテレスより以上に道徳‐政治的問題を重視してはいるが、それにもかかわらず本当のところは、アリストテレスに劣らぬほど人間から目をそむけ、永遠の秩序の方を仰ぎ見るプラトンを振り返ってみるとき、われわれはつぎの事実に気づかざるをえない。すなわち、他のあらゆる存在者に対する人間の優越性についての確信ではなく、存在に対する善の超越性についての確信こそが、政治的問題とともに、つまり正しい生活および正しい共同生活への問いとともに、哲学的探求が始まることの理由なのだ、という事実である(34)。プラトンを振り返ってみることによって、同時に、自然哲学から政治学への関心の移行は、それ自体としてみれば、決して哲学から歴史への転回にとっての根拠ではありえない、ということが明らかになる。この方向転換は、善とは何か、そして最善の国家とは何かという問いへの関心の高まりのなかにではなく、人間への関心の高まりのなかに動機をもつのである。この人間への関心の高まりは、ベーコンにあっては、論理学、倫理学、政治論および医学といった伝統的個別学問を、かれが、人間学という一つの学問へと総括している点にはっきりと示されている。つまり、人間についての学問は、これからは「われわれに関係が深いだけに、それだけいっそう正確に取り扱われねばならない、われわれ自身についての知識として」、すなわち「反省〔反射〕的」認識として、「直接〔直射〕的」自然認識とは区別されるべきである[35]。哲学を自然哲学と人間哲学へと区分することは、ベーコンが古代哲学に対する明確な論駁のなかで行なっている、人間と世界との原則的な区別に基づいている[36]。人間が「自然の最も優れた作品」[37]とみなされるようになればなるほど、人間を超越した永遠の秩序に代わって、人間そのものがますます哲学の中心的主題になってくる。まさしくそれにともなって、哲学的伝統の創設者たちによって承認された観照的生活——人間を超越した永遠の秩序の直観と理解に捧げられる生活——の「超人間性」[38]を、観照的生活という理想に反対する理由として受け取る傾向が増してくる。その理想の実現とともに、同時に人間が自らの人間性を超越するのではなく、感性‐理性的存在たる人間のままであり続ける[39]、そういう理想が追求される。つまり、——観照的生活の理想に比べて——より通俗的な理想が追求されるのである。その種の理想としては、まず第一に、かつてアリストテレスによって、感性‐理性的自然としての人間に帰属する徳性と呼ばれた、道徳的な徳が現れる。しかし、道徳的な徳による観照的生活という理想の置き換えだけでは、まだ哲学から歴史への転回を動機づけるのに充分ではない。その置き換えを示す一つの徴候は、観照的生活の理想が、聖書によって設定された生活規範の名において、きわめて頻繁に攻撃の対象とされてくるという事実であるが、もちろんそこから直接的に、歴史そのものへの関心が生じたわけではなかった。道徳的な徳、なかんずく正義と隣人愛という聖書の要請による、観照的生活という理想の置き換えではなく、この置き換えに加えて、戒律そのものの実効性に対する原則的懐疑こそが、哲学から歴史への転回にとっての根拠なのである。われわれは、戒律の非実効性、理性の無力さについての確信が、人間を超越した秩序から人間そのものへの関心の移動と直接的に関係するのかどうかを、ここで検討することはできない。われわれは、ベーコンがかれの先行者たちに劣らず、理性の戒律の実効性を疑っているということを強調するにとどめておく。かれはこう述べている。古代の哲学者たちは、「論議のかぎりをつくして、(徳と義務を)、砦でかため、塹壕でかこって、汚れた俗論から守った(40)」。しかし、それでもう充分なのではない。というのは、「精緻な論証だけで（徳を）理性に示してみても、嘲笑されるだけであって、このことはいつもクリュシッポスと多くのストア派にみられたとおりであるが、かれらは、人びとに徳を押しつけようと考えて、人間の意志などおかまいなしの鋭い議論と推断によったからである。……もしも情動それ自身が御しやすくて、理性に従順なものであったら、意志に対する説得と巧言などを用いる必要はたいしてなく、ただの命題と証明だけで充分であろうが、しかし、情動がたえず謀叛を起こし煽動するのをみると、……もし説得の雄弁がたくらんで、想像力を情動の側から味方に引き入れ、理性と想像力との同盟を結んで、情動と対抗しなければ、理性は捕虜と奴隷になるであろう(41)」。しかし、情動を抑制するためには、単に情動から想像力による支援を奪い取らねばならないだけではない。さらにまた、もろもろの情動相互間の闘争をも、情動の克服のために利用することが必要である。すなわち、われわれは、もろもろの情動がどのように「たがいに戦い角つきあうか……」を観察しなければならない。「これは、……道徳と政治に関する事柄には特別に役立つものである。くりかえしていえば、それは、どのようにして情動をたがいに対立させあい、他方によって一方を制するかということである。これはまさに、われわれが獣をもって獣を狩り、鳥をもって鳥を捕える習いであるのに似ており、おそらく、そうしないと、それほどたやすくできるようにはならぬであろう」。そして、こうした学問については、「詩人と歴史の著述家たちが最上の教師なのである(42)」。

これまで述べてきたことによれば、哲学から歴史への転回にとっての前提は、人間に対する関心の高まりに加えて、戒律の実効性への懐疑、いいかえれば、理性の無力さについての確信なのである。その際、理性の無力さということを、理性には規範の設定ないしは根拠づけをなしうる能力がないという意味に理解してはならない。実際、理性にその能力があることは一般的に、とりわけベーコンによっては当然のこととして前提されているのであり、また、たとえば規範の設定が理性にではなく啓示から期待されるといったように、よしんば理性の能力の有無が争われる場合であっても、歴史研究へと駆り立てる解決不可能な難問《アポリア》は、依然として存続するであろう。なぜなら、歴史研究を動機づけているものは、戒律がどのようにして人間に与えられるか——理性によってか、あるいは啓示によってか——というその様式ではなく、そもそも人間は、理性的であれ啓示的であれ、超越的規範に服してはいないという事実だからである。人間の非従順さを矯正するために、歴史が拠りどころとされる。歴史の実例は、人間が規範に服従することを容易にしてくれるはずだ、というのである(43)。ベーコンはそれにとどまらず、さらにそのさきまで進む。すなわちかれは、人間がそれによって戒律を現実化できるようになる、生活経験からの、とりわけ歴史からの帰納法に基づく技術といったものを求めている。なぜなら、そうすることで服従そのものが回避されるからである。しかしその際、他のいっさいの利己的動機に対する服従の優位性は、依然として原理的には承認されているのであるが、そうだとすれば、もしかりに貴族の徳が本来の道徳的な徳性に取って代わって現れるならば、服従は名誉によって取って代わられることになろう。(44) だが——次章において触れられねばならない、もろもろの理由から——ひとは、この貴族の徳のもとにもいつまでもとどまっていることはできなかった。貴族の徳の方が今度は、徳と分別との同一視によって取って代わられることになるのである。われわれは、近代道徳論およびその本質的部分を構成している歴史への関心のその後の展開を、もうこれ以上ここで概略なりとも示すことはできない。(45) われわれとしては、いずれにせよ一六世紀における展開は、哲学から歴史への転回の根拠が服従道徳の排除にあったという主張を正当化するものである、という事実の確認で満足しよう。[1]

ベーコンは、一方における戒律、規範の哲学的認識と、他方における応用技術についての認識、なかんずく歴史からの帰納法に基づく認識とを、明確に区別している。この区別が、したがってまた応用に対する規範の優位性が承認され続けているかぎり、行為の他のいかなる動機よりも服従の方が優れているということもまた、少なくとも暗黙裡にかつ原則的に承認され続けていることになる。しかし、もしも歴史が、単にまえもってすでに確定している規範の応用を保証するだけではなく、何よりもまず規範そのものの認識へと導くべきものであるとすれば、事態は一変する。なぜなら、歴史の観察、歴史からの帰納法が規範の認識をもたらすやり方は、もっぱら、自らその真価を発揮し成功へと導く計画と失敗に終わる計画とを区別することを教える、という形でしかありえないからである。こうして、歴史から期待されるべき処方箋は、成功か失敗かに関わるだけで、道徳的善か悪かには関わらない。したがって、歴史から規範一般の認識が期待されるのであれば、あらかじめ――明示的にであれ黙示的にであれ――道徳的善と成功とが、いいかえれば徳と分別とが同一視されていることになる。なかでも、ボダンはつぎのように、歴史研究が規範一般の認識をもたらすであろうという期待を表明している。「われわれは歴史から深く、ただ単に生きるために必要とされるべきもろもろの技だけではなく、全力をあげて追い求められねばならないもの、避けられるべきもの、何が卑しく何が名誉あるものであるか、いかなる法が最も望ましいか、いかなる国家が最善のものであるか、いかに生きることが最も幸福であるか、ということもまた（教えられる）[46]」。だからこそ歴史は、「信じ難いほどの効用」を有するのである。それと同時に、歴史がすべての技芸と学問のなかで最も容易なものであるだけに、ますますその意義は大きい。歴史を理解するためには、特別な訓練や教養といったものはいっさい必要でない。この極端な通俗性は歴史の品位を損うどころか、むしろそれは、他のあらゆる知識に対する歴史の優越性の徴しなのである[47]。こうして、すべての学問のなかで最も容易な学問たる歴史は、同時に、それが「大部分が……曖昧で混乱した状態のままに放置されている」人間的な事柄に関わるがゆえに、人間の知識の他のいかなる部門にもまして、「不確実で混乱」しているのである[48]。

一六世紀における展開が、とりわけボダンにおいて辿り着くことになる歴史の概念は、つぎのように定式化されうる。すなわち、歴史は、最も容易な学問であると同時に最も曖昧な学問である。歴史は他のいかなる学問からも独立しており、主としてもろもろの計画に関わる。それは、善き計画すなわち自ら真価を発揮する計画と、悪しき計画すなわち失敗に終わる計画との区別によって、人間行為の規範の認識を可能にすべきである。このように理解された歴史は、決定的な諸点で、哲学と一致する。〔すなわちそれは、方法的に真理を探求する。それは、他のいかなる学問よりも容易であると同時に曖昧な学問である。それは、他のすべての学問から独立している。それは、規範の認識へと導く。〕* それゆえにわれわれは、一六世紀における展開は、歴史が哲学に取って代わる傾向にある、といってもよいのである。

* この部分は英訳版では削除されている。——訳者付記

ホッブズは、まさしくその人文主義期において、この傾向に対して留保を付した。この傾向は、——さしあたり、いかに逆説的にみえようとも——事実上、かれの哲学への再転回以後はじめて、すなわちアリストテレスとのかれの絶縁に関連して、急速に支配的地位を占めるにいたった。なぜなら、これから次第に成熟していくかれの政治学は、まさに、ボダンの最も極端な発言において理解されているようなものとしての歴史に取って代わる役割を果たしているからである。すなわち、ホッブズの政治学もまた、あらゆる学問のなかで最も容易であると同時に最も曖昧な学問である。(49) それは、他のいかなる学問からも独立しており、(50) 品位の点で他のすべての学問を凌駕している。(51) かれの政治学は、主として、すなわちその基礎づけの部分で、もろもろの計画、意図、「内心のもくろみ」、「秘められた目的」、「熟慮と良心」に、つまり人間たちの「もろもろの企図《デザイン》」に関わっている。(52) それは、善き信念

すなわち自ら真価を発揮する信念と、悪しき信念すなわち失敗に終わる信念との区別によって、規範の認識を可能にすべきである。伝統的哲学の欠陥と称されるもの、ないしは現に存在する欠陥のゆえに出現してきた歴史への切実な要求は、新しい政治学によって充足された。それゆえ、新しい政治学の形成以後、歴史はその旧来の哲学的に意味のないものへと逆戻りする。ただし、そこには、新しい政治学のなかで――伝統的政治学とは違って――歴史は「止揚されて」いる、という非常に大きな相違点がみられるのである。

こうした観点からのみ、われわれは、哲学への回帰以前にあれほど歴史への強い関心を示したホッブズが、自らの政治学の形成が進むにつれてますます歴史を遠ざけていく、という事実を正当に評価することができるのである。『法の原理』では依然として、ある特別のパラグラフにおいて、つぎのことが強調されている。「信仰は……多くの場合、完全かつ明白な知識に劣らず、懐疑から免れている。……われわれは他人の報告から多くの物事を経験することがあるが、それらについては、何らか懐疑の原因となるものを想像することさえ不可能である。というのは、世界全体が自分をあざむこうと陰謀をめぐらしていると、あるひとが口にするような場合でもなければ、すべての人びとが知ることができ、かつ（われわれの歴史の大部分がそうであるように）現になされているのとは違ったふうに報告すべきいわれもないような物事について、すべての人びととの同意に反してまでして、いったい何が反対意見を申し立てることができようか」[53]。歴史の信憑性へのこうした正当化は、『リヴァイアサン』の対応箇所では省略されてしまっている。――『法の原理』では、頻繁にくりかえされる裁判所の判決を公正な決定として評価することが、経験に基礎をおく誤謬推論の実例としての役割を果たしている。『リヴァイアサン』では、この問題を論じるに際して、歴史事実《ヒストリー》に基づくあらゆる政治的な知識の疑わしさが強調されるとともに、トゥキュディデスの翻訳への序論が依拠している前提が否定される。「……繁栄していた国家が、いかなる過程と段階を経て、まず内乱に陥り、続いて滅亡するにいたったかを目撃したことのある者は、他の国の滅亡のさまをみて、そこでもまた同様な戦争があり諸過程があったことを推測するであろう……。しかし、この推察は、本来の推察とほとんど同じように不確実なものである。いずれの場合も、経験のみに基づくからである」。(54)――『市民論』および『リヴァイアサン』では、『法の原理』とは違って、歴史家の書物を読むことから生じてくるもろもろの障害が指摘されている。(55)――ラテン語版『リヴァイアサン』では、以前に出版された同書の英語版とは違って、つぎのように述べられている。「歴史はさらに自然史と社会史に分けられよう。これらのうちのいずれもが、われわれの企てには関わりをもたない」。(56)『リヴァイアサン』では、それ以前の叙述には対応箇所がないパラグラフにおいて、実地に基づいて、すなわち歴史上の経験に基づいてなされる、国家理想に対するあらゆる批判が原則的に退けられている。「というのは、たとい世界中の人びとが砂上に家の土台をおくとしても、そのことから、そうすべきだと推論することはできないからである」。それに応じて、『リヴァイアサン』では、それ以前の叙述にはみられた、どんな国家にも政治学のすべての要請に対応する端的に主権的な権力が事実上かならず存在するものだ、という指摘が省かれている。(57)ホッブズが、現にあるものとあるべきものとを厳格に峻別するようになるにつれて、いいかえれば、かれにとって『リヴァイアサン』の理想的性格が明瞭なものとなっていくにつれて、歴史はかれにとってますます意味のないものになっていった。その結果として、真理を探求する真面目な歴史と詩学との区別、詩学に対する歴史の優位は、その従前の正当性を喪失した。『リヴァイアサン』およびこれとほぼ同時期に書かれた『ゴンディバート』の序文への答え」(一六五〇年)では、ホッブズは依然として、旧来どおり歴史と詩学との区別に固執している(58)。これらよりもずっとのちに執筆された、ホメロスの翻訳への序文では、この区別についてはもはや言及されない(59)。歴史からの離反は、『人間論』のなかのつぎのような文章に最も正確に表現されている。「学芸は……有用である。とりわけ、歴史はそうである。なぜなら、歴史は、原因の認識がそれに依拠する経験を、われわれに与えてくれるからである。たしかに、歴史は、自然史としては自然学であり、それに反し、社会史としては、政治学および道徳学なのである。そして、歴史は、ともかくも不可能でさえなければ、真実であれ虚偽であれどうでもよいのである(60)」。新しい政治学が自らを明晰に自覚するようになるにつれて、歴史はますます背後に押しやられることになる。なぜなら、伝統的政治学がまだ有効性を保持していた間は、歴史によって果たされねばならなかった役割を、新しい政治学が果たすことになるからである。

実際にそうであることは、ホッブズの政治学そのものをより仔細にみつめれば、完全に理解される。ホッブズ自身、トゥキュディデスの翻訳への序論において、哲学と並行して歴史を研究する必要性を示したが、その際に用いたのと同じ論証によって、かれはのちに自らの政治学の必要性を根拠づけている。すなわち、政治学が必要であるのは、「大多数の人びと(61)」が現に戒律に従っていないからである、と。そして、服従道徳に換えて分別の道徳を置くという、かつて歴史への方向転換を動機づけたのと同じ前提が、またホッブズ政治論の基礎にもなっている。それゆえ、ホッブズの政治論と伝統的政治論との差異は、ホッブズの先行者たちの見解およびホッブズ自身のもともとの見解によれば、歴史と（伝統的）哲学との間に存在するとみなされた差異と一致することになる。つまり、アリストテレスの道徳論は徳の実現について何も教えてくれないというベーコンの批判は、ホッブズのアリストテレス批判にとっても不可欠の構成要素となっているのである。[62] たしかに、歴史への方向転換がなされたのは、（伝統的）哲学が規範の応用のための方法をいっさい示していないというまさしくその理由からであった。ところが、これからは、伝統的哲学とは違って応用可能な道徳論を教えることを自らの誇りとする、新しい政治学こそが、この欠陥を除去するのである。つまり、ベーコンが（ある程度の修正を加えたうえで）伝統的道徳論を承認し、もっぱら（主として歴史からの帰納法に基づく）応用論によってそれを補完しようとしただけであったのと同様に、ホッブズもまた、「大多数の人びと」にアピールする、原理的に応用可能な道徳論によって貴族の徳を補完しつつ、（「ベーコンの場合よりも」より著しい修正と留保つきでではあれ）その貴族の徳の有効性を承認しているのである。[63] ホッブズが（論争相手に応じて〔ad hominem〕）十戒の戒律を拘束力あるものとして承認し、もっぱら、世俗権力によるさらに仔細な解釈なしにそれらが応用可能であるという見解を否定する「だけ」であるとき、それは同じことを意味している。[64] また同じ意味でホッブズは（相手に応じて）、人間たちの間での自然的不平等、自然的序列づけを承認し、もっぱら、それが何らか実際上の意義をもちうるということに異論を唱える「だけ」である。[65] 最後にホッブズは（相手に応じて）、「政治的統治がわれわれに霊的至福をもたらす手段として定められるということ」、したがってまた、いっさいの地上的なるものは手段として、永遠の至福という究極目的に従属していることを容認する。しかし、かれは、地上的なるものと永遠なるものとのこうした序列づけから、世俗的権力の保持者と精神的権力の保持者との序列関係について何らかの結論が引き出せるということを否認する。この否認をどう根拠づけるかということのなかに、ホッブズの諸前提が明白に現れてくる。すなわち、手段と目的との序列関係からは、諸人格の序列関係についておよそ何らの結論も引き出せない。なぜなら、人間の恣意から完全に独立している手段と目的との客観的関係は、本質的に人間的な恣意の支配下にある人間による手段の使用とは、根本的に異なっているからである、と。[66] このことでもってホッブズは、もしかりに永遠の秩序といったものが存在するとしても、自分は事実的な人間関係だけを考察の対象とするであろうということ、つまり、かれはただ人間たち、応用、「手段の使用」にだけ関心があるのだということを、暗示しているのである。ところで、永遠の秩序からまず人間への、ついで応用への関心の移行は、われわれがすでにみてきたように、哲学から歴史への転回という形であらかじめ表現されてきていた。その方向転換が急進化されて、ホッブズの政治学へと導いていく。ホッブズは、どうしたら伝統的道徳論の規範が現実化されうるか、と問うだけでは満足しない。かれは、伝統的哲学のやり方よりも実際の応用にいっそう役立つようなやり方で、伝統的諸規範を根拠づけようとの意図をも有しているというだけではない。そうではなく、かれはギリシア哲学のであれ、聖書－キリスト教のであれ、さらには貴族の徳でさえ、およそ伝統的道徳論そのものの応用可能性を否定するのである。もちろんかれは、これをも乗り越えてもっとさきまで進んでいく。すなわち、かれは単に、アリストテレスは規範の実現のための方途を示さなかったと主張するだけではなく、アリストテレスがその政治論において前提とした人間く規定しなかったとも主張する。かれは単に、アリストテレスがその政治論において前提とした人間の自然的不平等に対して、ないしは、あらゆる地上的な富に対する永遠の至福の優先が実際上の意義を有するということに対して異論を唱えるだけではなく、かれは前者の不平等性とともに後者の序列関係そのものをも否定するのである。こうして、ホッブズの政治論は最終的に、伝統的政治論によって主張された規範の応用可能性だけではなく、その妥当性をも否定することになるのだが、それにもかかわらず、応用という原理は、ホッブズ政治論の最終的形態にとっても基準となるものであり続けている。[2] ホッブズは、伝統と対立して、「情念が不信をいだいて、それに取って代わろうなどという気を起こさないような、そうした諸原理を基礎に据え[67]」ようとする。したがってかれは、ベーコンのように、すでにまえもって確定している規範の現実化への方途を示すために、単にもろもろの情念を相互に争わせようとするだけではない。そうではなく、かれは、もろもろの情念とはじめから調和するような政治論を構想しようとする。最初は、すでにまえもって確定している規範の応用への問いに関連して道徳論のなかで市民権を獲得した諸情念の研究が、これからは、規範そのものの認識にとっての土台にならなければならない。そしてホッブズが、暴力による死への恐怖のなかに、情念を納得させる政治論の基本原理を見出したのちに、「自然権」(Right of nature)として特徴づけられるこの基本原理から、「自然法」(Law of nature)の根拠づけへ向けてかれが歩みを進めることは、これまた応用という原理に従っているのである。目的に対する権利は、必要な手段に対する権利なしには無力であるから、死の恐怖の不可避性のゆえに人間が自然により有している、身体と生命を守る権利は、あらゆる事物およびあらゆる行為に対する権利となる。しかし、いかなる手段が必要なのか。ホッブズは、たとえば思慮分別ある者ならばその時どきに必要だと定めるであろう、そういう手段こそが必要なのだと述べるといったように、このことの決定を思慮分別ある者に委ねたりはしない。そうではなく、かれは、特殊な応用問題がそれによって解決される、何らかの普遍妥当的な格率といったものを示そうとしているのである。「恣意性」、いいかえれば、思慮分別ある者がそれぞれに何を必要と定めるかについての予見不可能性を回避するために、かれはつぎのように決定する。すなわち、各人はあらゆる事物およびあらゆる行為に対する権利を有する。なぜなら、何らかの状況のもとで、何らかの人物が、何らかの事物ないし行為は自らの生命を守るために必要な手段である、と主張することがありうるからである、と。この決定の明白な前提が、すなわち万人の平等なのである。[68] 万人は平等であるのだから、それゆえ少数の思慮分別ある者と多数の思慮分別のない者との間での差異は、かつてそれが伝統的政治論に対して有したような基本的意義を失う。そして、この差異の基本的意義が承認されていたかぎり、少数者のみを相手にする哲学とならんで、大多数の人びとに現実化への方途を示すために歴史が研究されねばならなかった。ところが、万人の平等が原理へと高められるとき、万人に対して「徳を獲得しかつ悪徳を避けるための[69]」方途を指示することを意図する、一つの新しい哲学が可能になるのである。

ホッブズの政治学が、かつて哲学から歴史への転回を動機づけた切実な要求を充足させることによって、それは、さしあたり歴史を、その旧来の哲学的に無意味なものへと押し戻すことになる。つまり、哲学と歴史は、とりあえずは再び完全に分離されることになるのである。そのかぎりで、ホッブズの政治論は「非歴史的」(unhistorish) であると述べることは正当である。しかしながら、普通ひとが「非歴史的」という判断でもって何を意味しているかといえば、ホッブズは歴史に関心をもたなかったということよりむしろ、かれは歴史事実上《ヒストーリッシュ》の間違った主張を自らの政治論の基礎に据えてしまった、ということなのである。しかも、ホッブズの基本的な歴史事実上の誤謬は、人類の原始状態とはあらゆる個人のあらゆる個人に対する戦争である、というかれの仮定であったとされる。これに対抗して、なかんずくメインはかつてつぎのように主張した。すなわち、少なくともヨーロッパ諸民族の原始状態は、「多くの小専制政府からなり、各政府はそれ以外のものから完全に区別され、それぞれは単一の君主の大権による絶対的統制に服していた、と描写されよう」。「……原始時代における社会は、今日そう思われている、諸個人の集まりといったものではなかった。実際に、また原始社会を構成していた人びとの見解においても、社会は諸家族の集合であったのである」(70)。これらの断言は、とりわけホッブズに対しても向けられている。「……社会と政府の起源に関する、ホッブズの推測的記述ほど無価値なものはありえない……この理論は、ありとあらゆる異論から免れていない……。幼年期における人類の普遍的無秩序は、部族対部族および家族対家族の抗争については、おそらく真実であるかもしれない。しかし、個人対個人の関係については真実でない……」。さらに付言すれば、この理論は、それこそが近代的な法律上の契約観念の発生を促すのだ、というロックの対抗仮説とまさしく同様の異論から免れていない」。ここからわれわれは、つぎのようなメインの総括的判断の意味を了解する。「同じくらい高く評価されている天才たちのなかでも、ホッブズとベンサムほど歴史から完全に絶縁した者はいない。あるいは、いずれにせよわたくしにはそう思えるのだが、かれらほど、世界は多かれ少なかれかれらが現に目の当たりにしているのと同じようにかつてもあったのだ、という印象にとらわれている者はいない」(71)。この批判に対しては、まず第一に、「家父長制理論」はいささかもホッブズの教説に対する異論ではないばかりか、それはホッブズ自身によって主張されている、という事実が想起されねばならない。「おそらく、このような（すなわち、万人対万人の）戦争時代または戦争状態は決して存在しなかったと考えられるかもしれない。わたくしも、全世界にわたって一般的にそうだったと信じているわけでは決してない。しかし、今日でも、多くの地方で人びとがそのような生活をしている。すなわち、アメリカの多くの地方の野蛮民族は、自然的情欲によって平和状態にある小さな諸家族の統治のほかには、まったく統治というものをもたないので、わたくしがまえに述べたような残忍なやり方で生活しているのである。いずれにせよ、恐れられる共通の力がないところではどのような生活様式が行なわれるだろうかということは、以前には平和な統治のもとに暮らしていた人びとが、内乱において陥るのをつねとするような生活様式から看取されるであろう(72)」。「……本来、各人の父親はかれに対して生殺与奪の権力をもった主権者であった。また、……諸家族の父親たちは、……コモンウェルスの設立に際して、……その絶対権力を譲渡した……(73)」。「ゲルマニアは、古代においては、他のすべての国ぐにがその初期においてそうであったように、無数の小領主あるいは族長に分割されていて、かれらは絶えず戦っていた……(74)」。もちろんホッブズは、国家の歴史的起源に関するそうした確認に安んじていることはできない。というのも、そうした確認は、人間の正しい秩序とは何かという唯一重要な問いに答えるための手がかりを、何ら与えてはくれないからである。こうして、かれが国家の歴史的起源に対して何ら特別の注意を向けていないことの意味が、理解されうるのである。また、メインによって絶え間なく――ちなみに、ホッブズの見解と基本的に一致しつつ――遂行されているような家父長制的共同体批判もまた、かれにとって充分なものとはいえなかった(75)。なぜなら、かれにとって問題なのは、こうした批判の根源的根拠づけ、とりわけ歴史事実上の探求をもまずもって可能にする諸基準の正当化だからである。それゆえにこそかれは、一般的には、内乱の絶えざる危険のなかに現れているような、これまでのあらゆる共同体がもつ不完全性を、なかでもとくに家父長制的共同体の不完全性を、最も厳密に表現しようとする。しかも、そうすることで同時にかれは、こうした欠陥の根源的除去への可能性、すなわちメインによってと同じくかれによっても肯定される「身分から契約への運動」の可能性を指示しようとするのである。そのためにかれは、社会の初期の状態は家父長制であったという歴史事実上の確認にとどまらず、さらに、最も不完全な秩序も含めておよそありとあらゆる秩序の欠落、すなわち万人対万人の戦いを、人類のまったく不完全そのものの状態として構成し、かつこの戦いを今度は、人間的自然のなかに根源をもつものとして理解する。そうであるからには、ホッブズの政治論は「非歴史的」であるという批判のなかで正当と認められるものといえば、ただ、ホッブズはどんなに基礎的な歴史事実上の知識よりも、政治的諸対象に関するあらゆる判断の原理の哲学的根拠づけの方をより基本的なもの、比較にならないほど重要なものとみなした、という言明だけである。

したがって、ホッブズにとって自然状態とは何らかの歴史事実上の事実ではなく、一つの必然的な作為的構成なのである。それにもかかわらず、かれの自然状態論が外見上あたかも歴史事実上の意味をもつかのようにみえるということは、まったく根拠がないわけではない。かれの政治論が自然状態の描写でもって始まっていること、その自然状態から国家を出現させていること、このことはかれの政治論の本質をなしている。もちろん、ホッブズはそうすることで、何ら現実の歴史を物語っているのではなく、一つの典型的な歴史を概念的に把握しているのだが、しかし、まさにそうすることでかれは、政治学の少なくとも基礎づけをなす部分の対象は歴史であって、何らかの自己完結的な静態的秩序ではないことを承認しているのである。このことをもっと明確に見極めるためには、ホッブズの「構成的」方法とアリストテレスの「発生論的」方法とを比較してみるとよい。これら二人の哲学者はともに歴史の典型的なものに関心をよせているが、その関心のよせ方はそれぞれにまったく異なっている。アリストテレスは、より未開の共同社会から最も完全な共同社会としてのポリスが発生してくる様を描いているが、その際、完璧な形成体〔ポリス〕についての理解が、その形成体の構成要素たるより未開の共同社会の理解にとっての導きの糸にしてかつ前提となっている。当初から措定されており、かつ発生の分析に際していささかも変化することのない基準の理解が、その発生の完成形態にではあれ、ともかくもまえもってすでに解明されている完全な共同社会としての国家という理念に照らして個々の発展段階を吟味する際の嚮導原理となっている。[3] ホッブズのやり方は、それとはまったく違っている。かれにとって未開状態すなわち自然状態の不完全性の認識は、よしんば単に暫定的に照らして生じてくるのではない。そうではなく、この認識は、自然状態そのものの経験を概念的に把握することから目覚めてくることになっている。つまり、吟味の基準はあらかじめ前提されるのではなく、創出されるべきなのである。それゆえ、ホッブズはアリストテレスに追随しているのではなく、ヘーゲルのために新しい道を切り開いているといえる。ホッブズにとって自然状態が理性を欠くものであるのと同じく、ヘーゲルにとって「はじめにあるとおりの知、つまり無媒介（直接）な精神は、精神のないもの、……である」(76)。ホッブズが自然的状態から国家を、ないしは国家への切実な要求を出現させるのとまったく同様に、ヘーゲルは自然的意識から絶対知を出現させる。というのも、これら二人の哲学者はともに不完全なものを、それを超越した何らかの基準に即して測ろうとはしないからである。かれらは、不完全なものが自分自身を止揚し「自分自身を吟味する」[77]様を、ひたすら「眺めて」いればいいのだから、かれら自身は「本来の吟味〔という労苦〕を免れる」ことになる。このことが自然状態に向けられたホッブズの反論、すなわち、自然状態のなかにとどまろうとする人間は自己矛盾に陥る[78]、いいかえれば、自然状態を特徴づけている相互的な恐怖こそが自然状態止揚の動機である、という反論の意味なのである。〔あるいは、ヘーゲルの言葉でそれを表現すれば、「もろもろの情念は、その自然的性能に応じて自分自身の役目を果たし、その結果として人間社会という建造物を造り上げる。しかし、そうすると今度はまた、この社会のなかでは、それらの情念が、法律や制度から拘束を受けることになる」[4]。〕「内在的な」吟味、それゆえまた典型的歴史という形式を想定しているこの種の吟味の前提は、ホッブズにあってもヘーゲルにあっても、服従道徳の拒絶である。まず最初に哲学から歴史への転回を動機づけたこの前提が、最後には、哲学自体が典型的歴史という性格を帯びるという結果をもたらすことになる。いずれにせよ、ホッブズにとって歴史は、最後には余計なものとなる。なぜなら、かれにとっては政治学が自ら歴史的なものになるからである。しかし、かれの政治学が歴史的なものになるのは、政治学にとって秩序が永遠・不変なもの、したがって最初から現実的なものであるのではなく、何らかの過程の終わりの時点にいたってようやく創出されるものだからである。いいかえれば、政治学にとって秩序は、人間意志から独立しているのではなく、ひとえに人間意志によってのみ支えられているからである。こうした理由から、いまや政治学は一つのア・プリオリな学問となる。もちろんそれは、政治論の諸原理が永遠的なものだからではなく、「正義と衡平、また逆に不正義と不衡平とはいったい何であるかを認識する原理、すなわち正義の原因たる法と協定を、われわれ自身が創造する」[79]からである。またこうした理由から、政治学はもはや古代におけるように、政治的生活に向かって完全な国家という永遠に同一的な模範を想起させる、という役割を果たすのではなく、本質的に未来に属する完全な国家のプログラムを一番最初に構想する、という独自近代的な課題をもつことになるのである。哲学に加担して歴史を抑圧することは、実際には、未来に加担して過去を「――永遠なるもののイメージである古典古代を」抑圧することを意味する。すなわち、「学問においては、……かつてあったものの諸原因というよりむしろ、未来においてありうるであろうことの諸原因が探求される」[80]。「……実際、かつてあった取り戻し難い過去に通暁する(cognosco)ことよりも、どうしたらわれわれは現在の諸原因を最もうまく利用できるかを知る(scio)ことの方が、より価値があるのである」[81]。

人間世界の秩序は超人間的な秩序に基づいているのではなく、ひとえに人間意志のなかにのみその根拠を有するのだとすれば、人間世界の秩序にとっての哲学的ないし神学的保証といったものは何ら存在しないことになる。その場合人間が、己れの世界を秩序づける能力が自らに備わっていると確信できるのは、人間が現に秩序づけの活動を行なっている、という現実性によってのみである。すなわち、まさしくホッブズの前提のもとでこそ、ひとは典型的歴史に安住することはできず、現実的歴史(wirkliche Geschichte)へと立ち戻らなければならないのである。こうして、はじめは典型的なものと考えられていた自然状態は、再び歴史事実上《ヒストーリッシュ》の意味を獲得することになる。――ただしそれは、絶対的な無秩序状態としてではなく、きわめて欠陥に満ちた秩序状態としてである。そして、自然の征服に関して、「いにしえの野蛮」から「現代」へといたる、現実的歴史のなかで立証できる進歩は、人間世界の秩序づけに関して、これからなされるべきいっそうの進歩への可能性を保証してくれる。[82] だから、現実的歴史は、これまでになされた進歩の認識を通して、これからの進歩の可能性を保証するという役割を果たすのである。現実的歴史はしかるのちに――歴史事実上《ヒストーリッシュ》はおそらくそれよりもまえに、ということさえありうるが――、過去の力、古代の権威、「もろもろの偏見」といったものから人間を解放するという役割を果たす。権威は、自らの歴史的素性が明らかにされることによってその名望を失う。歴史事実に即した批判の結果として、人類の限界は自ら設定した限界であり、したがってまた超克可能なものであることが明らかになる。はじめから人間を拘束する超人間的秩序といったものは存在しないのであるから、そして人間は宇宙のなかで何らかの位置をあらかじめ所有するのではなく、自らその位置を創造するのであるから、それゆえに人間は己れの力の限界を意のままに拡張することができる。実際、およそ人間というものが己れの限界を意のままに拡張できるということは、進歩の物語《ゲシヒテ》としての歴史《ゲシヒテ》が現に証明しているところであり、[5] これまでの限界が超克されうるということは、歴史事実に即した批判としての歴史（Geschichte als historische Kritik）が証明しているところである。いかにしてまず最初に哲学から歴史への転回が、ついで哲学それ自体の歴史化（Historisierung）が生じるかといえば、それは、これまで人間理性がそれによって導かれてきた超越的、永遠的な秩序への懐疑、それゆえ理性の無力さについての確信に根ざしているのである。

VII　新しい道徳

ホッブズは、哲学が、哲学によって打ち建てられた、あるいは根拠づけられた規範を応用するためのいかなる方法も示していないことを見出すがゆえに、哲学から歴史へ転回するが、かれは、(伝統的)規範の応用に関して、人間の自然の直接的研究に依拠した教えを発展させる可能性、ないし、いわゆる応用不可能な伝統的規範を他の原理的に応用可能な規範によって取って代える可能性を見つけるや、哲学へ帰っていく。しかし、かれは、最終的には、単に伝統的規範の応用可能性ばかりでなく、その妥当性にも異論を唱える。この決定的な一歩をかれが踏み出しえたのは、まさにかれの政治学以上に雄弁かつ忠実な表現を見出しえない、新しい信念(*Gesinnung*)によってであった。この信念によって生命を与えられることによってはじめて、哲学から歴史への転回を可能ならしめた分別の道徳〔功利主義的道徳 utilitarian morality〕は、のちの時代にその勝利を決定的なものたらしめた、情熱と烈しさを獲得したのである。応用という原理が単にホッブズの政治学の形式と方法を規定するのに対して、この信念はその政治学にそれに固有の内容を与えるのである。〔事実またこの信念は、ホッブズにとって、かれが数学と自然科学に没頭する以前からすでに、基準となるものなのである。*〕

新しい信念はさしあたって伝統的理想の地平の内部に出現する。伝統的規範はホッブズにとって自明であるがゆえに、かれはもっぱらこの規範の実現、その応用の問題に従事する可能性をもつ。それゆえ、情動、性格、気質、意図、および動機のような現象が関心の中心となる。このような現象の認識の手段を（伝統的）哲学は提供しないが、しかしとりわけ歴史がそれを提供する。[1] そしてすべての歴史家のなかでは、ホッブズの見解によれば、トゥキュディデス以上に偉大な歴史家はいない。トゥキュディデスは「かつて著述した最も政治的《ポリティック》な歴史家」である。それは、かれが、他のいかなる歴史家よりも巧みに支配の秘儀を教示するからではなく、むしろまず第一に、教条的に戒律を提示する代わりに、読者がその戒律を、経験から明らかとなる教えと同様に、深く独力で洞察することができるように助けるからであり、第二に同時に、このような種類の認識に固有の困難さを意識しているからでもある。かれの歴史的著作はいかなる「振る舞いや政策についての……賢明な言説」も、「戒律の隠し立てのない伝達」も含んでいない。むしろそれは純粋に物語である。すなわち、トゥキュディデスは出来事の継起を忠実に辿るばかりでなく、むしろ主として「あらゆる行為の根拠と動機を、かれは、行為それ自体よりもまえに、書き留める。……行為ののちに、適当な機会があれば、かれはそれらの根拠と動機についてかれ自身の判断を下し、いかなる手段を用いれば、成功が促進され、あるいは、阻止されるようになるかを示す」。かれはこうして、物語を通して「善い意図と悪い意図の成り行きと結末」を叙述し、しかも、動機と計画と結果の関連についての判断が、具体的な経験から生じてく

＊　この部分は英訳版では削除されている。——訳者付記

るようにすることによって、読者に、哲学がこれをなしうるよりもはるかに深く教えるのである。(2) トゥキュディデスにとってはまず第一に動機が問題である。最も影響力のある動機は情念である。[1] トゥキュディデスが他の歴史家よりも抜きん出ているのは、とくに、かれが、人間の共同生活を主に規定している、かの通常は無視されている情念を話題にしているからである。かれの洞察の深さは、それにふさわしい表現を、その文章の曖昧さのなかに見出している。「曖昧さは……文の深遠さに由来している。すなわちそれらの文は、偽られたり、あるいは、一般的には論じられていないけれども、なおも人びとの公的な会話において現に人びとに最大の支配権をふるっている、人間の情念についての熟考を含んでいる」(3)。情念、一般に動機の認識はそれに固有の困難さを伴っている。そしてこれがホッブズがトゥキュディデスを「かつて著述した最も政治的な歴史家」として特徴づける第二の根拠なのである。すなわちトゥキュディデスは、およそ動機の認識に付き纏っている限界を充分に意識している。……「(かれは) 行為それ自体が明らかにかれを導いていく以上には、人びとの心のなかへ (決して入ってはいかない)」。というのも「内面の動機は……推測するしかないからである」(4)。〔自己認識の途上においてのみ、ひとは他の人びとの動機の認識に到達しうるのである。それゆえトゥキュディデスはこう書いている。かれの読者は「自ら、行為者たちの意向と意図の出所をつきとめることができる」(5)。〕* こうして、ひとは、なかんずくトゥキュディデスから、情念の本質が何であり、情念を認識する方法の本質が何であるかを、学ぶことができるのである。とくに「人びとの公的な会話において最大の支配権をふるっている」かの情念に関してトゥキュディデスによって教示されながら、ホッブズは、このような情念を取り扱っている、トゥキュディデスの翻訳への序論の簡潔な叙述のなかで、かれにとって基準となる信念をはじめて話題にしている。

＊　この部分は英訳版では削除されている。――訳者付記

情念についての深い認識は、人間の共同生活の正しい秩序に関する問い、とくに、最善の国家形態に関する問いに答えるための必要条件である。ホッブズは最初から君主政が優れているとした。ひとは、伝統的、自然神学的論証が君主政の優位性をかれにもともと納得させた、と期待するであろう。(6) この期待は、トゥキュディデスの翻訳への序論によって、裏切られる。というのもこの初期の著述においては、伝統的論証は一度も言及されていないからである。ホッブズがその論証を当時すでに否認していたとは、われわれは信じないが、しかしそれが当時すでにかれの興味をもはや惹いていなかったことは確かである。かれは、はじめから、最善の国家形態に関する問いに、人間の本質、つまり、宇宙のなかで人間の占める位置を遠望(*Hinblick*)しつつ、解答を与えようとはせず、むしろ人間の生の経験と応用を顧慮(*Rücksicht*)しつつ、そしてそれゆえとくに情念を顧慮しつつ、解答を与えようとした。哲学者たちはいつも、自然神学的論証とそれに類似した論証によって支持されながら、君主政の優位性を主張しようとした。――この優位性は、もしも君主政が経験を根拠として、つまり、情念の研究を根拠として、最も適当な国家形態であると証明されるならば、はるかに明白となるにちがいなかった。

ホッブズは、トゥキュディデスの翻訳への序論のなかで、もっぱら情念の力を顧慮しつつ、君主政の優越性を基礎づけている。しかもかれは、君主政の優越性について語るというよりも、むしろ他の

国家形態の短所について語っている。つまり、欠陥の認識が正しいものの認識に導くのである。〔2〕まず第一に民主政に関していえば、そこにおいては「知恵の名声と名誉を求めるデマゴーグたちの競争と論争」、すなわち「一般民衆の間で権威と支配」を熱望することが、一般の福祉にとって悲惨な役割を演じている。貴族政においては事態はいっそう悪いものとなる。すなわち、貴族のおのおのが「首長たらんと欲する。そして過小評価された人びとは、そのことを、民主政におけるほどには忍耐力をもって耐えることができない」[7]。人間の共同生活を規定している情念は、地位と上位を得ようとする努力と、その努力のさまざまな変様である。そしてそれが実情であるがゆえに、君主政は最善の国家形態なのである。というのは——ひとはこのように補足しなければならないのだが——君主政においては、他の国家形態におけるほど悲惨な仕方では、かの努力は作用しえないからである。

　君主政の優位性の第一の前提は、こうして、地位と上位を得ようとする努力は危険な情念であるという確信、あるいは、われわれは以前の叙述[8]に従っていいたいのだが、虚栄心は最も危険な情念であるという確信である。ホッブズがトゥキュディデスの翻訳への序論を書いた時期にはすでにこの見解をもっていたということを、つぎのような事実もまた証明している。すなわち、その著作の献辞のなかで、二代目デヴォンシャー伯爵の徳を称揚しつつ、かれは、この主人はいま触れられた情念から完全に自由であったと、少なくとも三回は強調している[9]。虚栄心はホッブズにとってはじめから諸悪の根源であった。というのも、虚栄心のなかにかれは人間を元来盲目にする力を認識していたからである。人間は自分自身については良き評価をもちたがるものであるがゆえに、自分の力と知性の限界を明らかにするような事実を承認することを拒絶する。虚栄心はこうして人間が自分の現状を認識するのを妨げる。虚栄心は成功によって育まれる。こうして人間は幸運よりも不運からより大きな利益を得る。すなわち、不運はかれが自分の力と知性を過大評価するのを妨げ、かれを恐怖させるのであり、そして恐怖は良き助言者である。虚栄心が盲目にする力であるように、それとは正反対である恐怖は、人間を啓蒙する力である。恐怖と孤独が並列されると同様に、虚栄心と公開性が並列される。人間は、自分自身についてもっている、あるいはもちたいと思っている良き評価を、他人から与えられる承認によってのみ、確信することができる。それゆえかれは、自分の弱さ、自分の弱さの意識、すなわち自分の恐怖を、他の人びとから隠さなければならない。他方でかれは、自分自身には自分の恐怖を告白することができる。それゆえかれは、きわめて厳しい譴責や、自己愛をひどく傷つける助言を、それらが私的に耳に入りさえすれば、あらゆる公的な非難よりも好むのである(10)。こうして、人間を盲目にする虚栄心が公的生活を支配し、しかも人間に良き助言を行なう恐怖は、孤独のなかでしか、あるいはきわめて親密な友人の間でしか、現れようとしないがゆえに、そしてそれゆえ、個人としての個人は、原則的に、集合としての集合よりも理性的であるがゆえに、それゆえにこそ、君主政が最善の国家形態なのである。

上述した関係はトゥキュディデスの翻訳への序論以降、ホッブズの政治学の発展の全行程を通して、その根本を形成している。われわれは第II章で虚栄心と恐怖の対立の根本的意義を論じた。ここでさらに想起されなければならないのは、ホッブズが政治学のあらゆる叙述においてこの対立を君主政と民主政（ないし貴族政）の対立に関係づけることに、とりわけ固執し続けたということだけである(11)。虚栄心が人間を自然によって規定しているがゆえに、一般に、国家が必然的であるばかりでなく、とくに、公開性——虚栄心のエレメント——が最も影響力をもたない君主政こそが最善の国家形態なのである。

政治論の根拠づけとその目標設定の本質的内容〔実質〕に関しては、トゥキュディデスの翻訳への序論から最も後期の著作にいたるまで、何ら変化はなかった、とわれわれは結論する。変化したものは、なかんずく、根拠づけの方法である。すなわち、ホッブズはもともとは主として歴史（からの帰納）に依拠するが、のちには主として情念の直接的な研究に依拠するようになる。ただ根拠づけの方法だけが、したがってまた叙述の方法だけが、ユークリッドの原理の「発見」によって決定的に影響されえたのである。

こういったからといって、ホッブズが、恐怖－虚栄心の対立によって表現される、かれにとって基準となる信念のすべての含意を、最初から完全に明らかに自覚していた、というわけではない。もともとかれは恐怖をたしかに正しい振る舞いの主要な動機とはみなしたが、その充分な動機とはみなさなかった。「恐怖は……良き助言はするが、良き実行はしない」(12)。この文章はベーコンの随筆「大胆について」(13)のつぎの結論を想起させる。「……大胆はつねに盲目である。というのは、それは危険や不便がみえないからである。それゆえ、大胆は助言には良くないが、実行には良い。……というのは、助言においては危険がみえるのが良く、実行においては、危険がはなはだ大きければ別だが、それがみえないのが良いからである」。計画と実行の区別は、二種類の徳の区別、すなわち計画の徳と実行の徳の区別へ進んでいく。ホッブズがその政治学の初期の叙述において企てた、平和の徳（正義と衡平）と戦争の徳（名誉）の区別を、われわれはこの意味において理解するのである。しかし名誉は貴族の徳である。[14]ホッブズがもともと貴族の徳を承認しえたのは、恐怖についてのかれの最初の理解に根拠づけられている。のちにはかれは「恐怖」によって単に正しい計画の動機だけではなく、正しい実行の動機をも理解するのである。「人間が自分自身を守るのは、恐怖を通してである。すなわち、もしもかれらが他の方法では逃げられないと思うならば、たしかに逃亡や避難所によって、しかし、最も頻繁には、武器と防御の道具によって。こうして、あえて前進しつつ、各人はお互いの精神を知ることができるようになるのである」[15]。こうして、恐怖がすべての正しい振る舞いの充分な動機、なかんずく、国家の根拠づけの充分な動機とみなされることによって、恐怖から――暴力による死に対する恐怖から――は生まれず、しかもその本質が恐怖を征服したり否認することにある徳を承認することは、不可能となるのである。恐怖についての自分の概念を完全に明らかにしたからには、ホッブズは貴族の徳を放棄しなければならない。というのも「名誉」と「恐怖」は相互に調和しえないからである。「恐怖は、自分自身の弱さの意識を露呈する、何らかの不名誉な行為以外によってはほとんど明らかにされえない」[16]。ホッブズによってもともと平和の諸徳とならんで戦争の徳として承認されていた名誉は、最終的には、正義と真っ向から対立し、したがって徳一般と真っ向から対立するにいたる。ホッブズは『法の原理』ではなおも「戦争における諸行動の唯一の法は名誉である」と述べていたが、『リヴァイアサン』では「力と欺瞞が戦争においては二つの枢要な徳である」[17]といわれている。「名誉」を「力と欺瞞」によって置き換えることによって、ホッブズがほのめかしているのは、かれが従来「名誉」として評価していたところのものをいまでは根本的に不正義であり、不正義の言い逃れにすぎないと見抜いていたということである。かれはこのような不明瞭な批判にとどまらずに、こう述べている。「……ある行為が（偉大であり困難であり、したがって、力が大きいことの徴しであるならば）、それが正しかろうと不正であろうと、名誉であることに変わりはない。というのは、名誉はひとえに力についての評価に関わるからである。それゆえ古代の異教徒は、神がみをかれらの詩のなかに、強姦や窃盗や、他の偉大ではあるが不正不潔な行為を犯すものとして取り入れたときにも、かれらは、神がみの名誉を汚したとは思わず、それを大いに高めたと思っていたのである。ユピテルにおいてはかれの姦通ほど有名なものはないし、メルクリウスにおいてはかれの欺瞞と窃盗ほど有名なものはなかった……」[18]。そして戦争の徳としての名誉は勇敢さと同一のものであるので、名誉の徳としての性格の否定は、勇敢さの徳としての性格の否定を意味する[19]。ホッブズは最終的にはすべての徳の根拠を暴力による死に対する恐怖のうちに見出すがゆえに、かれは最終的には、自己の生命を危険に晒させる人間のいっさいの義務を疑問視し、したがって勇敢さを義務として評価する根拠を疑問視しなければならない。「軍隊が闘うとき、一方の側で、あるいは、両方の側で、逃亡がある。だが、かれらが裏切りからではなく恐怖から逃亡をなすときには、かれらはそれらを不正義になしたと評価されるのではなく、不名誉になしたと評価されるのである」[20]。勇敢さはある一定の職業、つまり戦士という職業の徳たりうるかもしれない――しかし、それは人間の徳として妥当することをやめる。

ホッブズの道徳思想はこうして明らかに認識しうる変質を遂げてきた。貴族の徳に対する当初の承認から、ホッブズは、貴族の徳に対して次第に断固たる批判へ進んでいった。もともとすべての徳を包摂していた貴族の徳は、のちには、単に戦争の徳としてのみ承認された。それ以後、貴族の徳は、「掠奪が生業《なりわい》であった」野蛮な時代の徳へと、つまり自然状態の徳へと引き下げられた[21]。最後には、貴族の徳にはいかなる道徳的な価値も否認された。名誉は徳論から情念の分析へ追放されたのである。[22]それはこうしていっさいの義務を負わせる力を喪失したのちには、さしあたって、詩のなかにその最後の隠れ家を見出した。ホッブズは、徳としての名誉について、「英雄的な徳」を特徴づけた際に最も詳しく述べているが、われわれがすでにみたように、[23]英雄的な徳は、かれにとっては、名誉と同一であった。しかしながら、「英雄的な徳」の特徴づけは単に英雄詩の説明のなかにのみ見出される。しかし、往時の徳としてであれ、詩の徳としてであれ、英雄的な徳が主張されえたのは、ホッブズが最初の人間として、その射程を完全に意識しつつ展開した新しい価値評価が、まだ世論を支配していなかったかぎりでのことであった。それ以後は、ひとは、歴史や詩のなかでさえも、英雄にはもはや我慢できなくなった。歴史や詩は「単に王たちの事柄」ではなく、とりわけ「庶民の事柄」を取り扱うべきである、すなわち、それらは「英雄的であるよりもむしろ身近である」べきであることが要求されるような時代が到来したのである。[24]

数学的・自然科学的諸問題にホッブズが次第に通暁していったことと、貴族の徳に対するかれの批判が先鋭化したこととの間に何らかの関連があるかどうかは、未解決のままに残されている。いずれにしても、その批判の基礎は、人間を盲目にさせる力としての虚栄心が諸悪の根源であるという洞察であり、この洞察は、あらゆる関係からみて、ホッブズが自然科学に従事したことには依存していない。というのも、ホッブズの得意(Ruhm)に対する批判と同様に、名誉に対する批判は、まさにそれらが虚栄心の変様であることを意味しているからである。

貴族の徳に対する批判は、最初は、名誉を分別によって置き換えることを意味した、と仮定しうるかもしれない。この置き換えは一六世紀が経過するなかで成就されたように思われ、また、とくに哲学から歴史への転回を基礎づけているように思われる。(25) 事実、後期の著作においてよりも、ホッブズが歴史へのはるかに強い関心を示している政治学の最も早い時期の著作において、(26) かれは分別について、それは「徳一般と同一である」と述べている。それにもかかわらず、『市民論』と『リヴァイアサン』の対応する箇所においては、分別はもはや一度も言及されていない。しかも『人間論』においては、分別に対しては道徳的価値は明らかに完全に否定されている。(27) 貴族の徳に対するホッブズの批判は、それゆえ、名誉の分別による置き換えを決して意味してはいない。名誉の位置を占めるのは、むしろ正義と隣人愛である。ホッブズの見解によれば、唯一の道徳的な徳であるこれらの徳は、しかしながら、その究極的な基礎を暴力による死に対する恐怖のなかにもっている。貴族の徳に対する批判は、こうして、究極的には、名誉を暴力による死に対する恐怖によって置き換えることを意味する。そして、たといひとがホッブズの道徳を分別の道徳と特徴づけることができるとしても、それは、この道徳はその基礎を、それ自身において分別があるわけではなく、むしろ分別を教えるだけの暴力による死に対する恐怖にもっている、という本質的な限定を伴ってのみのことなのである。分別へと有無をいわせずに強制する力への還元による、分別の道徳の根底的な根拠づけというまさにこの試みこそが、ホッブズの政治学に固有なものなのである。このような還元によってのみ、ホッブズは道徳的な動機と無道徳的な（あるいは反道徳的な）動機とを区別する可能性を獲得するのである。

ホッブズの道徳の具体的な意義は、かれの最も後期の著作の一つ、すなわち『ビヒモス』において最も明瞭に現れている。内乱の原因と経過の批判的叙述は主として長老派の聖職者たちとブルジョワジーに向けられている。主としてこれら二つの集団が、ホッブズの主張によれば、内乱の勃発に対して責任を負っている。長老派の聖職者たちはブルジョワジーの利害に一致しながら説教した。「かれらは説教のなかで商売人または手工業者の営利的な悪徳を決して糾弾しなかったか、あるいは、ほんの少しばかり糾弾したにすぎなかった。虚偽、嘘、騙り、偽善、あるいは、牧師や信徒に対する慈悲の欠如以外の、他の無慈悲のようなものを糾弾したにすぎない。そのことは一般の市民と市場町の住民にとっては大きな慰みであり、かれら自身にとっても少なからぬ利益であった。……かれらは、実際、非常な熱意と厳格さをもって、二つの罪、すなわち、肉欲と虚偽の誓約をしばしば糾弾した。そのことは、疑いもなく、きわめて首尾よくなされた。しかし、一般の人びとはそのことによってつぎのことを信じる傾向があった。十戒の第三番目の戒めと第七番目の戒めにおいて禁じられているもの以外は、いかなるものも罪ではなく、それゆえ、不貞からのみ自分を守ったり、あるいは、少なくともそのような醜聞から自分を守ることに努力する以外には、詐欺や悪意という行為にはさして躊躇も感じなかったのである。……それでも、聖職者のうちの何人かは、しばしば、抑圧するなと、実際に諭した。……だが、それは抑圧することから充分に自由であったような人びとのまえにおいてであった。つまり、自分自身は抑圧されており、決して抑圧者ではないとたやすく信じ込む一般の人びとを、わたくしは意味しているのである」(28)。このように長老派の聖職者たちによって支持されたブルジョワジーは革命の自然な担い手であった。「……ロンドン市と他の大きな交易都市は、北海沿岸の低地帯地方がその君主であったスペインの王に反旗を翻して以後に大いに繁栄したことを賞賛しつつ、自分たちの都市の統治が同じように変化すれば、自分たちにも同じような繁栄が産み出されるであろう、と考える傾向があった」(29)。「……これらの大きな主要な都市は、反乱が不平不満を口実に起こるときは、反乱者の側に必然的に味方せざるをえない。というのも、不平不満は税金のみであり、市民、すなわち、その職業が自分の私的な利潤をあげることである商人は、当然、税金の不倶戴天の敵であるからである。けだしかれらの唯一の名誉は売買という才知によって際限なく裕福になることだけであるからである」。そして、「しかしかれらは、より貧しい人びとを仕事に就かせることによって、あらゆる職業のなかでも、国家にとって最も利益をもたらすものであるといわれている」という反論に対しては、ホッブズは、あたかもブルジョワジーにはいかなる価値をも認めないかのようにつぎのように答えている。「すなわち、貧しい人びとに、その労働力を自分たちに自分たち自身が決めた価格で売らせることによってであり、その結果、貧しい人びとの大部分は、糸を紡いだり、機を織ったり、あるいは、自分たちにできる他の労働をすることによってよりも、監獄のなかで働くことによって、より善い暮らしを手に入れることができるかもしれないのである……」(30)。こうしてホッブズはブルジョワジーの断固たる敵であるように思われる。それにもかかわらず、もしひとがもっと注意深く観察するならば、ホッブズは、真実には、イギリスのブルジョワジーの政策に反対しているのであって、ブルジョワジーそれ自身、その存在とその理想に反対しているのでは決してない、と気づくのである。かれの究極の言葉は、ブルジョワジーはすべての革命の自然な担い手であるということはなく、むしろかれらがそのような担い手であるかぎり、かれらは自らの真の利益に背いているということ、そして、もしもかれらが私的な利潤への欲望を正しく理解するならば、かれらは世俗的な権威に無条件に服従するであろうということなのである。「わたくしは、手工業や交易によって裕福となった臣民の大部分は、自らの目先の利益以外のいかなるものにも決して目もくれない人間である、とみなしている。すなわち、かれらは、目先の利益にかなっていないすべてのものには、ある意味で、盲目であり、掠奪など考えただけでもうろたえてしまうのである。もしもかれらが、その合法的な主権に服従することによってその富を保存することがいかに有益であるかを理解したならば、かれらは議会に決して加担しなかったであろう……」(31)。ホッブズは単に自己の利害を正しく把握するブルジョワジーに反対しないだけではなく、かれの政治学によって根拠づけられた理想はまさにブルジョワジーの理想であるがゆえに、ブルジョワジーを哲学的に正当化しさえするのである。なるほど、かれは「際限なく裕福になろう」とする欲望を非難したが、「正当かつ適度に富むこと」は「私的人間における……慎慮(32)」である。なるほど、ホッブズは貧しい人びとを搾取することを非難する。しかし、「人間の労働もまた利益になるものやその他のあらゆるものと交換可能な商品である(33)」ということは、かれにとって自明のことである。［というのは、「契約が行なわれるすべてのものごとの価値は、契約者の欲求によってはかられる。だから、正しい価値はかれらが満足して与える額である[3]」。］私有財産と私的利益はそれ自体としてはほとんど非難されないどころか、むしろすべての平和的な共同生活にとって不可欠の条件なのである。「国内の平和の維持のためには、騒乱に関してはいくつかの原因があるので、必然的に考慮され、配慮されるべきそれだけ多くの事柄がある。そしてまず第一に、すべての臣民に、かれ自身の努力を行使し、その努力の利益を手に入れることができるように、かれの財産や、明確な土地や財貨を、設定することが必要である。けだし、それらがなければ、人間たちは、アブラハムとロトの牧人たちがそうしたように、仲間割れをし、共同の利益をできるだけ多く侵害し強奪することになるからである。そしてそれは諍いと騒乱に導くのである」[34]。対外的な平和と国内の平和のつぎには、個々人の致富の自由が人間の共同生活の最も重要な目標である。すなわち、主権は——平和への顧慮を別にすれば——「市民が、公的安全と両立しうるかぎり、より豊かになり、他人に害を与えない自由を充分に享受することができるよう」[35]配慮すること以上のいかなる義務ももたないのである。というのも、物質的な財とそれを獲得するための手段のほかには、いかなる真の財も存在しないからである[36]。学問さえも——それが個々人に提供する喜びがいかなるものであるかにかかわりなく——人間の力と人間の福祉の増大以外には、他のいかなる公的に擁護しうる目的ももたないのである[37]。福祉は主として労働と倹約によって獲得される。自然の賜物は、福祉にとっては、交易と勤勉よりも重要ではない。「市民を豊かにするためには、二つのもの、すなわち労働（labor）と倹約（parsimonia）が必要である。たしかに第三番目のものも、すなわち、大地や海の自然の賜物も、それに資する。……最初の二つだけが必要である。というのも、海の孤島に建てられた、住む場所に役立つ以上には大きくはない都市も、播種も漁もしなくても、交易と手工業だけで、豊かになることができるからである」[38]。それゆえ、収入や資産ではなく、浪費のみが課税されるべきなのである。浪費に対する課税は、倹約に対する報奨であり、奢侈に対する刑罰である[39]。政府は、自分自身では自分を扶養できない人びとに、身体さえ丈夫であれば、労働を強制し、それゆえ労働ができるように配慮する義務を負うとともに、他方において、倹約を奨励すべく過剰な支出を禁止する義務を負うのである[40]。服従と正しい信念［「正義と愛」］のつぎに、ホッブズが明らかに徳として承認するのは勤労（*Arbeitsamkeit*）と倹約（*Sparsamkeit*）のみである。労働と倹約とは異なって、戦争は福祉への確実な道ではない。せいぜい「世界中が住民で満ち溢れたときにのみ、その最後の治療法が戦争なのである」[41]。しかしこのような極端な場合が生起しないかぎりは、戦争は単に防衛のためにのみ遂行されるべきであり[42]、しかもその目的のためには傭兵の軍隊を維持するのが最善である。こうしてリヴァイアサン〔国家〕とその臣民の関係は逆転する。公正かつ中庸を得た致富に専念し、また労働を他の商品と同様に売買し、さらに、わけても自分たちの防衛の労働をも賄うことのできる個々人に雇われているひとこそが、国家権力なのである。「主権によって人民に課せられる賦課金は、いろいろな商売や職業を営む私的な人びとを防衛すべく、公共の剣をもつ人びとに対して、当然に支払うべき賃金にほかならないのである」[43]。私的な人びとを保護しなければならない王とその職業軍人たちは、それゆえ、善かれ悪しかれ、勇敢でなければならない。「勇敢さは王の徳である。そしてそれは兵士のような私人においても必要ではあるけれども、それにもかかわらず、他の人びとの場合には、かれらがより大胆でなければないほど、国家にとっても、かれら自身にとっても、より好ましいのである」。そして、市民が自らの徳について王の徳によって惑わされるどころか、王に対してむしろ市民の徳が模範として押し立てられるのである。「(おそらく諸君は奇妙に思われるであろうが)質素はまた王の徳でもある。というのはそれは、公的な使用のためにはいくら大きくても大きすぎるということはありえない、公的な貯えを増大させるからである……」[44]。王はブルジョワジーの精神と利益において絶対的に主権を行使する。かれは法の前の平等と法的保護に配慮する。かれは貴族の尊大さと横柄に反対する[45]。かれは、世襲的な特権ではなく、単に個人の能力だけを考慮して、自らの助言者を選択する[46]。たといどんなにホッブズが個人的には貴族を尊重し、貴族の特定の性質を評価したとしても――かれの政治学はブルジョワジーの生活秩序の名において貴族の生活秩序[4]に対立している。かれの道徳はブルジョワ世界の道徳である。ブルジョワジーに対するかれの非常に辛辣な批判でさえも、つまるところ、ブルジョワジーに自らの生存のための根元的条件を想起させること以外のいかなる目的をも有してはいない。その条件とは、精励（Fleiß）や倹約、つまり、ブルジョワジーに固有の努力ではなくして、ブルジョワジーが自分自身では確保しえない、身体（Leib）と生命（Leben）の安全である。この理由から、主権には所有権に対してすら無制限の処分権が承認されなければならないのである。というのは主権はそのような条件のもとにおいてのみ臣民の身体と生命を有効に保護することができるからである。換言すれば、貧困や圧政や名誉の毀損が最大かつ最高の悪なのではなく、暴力による死、ないしは、暴力による死の危険こそがそうなのである。そしてホッブズが都市の人びとよりも田舎の人びとを好んだとしても(47)、それは社交の虚偽の喜びよりも自然状態の恐ろしさを好んだということ以外の意義をもってはいないのである(48)。ホッブズが自然状態の恐怖を「評価する」唯一の理由は、このような恐怖の意識の上にのみ真に持続的な社会は依拠しうるからである。もはやこのような恐怖を経験しえないブルジョワ的存在は、それを想い起こすかぎりにおいてのみ永続するのである。この洞察によってホッブズは、かれの敵対者のなかでも、かれのブルジョワ的価値評価を原理的には共有するけれども、かれの自然状態の解釈を拒絶した人びととは、異なっているのである(49)。

　ホッブズがのちの人びとよりも深く見抜いていたことをヘーゲル以上に明晰に認識していたひとはいなかった。ヘーゲルのブルジョワジーの分析を通して、われわれが試みたホッブズの道徳とブルジョワの道徳の等置は、確証される。というのも、ヘーゲルはブルジョワを公正かつ中庸を得た致富やそれに類するものによって特徴づけることでは満足しないからである。明らかにホッブズを継承しつつ、かれは、暴力による死の危険に対する保障、勇敢さの徳としての性格の否定、それとともに暴力による死に対する恐怖こそが、ブルジョワ的生存を可能ならしめる条件である、と強調する。(50) そして、ヘーゲルは暴力による死に対する恐怖をブルジョワ的生存の根拠として追認するように、かれはホッブズの自然状態の解釈を後代の人びとのそれよりも優れたものとする。「ホッブズはこうしてこの状態をその真の意味において把握したのであり、かれは自然的善き状態について空虚な無駄話をしてはいない。この自然状態はむしろいまだに個々人の意志が抑制されていない動物的状態である」。そしてたといヘーゲルがホッブズの「見解」を「浅薄で経験的である」(51)として拒絶するとしても、かれはなおも「その見解に対する根拠と命題は独創的な性格をもっている」と承認している。ヘーゲルのブルジョワジーに対する根底的な批判は、単にプラトン政治論の新しい理解によってのみならず、ホッブズに遡及される、ブルジョワの理想の基礎づけの新しい理解によって、可能となったのである。

ホッブズは自然状態を相互の恐怖の状態と規定することによって、人びとの間の本質的関係は、自然によって、つぎのようなものである、と述べている。すなわち、個々の人間は他の個々の人間のなすがままに委ねられている、と。しかし、もしも一般に人間がなすがままに委ねられていないならば、すなわち、もしも「自然が……人びとを引き離し、相互に侵害し破壊するようにさせて(52)」いないならば、このことは可能とはならないであろう。人間が見捨てられていること、換言すれば、創造と摂理の否定が、ホッブズの自然状態の解釈の前提なのである。人間が自然によって自らを良心において拘束するいかなる高次の力にも服していないがゆえに、それゆえにのみ、人間相互の関係は、相互の義務によってではなく、むしろ各人の各人に対する、正当な、あるいは、不当な要求によって規定されうるのである。ホッブズは『法の原理』のなかではなおも「それゆえ再び自然状態においては、人間は、相互の信約や服従なしに、あたかもたったいま突然に男や女として創造されたかのごとく考えながら」と語っていたが、『市民論』のなかでは「再び自然状態に戻り、そして人びとは、あたかも、相互にあらゆる拘束なしに、たったいま突然に、大地から（茸のように）出現し成人となった、と考えてみよう……」[53]と書かれている。もしも人間がこうして、冷徹な無関心さをもって、あるときはかれに害悪をもたらし、またあるときは利益をもたらす宇宙のなすがままに完全に委ねられているとするならば、かれはこの宇宙の「第一原因」に感謝しなければならないいかなる根拠ももっていないのである。ホッブズはつぎのように明言している。「神が人間を統治し、神の法を破る者を罰する自然の権利は、あたかも神の恩恵に対する感謝として神が服従を要求したかのように、神が人間を創造したことに由来するのではなくして、神の抗い難い力に由来するのである」[54]。そして、もしも人間の自然的状況が感謝すべきいかなる根拠ももっていないとするならば、人間は、自らに訪れる幸運を、贈り物としてよりはむしろ危険としてみなすであろう。けだし、その幸運に対しては神に感謝すべきであるとはかれにはまったく思われないので、かれは自分こそが自らの幸運の源泉であると考えるであろう。「大きな繁栄は……人間をして自分自身を愛させる」[55]。もちろん、幸運は人間を盲目にするとは陳腐な言葉であるが、しかし、幸運は人間を単に盲目にしかしない、すなわち、幸運は人間を啓蒙することはできない——このようなホッブズに特徴的な見解によって、かれは伝統に対立するのである。もっと醒めたアリストテレスはこう述べていた。「繁栄するひとは、他人よりも自慢し、思いやりに欠けるという悪しき面をもつ。そしてかれらは、自分の勤勉から生まれるよりも大きな善を手に入れることに対して、神を信頼しつつ、神を崇拝するという善き面をもつ(56)」。アリストテレスの『弁論術』から引用された文章に依拠する、その人間学の部分で、ホッブズは幸運の悪しき帰結——高慢と不遜——にのみ言及している。幸運が感謝に値するものであることを、かれは理解もしなければ、理解しようともしない(57)。ただ不運のみが、なかんずく予見されない不運のみが、人間を教育する(58)。というのも、人間は、自己の虚しい夢想の世界に閉じこもることによって、自己の自然的状況の恐ろしさを、自己欺瞞しがちであるが、そのような自然的傾向に逆らってまで、現実の世界の抵抗を通して力ずくで、自己の状況を認識させられざるをえないからである。この世界とひとたび関わりあいをもったひとからは、喜びと同時に笑いが消え去らねばならない(59)。つまり、人間は真面目で、ひたすら真面目でなければならない。［生の甘美さというよりも、死の恐怖こそが、人間を生存に縋りつかせるのである[5]。］人間は、実際、宇宙の巨大な力《マハト》からは善ではなく、せいぜい暴力《ゲバルト》をしか経験しえないがゆえに、神の抗い難い力と呼べるかもしれない、人間の幸福や不幸にはまったく冷淡な運命のなすがままになりながら、人間には、自らを自分で助ける以外の他の選択は残っていないのである[6]。つまり、かれは、感謝しつつではなく、自己の自由に対する真面目で気の滅入るような自己意識のなかで、生きていかなければならない。自己の状況の恐怖に満ちた真面目さを不断に意識している人間には、自己の自由に高慢になるなどとは、思いもよらないであろう。そしてそれゆえ、かれは、なかんずく、自己の自由をその思弁の対象にしたり、自己自身をその自由において観察したり、その自由に喜びを見出したりすることに警戒するであろう。自由を理論的には——機械論的自然学によって——否定し、それを実践的には——かの自然学のおかげで可能となった自然の征服、とりわけ人間の自然の征服によって——主張することが、より善く、人間の状況によりふさわしいのである。自然を感謝をもって観察することや、いわんや人間を虚栄心をもって観察することは、明らかに、人間にふさわしいことではない。むしろ自然を利用すること、自然を加工することが人間にふさわしいのである。というのも、自然の当てにならない乏しい賜物を、自らの労働と努力によって増大したり、改善したりすることによってのみ、人間は自己を主張しうるからである。そして人間がその労働によって自然から独立すればするほど、かれが自然から遠く隔たれば隔たるほど、つまり自然の賜物を自分自身の自由な活動の背後に追いやれば追いやるほど、それだけいっそうその労働は評価されなければならないのである。(60) 農業や漁業よりも商業や工業のほうが優れているのである。ホッブズは、人間は自然に見捨てられているということから出発するがゆえに、かれは、幸運や、幸運な人びとや、かれらの感謝や笑いを信用せず、とくにまた、個人的には愛着をいだいていたにもかかわらず、その徳がまさに単なる「自然の徳」でしかない貴族を信用していないのである。すなわち、自らの幸運をもっぱら自分自身の業績や自分の真面目な労働にだけ依存させようとする人びとの側に、ホッブズは立っているのである。

ホッブズの政治学は、ブルジョワの徳の名のもとに貴族の徳に対して遂行された闘争の最も意義深い証言である、とわれわれには思われる。とりわけその闘争が政治学の内部で完遂されているがゆえに、ホッブズの政治学はその闘争を証明するものとなっている。ホッブズの政治学の生成は、ブルジョワの徳によって貴族の徳を一歩一歩押しのけていくこと以外の何ものでもない。というのも、ホッブズは、かれを規定している信念が貴族の徳の無条件的な放棄を要求することを、次第に明確に理解するようになっていったからである。しかしながら、その対立がホッブズに気づかれないままでありえたのは、ひとえに貴族の徳とブルジョワの徳の間には、両者の対立にもかかわらず[61]、ある根底的な一致が存在していたからである。

カスティリョーネの意味する貴族の徳と、ホッブズの意味するブルジョワの徳は、それらが文明化した人間の徳であり、しかもそうであるべきであるという点で一致している。教養の名においてカスティリョーネは、「軍人貴族」しか価値がないとする、古い、とくにかれの時代のフランス貴族によって代表された見解と闘った。たしかに、廷臣はつねに軍人たることをその主要な職業とし、「その他のいっさいの善き性質はその装飾として」演じ通すべきである。しかし、それにもかかわらず、勇敢さが本質的にその一部である道徳的な徳を除けば、「すべての人間の精神の真に主要な装飾は……学識である[62]」ことを、廷臣は知るべきである。つまり、戦争の目的は、征服ではなく、平和と防衛であり、従属させられた民族の野蛮な専制支配ではなく[63]、その文明化であることを、知るべきなのである。すべての戦争の粗暴さや「スキタイ的な」粗暴さと同様に、田舎の生活の粗暴さからも、廷臣は脱け出すべきである[64]。ホッブズと同様に、カスティリョーネの念頭に浮かんだものは、都市の理想であった[7]。こうしてカスティリョーネもまた、「商人に好意を示し、さらに国庫を使ってかれらを援助し」「私人の贅を凝らしすぎた建築や饗応……には制限を課すこと」[65]を君主の義務とみなしているのは、驚くには値しない。ホッブズとカスティリョーネは、両者とも古典古代の伝統の継承者であったがゆえに、一致しているのである、とひとは要約しうるかもしれない。実際、かれらはカエサルの理想とアリオヴィストゥスの理想の間で選択する必要はなかった。両者の深い嫌悪感は、カエサルの叙述によれば非ローマ人を特徴づけている、挑戦的な尊大さと残忍さの節度の無さに対して向けられているからである。中庸を守るという意味における、自分自身の限界の認識、人間性の限界の認識は、こうして、ホッブズにとって(66)と同様にカスティリョーネにとっても徳の必要条件なのである。「武人である紳士のなかに、われわれはいかに多くの喜びを見出すことか、そして、つねに自分を誇り、勇敢さを冒瀆して世界を震撼させるような他の人びとよりも、節度があり、寡黙で、自慢しない人間のほうが、いかに多くの賞賛に値することか(67)」。

しかしながら貴族の徳とブルジョワの徳とは、単に、両者が古典古代の伝統的な意味における文明の理想を前提としている点で、一致しているにとどまらない。古代人の素朴なおおらかさの喪失もまた、両者の理想の共通の前提である。このことから、カスティリョーネが気品について自分の「新語」(neues Wort)(68)を語るようになるのも理解される。気品は、自己表現の徳であり自分自身の技量を隠す技芸である、品のよい投げやりな態度に発する(69)。なるほどこの技芸は、カスティリョーネにあっては、自己表現と自己誇示の最高に洗練された形式にすぎない。しかし、この洗練が必要となったということ、このことは、自己表現がその素朴さを喪失してしまったことを示している。カスティリョーネの気品に関する議論に含まれている、単に自慢に対してのみならず、なかんずく、わざとらしさに対する批判は、徹底化されると、あらゆる自己確信を恐怖によって置き換えることに導く(70)。原則的に表現するならば、貴族の徳とブルジョワの徳とは両者とも自己意識の徳である。名誉として、つまり大度として理解される徳がこのような性格をもっていることは、いまさら詳説するまでもない。しかし暴力による死に対する恐怖、つまりホッブズの道徳の原理もまた、自己意識の一形態なのである。ホッブズが理解するような恐怖は、その恐怖に対する人間の態度を含み、(71) したがってまた人間は恐怖しなければならない根拠をもっているという意識をも含んでいる。すなわち、そのような恐怖とは、自分自身の弱さの意識なのである。(72) 貴族の徳という意味でも、またブルジョワの徳という意味でも、人間の正しい振る舞いは、もっぱら正しい自己意識から、すなわち人間個人の、他の個人との関係における自分自身についての意識からの流出として理解される。［すなわち、正しい自己意識とは、人間の本質存在についての、その存在を作り上げている高貴さと卑俗さについての知識としての正しい「自己認識」などではない。換言すれば、正しい自己意識とは、宇宙《コスモス》のなかで本質的に人間に与えられるべき場所についての知識ではなく、他の人間個人との関係における人間個人の、自分自身についての正しい意識であり、自らが他の人間個人と直面しているのに気づく、そうした状況についての正しい意識のことなのである。］そのかぎりでは、二つの理想は、正しい振る舞いの本質としてであれ、その本質的な契機としてであれ、服従を承認するすべての観念と対立しているのである。[8] ホッブズは、正義の代替として、「名誉ないし高慢」と同様に、恐怖をも導入することによって、この事情を表現する。(73) 名誉の原理と恐怖の原理との間での揺れ動きのなかで、ホッブズ政治学の生成は完成するのである。

VIII 新しい政治学

ホッブズの政治学の生成はつぎのような過程によって特徴づけられる。㈠最も自然的な国家〔形態〕としての君主政の理念から、最も完全な人工的な国家〔形態〕としての君主政の理念へ向かう運動、㈡道徳、法、および国家の基礎としての自然的な義務の承認から、道徳、法、および国家の自然的な要求からの演繹(そしてそれとともにすべての自然的な義務の否認)へ向かう運動、㈢超人間的な権威の——神の意志に基づく啓示であれ、神の理性に基づく自然の秩序であれ——承認から、国家の人間的な権威のみの承認へ向かう運動、㈣従来〔および現在〕の国家の研究から、未来の国家の自由な構成へ向かう運動、㈤名誉の原理から、暴力による死に対する恐怖の原理へ向かう運動。これらの移行運動の内的関連は、ホッブズの政治学の分析をまってはじめて明らかになるにちがいない。というのも、ホッブズ政治学とは、上に列挙された移行運動の最終段階を統一的に関連づけたものにほかならないからである。しかし、この関連の統一性は、ホッブズにとって基準となる信念の統一のなかに根拠づけられているのである。(1)

この信念は、長い過程の最後にはじめて現れるのでは決してなく、むしろその過程を最初から導いている。単にその信念それ自体だけではなく、その信念の普遍的意義の開示、および、その信念の前提と結果の関連全体の開示が、ホッブズの政治学の生成の帰結なのである。こうしてこの信念は、数学や自然科学によって影響されたその政治学の根拠づけや叙述よりも、単に内容的に〔実質的に〕「以前」のものであるばかりではなく、個人史的にみても、厳密な科学へのホッブズの専念よりも先行している。ホッブズの数学や自然科学の研究がその政治学にどのような促進的な影響や阻害的な影響を及ぼしたかが、なおも問われなければならない。換言すれば、この政治学がその最終的な形態を獲得するためには、この根本的な信念に何が付加されなければならなかったのかが、問われなければならないのである。

ユークリッドの「発見」以前においては、ホッブズにとって、伝統的（アリストテレス的）道徳論と政治論の権威は、なおも不動のままである。しかしながら、伝統的規範の妥当性とその応用可能性はかれにとって自明であるにもかかわらず、あるいはむしろそうであるがゆえに、かれの関心はこれらの規範よりもむしろそれらの応用の方法に向けられ、かれは徳と悪徳の本質を問うよりも、むしろ「徳を獲得しかつ悪徳を避けるための方法」を問うのである。そのうえ、それ自体としては二次的な応用の問題が中心的な問題となり、しかも、理性は根本的に無力であるという前提を根拠にして、そうなるのである。こうしてホッブズの歴史への転回は哲学的意味を帯びるようになる。すなわち、人間はいかにあるべきかについては伝統によって教授されつつ、歴史家たちの研究を通して、さらに歴史からの帰納を通して、人間がいかにあるかを、いかなる力が人間を現実に規定しているかを、かれは認識しようとし、このような認識を通して、伝統的な規範の応用のために諸規則を獲得しようとするのである。そのような種類の力として、かれはなかんずく情念を発見する。さらに、情念のなかでは、かれはとくに虚栄心と恐怖に注意を払う。この選択を導く観点は、情念の理性に対する関係であり、より正確にいうと、さまざまな情念が、無力な理性に代わって機能するのに適しているか、適していないかということである。というのは、虚栄心は人間を盲目にする力であり、恐怖は人間を啓蒙する力だからである。まさにこのことによって、この二つの情念が、人間の共同生活の基本的形態――公開性と孤独性――に、相互に明白に並列され、しかもこのことによって、最善の国家形態に関する問いに対する解答――君主政に対する留保なしの選好――が与えられるのである。たとい伝統的な規範が、もともとホッブズが自分のいる方向を確かめる地平を限界づけているとしても、本当にかれの関心を引くものは、かの規範ではなく、むしろそれは、ホッブズがはじめに把握したように把握されるならば、すなわち内容に即するならば、伝統的な地平の粉砕を前提としてもち、時間に即するならば、その粉砕を結果としてもつような、そうした現象なのである。[虚栄心と暴力による死の恐怖の対立を強調することによって、ホッブズはすでに伝統的な地平を越えて進んでいったのである。]

情念の研究のために、ホッブズはすでにその人文主義の時期に、単に歴史家(や詩人)を駆使していたばかりではない。かれは疑いもなく当時すでにアリストテレスの『弁論術』における情念の学問的分析を知っていた。その『弁論術』にホッブズの政治学がいかに多くを負っているかは、われわれがすでにみたところである。(2) 情念の分析を『弁論術』の様式で、すなわちその方法に従って叙述し、そうすることによって道徳的戒律の応用の理論を前進させることは、おそらくホッブズの最も初期のころの学問的野心であったであろう。もしもそのような計画が実行されたならば、『弁論術』のかなり自由で、かなり独自の翻案ができあがったことであろう。というのも、ホッブズははじめから、かれをアリストテレスから区別する、かれに固有の関心をいだきながら、情念とそれに類する現象に取り組んでいたからである。恥ずべき咎むべき情念と同様に、名誉として尊重すべき情念について、アリストテレスが強調しつつ語るのに対して、ホッブズにとって力点ははじめから「偽られた情念」、つまりその事実からして、非難すべき情念に置かれている。なるほどアリストテレスにとっても、否、まさにかれにとっては、「人びとの公的な会話において人びとに最大の支配権をふるっている」(3)かの情念が問題であるが、しかし、かれにとっては、ある情念の公開性との積極的な関係は、その情念を批判すべきことを意味しない。けだし、公的生活に現れてくる情念のなかには、非難すべき情念と同様に、尊重すべき情念もまた実際存在するからである。これに反して、ホッブズははじめから、人間に善き助言を与える情念、つまり恐怖は、公的な場にはまったく現れない、あるいは、ほとんど現れない、と考えている。(4)これに関連しているのは、ホッブズにとってははじめから幸運の盲目的な作用が前景に出ているのに対して、アリストテレスは幸運の善き結果と悪しき結果を同様に強調しつつ語っていることである。(5)このような『弁論術』からのきわめて注目すべき逸脱は、『弁論術』の主題に論及している、トゥキュディデスの翻訳への序論のなかの数少ない文章のなかにもすでに見出される。それゆえ、もしかりにホッブズがほぼこの時期に情念とそれに類似したものについて首尾一貫した意見を述べたとしても、かれは当時すでにアリストテレスとは根本的に異なった仕方で叙述していただろう、とわれわれは確信してもよいのである。〔もしそうした叙述がなされたとしたら〕この叙述がどのようなものにみえたであろうかは、『弁論術』の研究から出現したホッブズの人間学の中心的な諸章を、その手本と対比するならば、理解できるであろう。というのも、ホッブズがアリストテレスの解釈に施した変更の一部分は、数学と自然科学の影響から説明するのは不可能であり、他方においては、それはトゥキュディデスの翻訳への序論と『弁論術』との相違に完全に対応しているがゆえに、まさにこれらの逸脱は、アリストテレスに対するホッブズのもともとの留保とみなされうるかもしれないからである。けれども、この根拠のある推測がどうあろうとも――われわれが以下において試みる対比は、ホッブズの発展史についての関心よりも切実な理由から必然的となるのである。その主要な目的は、ホッブズが、『弁論術』の方法と袂を分かたなくとも、すなわち、ユークリッドの方法を採用しなくとも、アリストテレスから内容的に〔実質的に〕どれほど遠く離れることができたかについて、より正確な観念を伝えることにある。というのも、このことが確定してはじめて、ホッブズの政治学が数学に何を負わなければならなかったのかという問いに解答が与えられうるからである。

ホッブズがその手本に施した変更の大きな部分は、恐怖、より正確にいえば、死に対する恐怖は人間を啓蒙する力であり、虚栄心は人間を盲目にする力である、というかれの根本的な洞察によって説明される。恐怖についての評価の変更はつぎのような事実によって示されている。すなわち、ホッブズが善いものを列挙する際に、(6) 生命を第一の善として第一番目に挙げているのに対して、アリストテレスは第一番目に幸福を挙げ、生命を最後から二番目になってやっと挙げている事実、(7) ホッブズは、この関連において、(生命の)保護を保障するがゆえに善である、善いものをとくに強調しつつ語っているのに対して、アリストテレスにおいては、善を維持する善いものよりも、むしろ善を供給する善いものに力点が置かれているという事実、(8) ホッブズは、善いものを比較する際に、(9) アリストテレスから逸脱した形で、喪失した善を再び獲得することを、善そのものの恒常的所有よりも善いと公言している――すなわち、生命の甘美よりもむしろ死の恐怖が生命の価値を明らかにするのと同様に、善いものが危険に瀕していることを想起することがそれを正真正銘に尊重するための条件である(10)――という事実、および、ホッブズは、怒りについて論じる際に、怒りを鎮める手段としては恐怖しか挙げていないのに対して、アリストテレスは恐怖のほかに他の多くのものと並べて尊敬にも言及しているという事実である(11)。虚栄心についての評価の変更はつぎのような事実に示されている。ホッブズは競争心と羨望について論じる際に、これらの情動の価値の相違――それに従えば、競争心は羨望より高貴である――に言及していないという事実(12)、ホッブズは勝利の愉快さを虚栄心に遡及しているのに対して、アリストテレスはその根拠として卓越性という観念を挙げているという事実(13)、ホッブズは犯罪の理由を列挙する際に、アリストテレスから逸脱した形で、虚栄心を第一番目に挙げているという事実(14)、および、ホッブズの恥の分析は、この情念のアリストテレスの分析の背景についてのいっさいの想起を忘却している――すなわち、アリストテレスによれば、恥はたしかにいかなる徳でもなくて、ひとつの情念にすぎないが、しかしそれにもかかわらず、それは高貴な若者を抑制するのに対して、高貴ではない若者は、ただ恐怖によってのみ、抑制しうるような情念であり、ホッブズによれば、恥とは、挫折せる恥辱のための困惑として、単に満足させられた虚栄心の対立物にすぎないのである――という事実である(15)。ホッブズとアリストテレスのもともとの相違が完全に明らかになるのは、ひとが両者の愉快な事柄の列挙を対比する場合である(16)。アリストテレスによれば、愉快なものの典型的かつ通常の場合は――そうだからこそかれはかれの列挙をこれから開始するのであるが――、自然の状態へ、それゆえまた慣れ親しんだ状態へ到達したり、再び到達したりすることそのものの、あるいはそれに付随する快適さ（*Behagen*）である。それゆえ、とりわけ、人間が強制や努力なしに、軽快（*Leichtigkeit*）に、あるいは、気楽（Bequemlichkeit）になすものはすべて、とりわけ睡眠、遊戯、冗談、笑いが、アリストテレスにとっては、愉快なものである。それに類似のものはホッブズの列挙においてはそもそも言及されていないし、アリストテレスがやがて語りはじめる感覚的な享受も同様にほとんど言及されていない。ホッブズは愉快な事柄を列挙する際に、第一番目に前進（*Fortschreiten*）を挙げている。いかなる種類の快適さ、「満足した精神の安らぎ」も、かれの見解によれば、望みうる状態でもなければ可能な状態でもない。「連続的な喜びは、繁栄したということにではなく、繁栄しつつあるということに」、所有や享受にではなく、むしろ成功裡に取得したり、欲求したりすることに存するのである。[17] 多くのさまざまな休息状態の間を運動する生活であるどころか、むしろ完全に休息のない状態であるこのような種類の緊張した生活にとっては、閑暇は追求すべき価値たりえない。アリストテレスから逸脱した形で、ホッブズは善いものを列挙する際に、繁忙をも挙げている。[18] ホッブズは、最も愉快なものは、さらにはるか遠くの目標へ向かっての前進であること、享受それ自体には本質的に不満足が内在していること、そして不満足の激痛なしにはいかなる快適なものも存在しないことを教えることによって、かれは、その教えによれば快楽は緩やかな運動と同一であるとするアリスティッポスと対立するばかりでなく、最大の快楽は苦痛のいかなる混合からも自由な快楽、つまり最も純粋な快楽であると説くプラトンやアリストテレスやエピキュロスとも対立するのである。すなわちアリストテレスから逸脱した形で、ホッブズは「より激しい」ものを、より善いものとして特徴づけるのである。[19] 愉快なものは、ホッブズによれば、自然によって愉快なものであるというよりも、むしろある愉快なものから他の愉快なものへの、すなわちより大きな愉快なものへの「愉快な」運動であり、このような運動に付随する意識、より正確にいえば、自己意識である。しかしながら、自己意識は、個人と他の個人の比較を通してのみ構成される。そもそも人間は、一般的にさらにはるか遠くの目標を追求するのではなく、他人が達成した目標よりもはるか遠くの目標を追求するのである。[20] こうして、論ずるに値する快適なものは、他人との比較のなかにのみ、他人と自己の優劣を競うことのなかにのみ、つまり他人に抗してのみ存在するので、ホッブズが愉快な事柄を列挙する際に、アリストテレスから逸脱した形で、友人にも、善をなすことにも、善をしてもらうことにも言及せずに、むしろ前進それ自体について言及したすぐあとで、あたかもそれを解釈するかのように、「他人の不幸をみること」[21]に言及しているのも驚くには値しない。愉快な事柄に関するアリストテレスの列挙とホッブズの列挙の相違——おそらく一般的にホッブズの道徳論の隠された前提を理解するための最善の鍵であろうこの相違——は、しかしながら、かなりの程度までベーコンと哲学の伝統との相違と同一なのである。[22] このことによって、われわれは、ホッブズと伝統との相違は、決定的な点において、数学的自然科学への転回には依存していないというわれわれの主張に対するさらなる確証を獲得するのであり、しかも、もしもひとがベーコンと若きホッブズの個人的かつ学問的な関係[23]を顧慮するならば、その相違は個人史的にもユークリッドの「発見」に先立つものであるという、さらに進んだ主張に対する確証をも獲得するのである。

　しかしながら、新しい信念と、その新しさに対する意識およびその意識と不可分の伝統全体に対する反抗とは別のものである。ホッブズの伝統との断絶は、疑いもなく、まずもって、かれが数学と自然科学へ転回した結果である。まさにその理由から、新しい信念と、すべての伝統的な信念との対立は、かれにとっては、単に新しい学問と伝統的な学問との対立としてのみ意識されるようになったのである。新しい理想の普及ではなく、その根拠づけが問題であること、そのような根拠づけ、すなわち政治学が一般的に可能であり必然的であること——哲学的伝統におけるこれらの根本的な前提は、その他の点ではそのような伝統を十把一からげに排斥するホッブズによっても一瞬たりとも疑われてはいないのである。ユークリッドとガリレイを知る以前は、歴史への転回によって立証された疑問と不満足にもかかわらず、かれは伝統的な政治学に原則的に固執していた。ユークリッドの発見以後は、新しい政治学の切実な必要性がかれに閃いた。すなわち、政治学の可能性と必然性はかれにとってはつねに自明であった。政治学という理念ではなくむしろその方法が、ホッブズにとってユークリッドを研究することによって問題となった。だがこのことによってはつぎのことが語られているのである。学問それ自体の意味についての根底的な問いを決して浮上させなかった学問の伝統の力こそが、政治学の改良への要求がまず第一には政治学の新しい方法への要求としてのみ現れ、しかもその要求はホッブズがその新しい方法を知った瞬間にはじめて呼び覚まされたことの理由なのである。

ホッブズが最初に自分が完遂したのだとともかく正当にも主張する、政治学の伝統全体との明白な断絶は、こうして「ユークリッド」を通してはじめて可能となった。この事実には議論の余地はない。より曖昧でしかもより重要なことは、この関連で「ユークリッド」が何を意味するかである。ホッブズ自身の見解に従えば、数学的方法の政治学への応用は、政治論がいまやはじめて学問、すなわち理性的な知の水準へ高められたことを意味する。政治論がこれまで学問ではなかったことは、「正義や政治一般について著述した人びとすべてが、現にお互いに侵害しあい、自分自身でも矛盾を犯していた」という事実が充分明らかに示している。その理由は、従来の政治論においては、理性ではなく、情念が発言の機会をもったからである。完全に情念から自由な、すなわち純粋に理性的な唯一の学問――それゆえ、これまで存在する唯一の学問――は数学である。数学によって方向づけられることによってのみ、すなわち、ひとは数学者のように、明証的な原理から明証的な推理を介して前進することによってのみ、[1]政治論を「理性の規則と不可謬性に」還元しうるのである。政治学は、線や図形の認識に劣らず、正確で厳密でなければならない。しかし政治論における厳密さは、数学におけるのとはまったく異なる射程、まったく異なる意味をもっている。すなわち、情念から自由であるがゆえに厳密である数学は情念に対して無関心であるのに、情念から自由であるがゆえに厳密な政治論は情念と抗争する。(24)しかも厳密な政治論は、単に情念それ自体と闘争するだけでなく、さらになかんずく、それ自身情念の最強の武器であるところの、情念によって産み落とされ育まれた意見〔通念〕(*Meinungen*)とも闘争する。そしてそれゆえ、善や正についてのあらゆる意見は、意見としては、すなわち、真なる知とは区別されるものとしては、(25)情念の産物であり武器であるので、厳密な政治論は、善や正についてのあらゆる意見と闘争するのである。厳密な政治論に対する切実な要求は、したがって、伝統的な政治学の挫折を引証することによってのみ正当化されるのでは決してなく、さらに、なかんずく、たいていの意見は誤っているという事実(26)によってまずもって露呈される、意見としての意見が誤っていることを引証すること(27)によってもまた正当化されるのである。すべての意見は意見として誤っているがゆえに、善や正についての真なる知は、すべての意見に対立しなければならず、意見のもつ性格から完全に自由でありつつ、厳密な知でなければならないのである。こうして、ホッブズの政治論は、単に伝統的な政治学に対してのみならず、意見に依拠するあらゆる規範やあらゆる価値評価に対しても、つまり、あらゆる通俗的、前-学問的道徳に対しても対立しているのである。かくして、厳密で学問的な道徳論あるいは政治論に対する切実な要求は、学問がはじめて人間にその意欲と行為の義務としてなすべき目標を開示するということを意味するのである。(28) したがって、そのような切実な要求とともに、すでに、通常の価値評価に対する根本的な越権、前-学問的な道徳に対立する真にパラドックスな〔意見と対立する〕道徳、あらゆる経験を凌駕する政治、つまりユートピアの政治が先取りされていたのである。学問的な数学は、前-学問的な数学、すなわち、日々の計算や勘定と対立していないのに対して、学問的な道徳や政治は、前-学問的な道徳や政治、すなわち日々の賞賛や非難と対立している。数学それ自体からは予見されえない、政治にとって「数学的な」厳密さがもつこのような意味に直面するや否や、数学はあらゆる学問にとって模範であるが、とくに政治論にとって模範であるというホッブズの意見や、したがってユークリッドの「発見」のホッブズの個人史における重要性を想起してみたところで、政治学のホッブズによる改革の充分な説明にはならないのである。われわれはむしろ、「ユークリッド」への転回の哲学的意義を、その転回が政治学にとって意味するところを基礎にしながら、独自に、規定することを試みなければならないのである。

ホッブズは、その人文主義の時期に、歴史家たちの研究を媒介として、人間を実際に規定している諸力を認識しようと努力することによって、アリストテレスの道徳論の（いわゆる、あるいは、現実の）欠陥を取り除こうと試みた。かれは、まさにそうすることを通して、人間の全行動と全活動から自由な立場を取る可能性を危険に晒した。あたかもかれはその危険に気がついたかのように、そして、あたかもその危険がおよそ「現実」に屈服することの由々しさにかれの目を開かしめたかのように、かれは歴史からアリストテレスの道徳論や政治論ではなく、むしろ厳密な道徳論や政治論へと向かっていく。すなわちかれはいまやはじめてアリストテレスの政治学と明白に対立するようになるのである。というのも、政治学の対象、すなわち、美しきものと正しきものは、数学の対象と同様な厳密な取り扱いを許容するという考えに対しては、まさにアリストテレスによって異論が唱えられており、それに応じてアリストテレスは、政治学の対象をそれにふさわしくない正確さでではなく、むしろ大まかに輪郭的にのみ取り扱おうとしたからである。すなわち、かれはその対象をそれに固有の規定性において定義しようとしたがゆえに、正確には定義しようとはしなかったのである。[29] このことによって、アリストテレスはかれ自身としては、最も重要な対象――正しきものと美しきもの、そしてなかんずく善きもの――は、輪郭的にではなく最大限の正確さをもって取り扱われるべきであると要求したプラトンに、対抗したのである。[30] 善きもの、正しきもの、および美しきものに関する混乱は、アリストテレスが、この混乱を動機づけているこれらの対象に固有の非規定性を認識し確定しようとするきっかけとなったが、プラトンにとってはこの混乱が、その内部において混乱が可能となる領域全体を超越しなければならない根拠となったのである。アリストテレスの政治学は、正しきもの、美しきもの、および善きものについての意見や政治的経験に一致しており、しかも一致しようと欲しているのに対して、プラトンの政治学は根本的に意見と対立し、しかも政治的経験によっては肯定的には証明されえない諸要求を進んでなそうとする。(31) ホッブズは数学に鼓舞されながら、厳密で意見と対立する政治論に対する要求を妥当なものとすることによって、こうしてアリストテレスからプラトンへ帰っていくのである。したがって、ユークリッドへの転回は、まずもってプラトンへの回帰なのである。

われわれはすでに、その人文主義の時期の最後においてさえも、アリストテレスは哲学の古典とすべき人物そのものであるとする、伝来の見解に何ら異論を唱える必要のなかったホッブズが、のちにはプラトンを「古典古代の哲学者たちのなかで最善の者」と特徴づけるようになったことを指摘した。(32) 以下においては、なぜホッブズはアリストテレスよりもプラトンが優れているとしたのかをみてみることにしよう。ホッブズの述べるところでは、プラトンの哲学は、「非常に信用が置けた。……それは、その教義を事物の概念やイデアに基礎づけるという優れた性格を有しているが、アリストテレスの哲学は、カテゴリーの尺度に従いつつ、事物の名辞からのみ推理するという性格を有していた」。(33) 換言すれば、プラトンは言葉の魔力から自由であるのに、アリストテレスはそれに囚われたままである。こうして、アリストテレス倫理学は、徳や悪徳の定義に際して、賞賛されているものや非難されているもの、すなわち、善や悪と名づけられているものを標準にしている。(34) しかしながら人間は、それを熱望したり、あるいは忌み嫌ったりするがゆえに、自分にとって善あるいは悪と思われるものを、そのつど善あるいは悪と名づけるのである。もしもひとが賞賛されることや非難されることを徳や悪徳の標徴とするならば、その場合には自らの判断を、自己の情念に依存させたり、自己自身についての、あるいは他人についての情念に基づく価値評価に依存させることになる。このような依存にアリストテレスの倫理学は囚われたままである。(35) それは言葉を標準にしているので、諸情念の記述以外の何ものでもないし、[36]倫理学がホッブズによればまず第一にそうあらねばならないところのもの、つまり諸情念の原理的な批判では決してないのである。一見途方もないこの主張に対する完全に充分な証明は、ホッブズの目には、アリストテレスがその徳の学説において、なかんずく大度や気前のよさ、つまり諸情念について議論している事実であったにちがいない。[37]他方、言葉に従属しないプラトンは、非常に多くの情念が取り込まれているアリストテレスの徳についての長いリストの代わりに、ホッブズが親しみをかなり感じることのできる四つの枢要な徳に到達する。[38]そしてアリストテレスはその政治論においてギリシアの共和政の実践のみを基準とするのに対して、プラトンは、存在するもの、あるいは、存在したものから、存在すべきものを推論するという過ちを回避する政治論を構想しうる可能性を、最初から、しかも原理的にもっている。[39]言葉によるアリストテレスの方向づけの仕方では、その必然的な結果として、意見や、情念や、さらに――意見と情念と感性との関連を考慮するならば――感性の根源的な批判は不可能である。他方、プラトンは感性の古典的批判者である。[40]言説、なかんずく、善や悪についての言説は不確定的で揺れ動くものであって、すべての対立、すべての不和の根源となるがゆえに、言葉の魔力からの解放が必要なのである。計算や勘定や計量が問題となるや、対立や不和は解消する。[41]それゆえ、言葉の問題性についてのプラトンの洞察は、かれの数学の評価と不可分である。[42]プラトンはかくして、単に事実としてのみならず、ホッブズの意識にとっても、厳密で意見と対立する政治学の切実な必要性の少なくとも始祖なのである。それゆえ新しい政治学の根本的理解のためには、ホッブズのプラトン解釈の再吟味が不可欠となる。

ホッブズがプラトンとアリストテレスの相違の標徴として見出す最も根底的な表現は、プラトンがイデアから哲学しているのに、アリストテレスは言葉から哲学していること、プラトンが言葉の魔力から解放されているのに、アリストテレスはそれに囚われたままでいることである。この判断は、一見すると実際の関係の戯画化、すなわち、ホッブズが古代を低く評価した結果として、典拠に関して囚われのない研究が必要であるとみなさなかったがゆえに、ほとんど避けえない戯画化であるように思われる。というのも、実際には、まさにプラトンこそが事物から言葉へのかの「逃避」の始祖なのであり、アリストテレスは、その点に関しては、プラトンの弟子であり後継者であるにすぎないからである。そして、プラトンとアリストテレスに共通の出発点からまず最初に生ずる両者の相違に関していえば、それはまさにプラトンのほうがアリストテレスよりもはるかに多く言葉に拘束されていることにある。こうして、徳の厳格な統一というプラトンの教説の基礎は、われわれが徳について語る場合にはいつでも——夫や妻や子供や奴隷に徳を帰属させようと、あるいは、節制や勇敢や正義を徳として特徴づけようと——、そのあらゆる場合においてわれわれは「徳」という同一の語（*Wort*）を使用しているのだから、われわれはまたつねに同一物を意味しているということである。こうして事物の原因、つまりイデアは事物を超越した自立的な存在をもっているというプラトンの教説は、それらのイデアはその自立性を言説（*Rede*）において明示するということに依存している。まさにこのような言葉への拘束に対してアリストテレスの批判は向けられるのである。すなわち、ホッブズによって痛烈に非難されたアリストテレスの「語の吟味」（recensio verborum）は、同一の語が多様な意味に使用されるということ——かくして、たとえば、夫の「徳」は妻の「徳」とは異なる何かであるということ[43]——、しかも、言説のなかで「より前に」あるもの——たとえば、言説のなかで「善い」（gut）

が「人間」(Mensch)「より前に」(früher) にあるように——は、そのことによって存在においても「より前に」あることには決してならないということ[44]を示すことによって、言葉の誘惑からの解放をまさに課題としたのである。さて、たといホッブズの誤解がいかに重大で由々しいものであろうとも——語の多様な意味を明らかにしようとしたアリストテレスの努力を、ホッブズは、事柄にとってどうでもよいこととは単純に誤認してはいなかった——、かれの誤解が決して全面的な誤解ではなかったということは、もしもひとが、なにゆえに、そしてどの程度まで、プラトンはアリストテレスよりも多く言葉に拘束されていたのか、あるいは、同じことであるが、なにゆえにプラトンはイデアの超越性を主張したのかを考察するならば、明らかになるのである。

　プラトンは、事物から去って人間に開かれている、事物の真の原因へ到達する唯一の通路としての、事物についての人びとの言説のなかへ「逃避する」。アナクサゴラスやその他の人びとは、世界における事物や出来事の原因を、世界における他の事物や出来事に帰することによって、それらの原因から理解しようと試みた。この手続きは、しかしながら、真の理解を可能とするものでは決してない[45]。そして、生理学者によるこの自然の説明に対する反論としては、単に、それが不充分な自然の説明であるとか、あるいはむしろまったく自然の説明にはなっていないとかいわれるだけではない。アナクサゴラス流の自然学、つまり、それ自体——明示的・意図的であろうと、非明示的・非意図的であろうと同じことであるが——理性の秩序づける力ではなく、むしろ非悟性、無秩序を自然の原理とみなす、「エピメテウス的」[2]自然学は、必然的にあらゆる確実で自立的な基準の破壊に帰着し、人間界においてはすべてのものが秩序づけられているとすることに帰着し、そして「アテナイ人が信じている」

ものへの従属に帰着するのである。(46) このような不合理な帰結に直面して、プラトンは唯物論的・機械論的自然学に、精神的・目的論的自然学を直ちに対抗させずに、(47) むしろひとがかのもって回った「悲劇的」装置なしにも理解しうること、つまりアテナイ人が語っていること、人間が語っていることに固執する。(48) 人間、とくにアテナイ人、そしてとくにかれらの代弁者であるソフィストの語っていることは矛盾に満ちている。それらの矛盾は、相互に矛盾する主張のどれが真であるかの検討を必然的なものとする。たといその検討の結果がどうあれ——いずれにしても、相互に対立する意見（ἔνδοξα）の一方は放棄されなければならず、これに対立した意見（ἔνδοξον）は維持されなければならない。すなわち、後者の意見は、いまや真に通念に反する意味を帯びるが、こうしてはじめて、各人の自分自身と他人の意見の一致と意志の疎通とを可能とし、かくして自らを真理であると証明するのである。(49) 人間が語っていることには矛盾があるという事実は、かれらが語っていることのなかには真理が隠されていることを示している。そして真理を明らかにするための相互の話し合いの技術、すなわち対話術《ディアレクティーク》は、その会話を、正しい方法で正しい時に、真なるもの、それゆえ維持されるべきものへ方向づけることにまさに存するのである。あらゆる反目、あらゆる敵対の根底に横たわっている最も明瞭な矛盾は、正義、美、そして善に関係している。(50) それにもかかわらず、人間は善に関しては他の何らかの対象に関するよりも一致しており、しかもこの現実的一致があらゆる可能的一致の究極的根拠であるという仕方でそうなのである。善に関してはすべてのひとが、それを現実にもちたい、と語っている。すなわち、かれらは善そのものを欲しているのであって、単にその見かけを欲しているのではない。(51) そしてかれらは、それをもったり、占有することを欲し、それを追求し、渇望し、かくしてかれらは、それがかれらには欠如しており、[52] かれらの外部にあることを知っている。この真にして外部にある善は、人間がそれを獲得するとき、すなわち、それがかれらに訪れるとき、かれらにとって善き状態をもたらす。それは、善を「分有する」人間に善き状態をもたらす根拠である。さて、ほんの少し考えただけでも、人間がふつう善として表象しているもの——富、名誉、等々——は、かれらが私念している（*meinen*）当の善ではない、ということは明らかに理解される。というのも、かれらが「善」によって私念しているのは、悪とはあらゆる点で対立しているもの、悪からはまったく自由であるものだからである。そして人間は実際、自ら、善とは徳と知恵である、ともいっている。かくして、まさにこのようにより良く理解された善に関してこそ、誤って理解された善に関して人間のいっていることが、妥当するのである。すなわち人間は、かれらの徳と知恵の根拠である、真にして外部にある超越的な善そのものを分有することによってのみ、有徳で知恵あるものとなるのである。[53] というのも、人間が「徳」、すなわち、悪徳とは曖昧さなしに異なるものとしての徳を口にするときに私念しているもの、つまり徳のイデアは、人間の行為のなかには決して純粋な形では見出されないからである。このことは、少なくとも、高貴な若者たち自身によって、かれらが徳の教師を求め、有徳になろうと欲し、かくして自らが徳をもっていないことを表現するときに、告白されている。しかし、若者が自分自身について告白していることは、もしもひとが充分に正確でありさえすれば、すなわち、もしも「徳」という言葉によって私念されるもの——悪徳にまったく染まっていない徳——を充分に正確に取りさえすれば、実際には、すべての人間に妥当するのである。[54] 人間の行為（*Werken*）のなかには見出されない徳は、ひとり言説、言葉、[55] および言葉のなかに具体化され、「直観的に予知された」

「根本的な」知のなかにのみ見出される。[56] つねに両義的な行動ではなく、まさに言葉だけが人間に基準を始原的に開示する。その基準に従いつつ、人間は、まったく純粋な仕方で、すなわち、現実化の可能性とは原理的にまったく無関係な仕方で、自己の行動を秩序づけ、自分自身を吟味し、人生と自然のなかで自分に方向を与えることができるのである。[57] これらのことから、プラトンの言葉への「逃避」と、それによって得られたかれのイデアの超越性に関する教えは、その根源から理解されうるのである。言葉の力によってのみ人間は徳の超越性を知るのである。[58]

プラトンは「語」からではなく、むしろ「イデア」から哲学していると述べるとき、ホッブズは根本的にかれを誤解しているのであり、この誤解がいかに悲惨な結果をもたらすかを、われわれは直ちに考察しなければならないであろう。しかしながら、プラトンが事物から言葉一般へではなく、矛盾している言葉へ向かっていくかぎりでは、そしてかれがこうして「生理学」に「存在論」ではなく、むしろ対話術を対置するかぎりでは、[3] かれの遂行する、ある意味では衒学的ともいえる言葉への拘束によって、まさにかれが、人びとがふつう信じたり語ったりしているものと対立することになるのは、確かである。こうして、ホッブズのプラトン解釈はある程度正当化されることになる。いずれにしても、特殊プラトン的出発点から――矛盾している言葉へ向かっていくことから――ホッブズの承認する、厳密でそれゆえ意見と対立する政治論に対する要求と、一連のさらなる帰結が生じるのであり、後者の点に関しても、ホッブズはまたしてもアリストテレスに抗してプラトンの側を支持するのである。

まず第一に、プラトン的道徳における真の徳と見かけの徳の対立[59]に含まれている意義を想起してみよう。見かけの徳は、真の徳とは、後者が視角の方向の根底的な転換を前提しているのに対して、前者は人間の通常の意図と努力にまったく依拠している点で、区別される。すなわち、真の徳は、見かけの徳と対立して、「神より遣わされた狂気」や、魂の「純化」や、魂全体の回心の結果なのである。つまりそれはその根拠において知恵である(60)。真の徳はかくして見かけの徳とはその根拠以外の何ものによっても区別されない[4]。見かけの徳が見かけの徳であるゆえんは、それにとっては徳が問題なのではなく、徳の見かけや、徳の評判や、徳の評判から帰結する名声が問題であるからである(61)。見かけの徳は人目を惹くことや、偉大なことに向けられているが、真の徳は、これに反して、適切なことや正しいことに向けられている(62)。真の徳と見かけの徳の対立の最も明らかな表象が獲得されるのは、正義が隠されているため、正義の見かけは失われているけれども、真に正義なるひとの生涯や運命と(63)、不正義が隠されているため、正義の評判をもっているけれども、真に不正義なるひとの生涯や運命とが比較される場合である(64)。プラトンがこのような仕方で――たとえば、勇敢なひととそれとは反対なひとではなく――正義のひとと不正義のひとを比較するのは、偶然ではない。勇敢さ、すなわち、戦士の徳は、戦士の得意と不可分である。いかなる他の徳も、勇敢さほど光り輝いてはおらず(65)、いわんやより大きな名誉に値するようには思われない。というのも、それはラケダイモン人の法律とクレタ人の法律の標準的理想として妥当しているからである！　しかしそれにもかかわらず、それは最も低級な徳である(66)。勇敢さが問題を抱えていることが明々白々となるのは、勇敢さを、その太古《アルカイック》の形態において――そこではそれは法律への服従によって狭い意味に規定され、制限されており、まさにこの理由によってそれは隠された知恵である(67)――ではなく、むしろこれらの制限を捨象して、それ自体において考察する場合のみである。このように勇敢さを孤立させて考察することは、その他のもろもろの徳が相互に区別されるよりも、勇敢さがその他の徳からより鋭く区別されているように思われるがゆえに、それだけいっそう適切なのである。[68] ひとが通常理解するような勇敢さとは、男の徳である。すなわち、恐怖心や柔弱な魂をもたずに、実行力をもって自分自身を助け、あらゆる不正や危害から自分を保護し、自分自身を主張し、救う男の能力である。このような理想的な意味においては、完全な男とは、可能なかぎり大きな力を意のままにして、自己の欲することを行ないうる僭主である。[69] 僭主という理想は、大衆の勇敢さの理想の完全な表現であり、その最も魅力的な形態であり、それゆえにまたその本質を最も露呈する形態である。すなわちその形態は、大衆の勇敢さの理想の根源的な批判を要求するのである。僭主は、無制限の自己愛に溺れ、不条理なほど傲慢になりながら、単に人間ばかりでなく、神がみをさえ支配しようとする。[70] ここから「より無害な」勇敢さの理想に光が投げ返される。この理想は、人間の自然的自己愛や自然的快楽主義の隠れ蓑以外の何ものでもないし、それより高貴なものでもない。[71] こうして、勇敢さという徳と男らしさを一義的に並列することが疑問視されるようになると、理想国家における両性の原理的な平等は不可避となる。勇敢さは最高の徳ではない――勇敢さよりも節制が高く位置し、[72] 節制よりも知恵と正義がさらに高く位置する。そしてたしかに知恵がそれ自体としては最も高く位置するが、それにもかかわらず人間にとっては正義が最も高く位置するのである。こうして、プラトンが、アリストテレスのようには、倫理的な生活に対する理論的な生活の優越性を主張していないことが理解されるのである。アリストテレスの教えによれば、倫理的な諸徳やそれらの頂点にある正義は、人間が人間以上の存在ではないかぎりにおいて、人間にふさわしいものであるが、しかし、哲学することにこそかれの真の幸福はあるのであり、その幸福を通してかれは人間性の限界をある程度超越していくのである。(73) 哲学者は、「幸福者の島」で生活する唯一の人間であるということ――このことについてはプラトンとアリストテレスは意見が一致しているが、哲学者には非哲学的な大衆に無関心なままで自己自身の幸福を得ようと努力する権利があるという考えをプラトンは否定するまでである。いかに哲学者たちが自らを神と同化させながら人間性の限界をある程度越えていこうとも――かれらは依然として人間であり、人間であり続け、そしてそれゆえ他の人びとのうちにあって一つの種族の人間を形成するにすぎず、こうして、部分の幸福ではなく全体の存立に配慮する、国家の法律に服従するのである。理想国家の法律は、哲学者を強制して他の人間に関心を払わせ、かれらを監視させ、「各人の好むところへ向かわせ」(74)ないようにさせる。哲学することは、人間のなすべきこととして、より高次の秩序に従属しているがゆえに、人間にとっては正義が知恵よりも高く位置するのである。(75) アリストテレスが、理論的生活を倫理的生活よりも無条件に上位に秩序づけることによって、国家の限界を無条件に越えていき、そしてかれがそのことを媒介としてかくして本来政治的な徳ではなくむしろ私的な生活の徳であるような徳を承認する可能性を獲得するのに対して、(76) プラトンにとっては、実際には、単に政治的な徳しか存在しないのである。(77)

ホッブズは、プラトンを模倣しつつ、厳密で意見と対立する道徳への切実な要求を承認することによって、われわれが上に素描した、そのような要求に含意されていた思考の帰結は、かれの政治学にとってもまた基本的な骨格となる。かれの道徳にとってもまた、名声と名誉に向けられた見かけの徳と真の徳との対立は、構成的規定をなしている。かれもまた、一方における真の徳と、他方における見かけの徳と悪徳は、単にそれらの根拠によってのみ区別されると教えている。[78] かれもまた、自然的勇敢さという理想を根源的に批判せざるをえないものと感じている。かれもまた、単に政治的な徳しか承認していない。かれにとってもまた、適切さと偉大さとの対立が基準となる意味をもっている。そして、その結果として、かれもまた、プラトンと同じ不信感を想起させる弁論術に対する不信感をいだいている。[79] かれがその手本であるアリストテレスの『弁論術』に施した一連のさらなる変更も、これと同じ関連に属している。ホッブズのプラトン的出発点を根拠にすると、一方における『弁論術』で与えられている通俗的価値評価の分析および情念の分析と、他方における『倫理学』の教えの間の違いは、ホッブズにとっては、それほど大きいものではなかった。アリストテレスによれば、通俗的な情念の価値評価は、それらに固有の首尾一貫性と普遍性をもっているのに対して、ホッブズは、意見としての意見は根底的に批判されるべきであるということを根拠にして、それらにそのような尊厳を認めていないのである。[80]

ホッブズの政治学がプラトン主義に負わなければならないものは、かくして、その対比的（*antithetisch*）性格である。すなわち、真理と見かけ、適切さと偉大さ、最も極端な形式では、理性と情念の対立の解釈が、その政治学を構成しているのである。対立——虚栄心と恐怖の対立——が道徳にとって根本的意義をもっているということを、ホッブズは最初から確信していた。しかし、かれはこの対立をまずもって諸情念の内部での対立として理解した。プラトンへの転回、そしてつぎにはストア派への転回の結果として、かれは、虚栄心と恐怖の対立を、情念と理性の対立として解釈するにいたった。つまり、かれはすべての情念を虚栄心のもろもろの変様として把握し、そして理性を恐怖と同一視するのである[81]。

もしもホッブズのプラトンとの対立が真に理解されるべきであるならば、かれのプラトンとの一致、すなわち、かれがアリストテレスよりプラトンを選んだことが、その完全な射程において認識されなければならない——そして上に叙述してきたことは、この方向に沿っての、単に最初の試みにすぎず、その試みはあらゆる点からみて、さらに精緻化されることを必要としている[82]——。たといユークリッドへの転回はまずもってプラトンへの回帰として特徴づけられるべきである、といわれうるとしても、他方において、この転回のなかには、考えられうるプラトンとの最も深い対立が隠されている、と直ちに付け加えられなければならない。こうしてホッブズがどんなに固い決意をもって、完全に情念から自由で、純粋に理性的な政治論を求めようとも——かれはさながら同じ息で、理性によって打ち建てられた規範は情念と調和していなければならない、と要求しているのである[83]。というのも、ホッブズが追求する規範は、あらゆる環境のもとでも、最も不都合な環境のもとでさえも、応用可能でなければならないからである。すなわち、応用への顧慮が規範の追求を最初から規定しているのである。それによってホッブズは、単にアリストテレスがプラトンの政治学に対して行なった批判[84]を暗にわがものとするだけではなく、アリストテレスによって踏み出された方向を後者を越えてさらに進んでいくのである[85]。かくして、プラトンに対するホッブズの対立の最大の根拠である、応用への関心の優位は、いまや、分解-構成的方法としてのユークリッドへの転回を動機づけているのである。

この方法に従えば、現存の研究対象は、まず思惟のなかで分解され、その根拠に還元され、つぎにこれらの根拠から、その対象は、完全に透明な演繹法によって再び合成されるのである[86]。このような過程で認識される根拠は、原則的に、その対象の素材として規定されるべきである。「方法に関していうならば、わたくしは……国家の素材から出発すべきであり、つぎに、その発生と形式、そして正義の最初の起源へと進んでいくべきである、と思った。というのは、おのおのの事物は、それらによって構成されているところのものから、それらから最も善く認識されるからである」[87]。さて、もしも国家の形式がその素材から演繹されるならば、その場合には、国家のなかへは、その素材、つまり人間に、そして究極的には素材として理解された人間の「自然」に、すなわちあらゆる教育が施される以前の人間に属するもののなかには含まれていないようなどんな構成要素も入り込まない、ということが保証されることになる。このような企図につぎのような実行が対応している[88]。すなわち、ホッブズが現存の国家から「その根拠へ」遡及して獲得する公理、そしてそこからかれが正しい国家の形式を演繹する公理とは、人間の自然的な利己心と自然的な死の恐怖とであり、かくして、ひとがあらゆる人間の場合にあらゆる環境のもとでもその力に頼ることのできる動機である。こうしてあらゆる偶然性、あらゆる恣意性が排除され、このような仕方で獲得される国家の理想の無条件的な応用の可能性が保証される。かくしてホッブズの政治論は、それがあらゆる環境のもとで応用が可能であるという意味において厳密なのであって、欠けるところのない尺度〔基準〕の確実性としての厳密性が重要であるプラトンの政治論とは、対立しているのである。そしてそれゆえ、分解‐構成的方法は、ホッブズのもともとの関心、つまり応用への関心に完全に対応しているのである。

ホッブズはその方法をガリレイから採用した。その方法を媒介として、ガリレイが物理〔自然〕学に対してなしたのと同じことを政治学に対してもなすことができる、とかれは信じるのである。しかしながら、明らかに、その方法の物理学への適合性——ここではそれについて論ずることはできないが——によっては、なおも、その政治論への有用性が保証されたわけではない。というのも、物理学の対象は自然の物体であるのに、政治論の対象は、人工的物体、すなわち自然の全体から人間によって制作された一つの全体だからである。それゆえ政治論において重要なのは、人工的物体の認識であるよりも、むしろその制作である。政治論が、現存の国家をその諸要素にまで還元しようとするのは、ひとえにそれらのより善い組み合わせによって、正しい国家を制作せんがためである。それゆえ政治論の手続きは、物理学の手続きよりもむしろ技術者の手続きに似ている。けだし技術者は、壊れている機械を分解し、その機械が機能するのを妨げている異物を除去したうえで、その機械を再び組み合わせるのであり、しかもかれはこれらすべてのことをその機械が機能しうるようになすからである。こうして政治学は国家を規制するための技術となる。その課題は、現存の国家の不安定的な均衡を正しい国家の安定的な均衡へ変換することである。(89) 政治学がそのような技術になるかぎりにおいてのみ、それは分解 - 構成的方法を利用することができる。すなわち、そのような方法の政治学への導入は、政治的問題のまえもっての狭隘化、つまり国家の目的についての問いの排除を前提にしているのである。ガリレイの方法の政治論への導入は、こうして、新しい政治学が原理的に根源的でない (*Unradikalität*) [すなわち、根本的で、最も緊急の問題についてのすべての議論を、最初から放棄する] という代償を払って購われたのである。

なぜ根源的でないかというと、それは政治学という理念がホッブズにとって自明であることの結果である。ホッブズは政治学の可能性と必然性を問わない。換言すれば、かれは、徳は教育できるかどうかを問わず、さらにそもそも徳の本質は何かを問わず、したがってまた国家の目的は何かを問わない。というのは、かれにとってこれらの問いは、伝統ないし共有された意識によって答えられているからである。かれにとっては、国家の目的が平和――いかなる代価を払っても達成されるべき平和――であることは、「自明」なのである。この自明性の前提は、(暴力による)死は、第一、最大かつ最高の悪であるということである。(90) この前提は、かれには、批判や議論や徹底的な討議を必要としないように思われる。(91) かれは、現存の国家から遡及して、その前提を原理として発見したのちに、その前提から正しい国家を演繹することへと進んでいく。――これはプラトンとは正反対である。けだし、プラトンの国家の生成についての外面的には〔ホッブズに〕類似している考察は、善なるものや適切なるものについての熟考や、それらについての思慮深い問いかけという性格をもっていたからである。(92) こうして、分解‐構成的方法が前提にしているものは、適切なるものや善なるものについての問いかけの原理的な放棄以外の何ものでもない。ホッブズは、明証的な公理から明証的な結論へ、つまり「終わりへ」と前進する数学的方法が、絶対的模範であると確信しているので、かれは、数学にせよ政治学にせよ、「始めに」、つまり「明証的な」前提のなかに固有の問題が、すなわち「対話術」の課題が隠されていることを、認識しえないのである。(93) しかしながら、「対話術」とは、人びとが正義や不正義について、徳や悪徳について語っていることの詳細な討論であり、その吟味である。正義等々についての人びとの言説から出発することをホッブズは余計なことである、否、危険であるとすらみなしている。「もろもろの徳や悪徳の名辞は……決していかなる推理の真の基礎とはなりえない」。(94) 人びとが、通常、徳や悪徳の名辞をどのように使用しているかに、われわれは熟考を基礎づけてはならないからといって、それはソクラテスとプラトンによって礎が置かれた伝統に対してホッブズが異論を申し立てることを正当化するような論拠とはいささかもならない。というのも、ソクラテスとプラトンの転回は、まさに通常の言説が不充分であることや、それが矛盾に満ちていることに対する洞察に依拠しているからである。しかしながら、このような洞察から、ひとは「言葉ではなく、むしろ事物」を考察しなければならないというのではなく、その逆が結論とされるのである。すなわち、両義性のなかに隠蔽されていると同時に開示されてもいる言説の一義性は、徹底的な討議を媒介にして、明らかにされなければならないし、また明らかにされうるのである。というのも、言説による方向づけを放棄することは、人間がもともと意のままにできる唯一の可能な方向づけを放棄すること、したがってあらゆる方向づけにおいて前提とされている基準〔尺度〕を発見すること、否、基準を問うことそれ自体の放棄以外の何ものでもないからである(95)。

分解‐構成的方法の政治論への応用は、しかしながら、単に原理的にのみならず、ホッブズの前提からしても、きわめて曖昧な価値しかもっていない。ホッブズはこの方法を採用したことによって基準についての問いを立てることを妨げられた、とわれわれは述べた。そのことは、かれがその問いをまったく忘却してしまったことを意味せず、むしろかれが不適切な仕方で、すなわち、やっとのちになってはじめて、その問いを立て、そしてそれに答えたことを意味する。かれはその政治学を開始するにあたって、徳の本質についての問いや、ある意味では同じことであるが、人間の理念としての人間の「自然」についての問いをもってしなかった。むしろすべての人間にあらゆる教育が施される以前に属しているものとしての人間の「自然」についての問いをもってしたのである。そのように理解された人間の「自然」の分析から、「基準〔尺度〕なき吟味」[96]を通して、ホッブズの見解によれば唯一意味のある、すなわちその無条件的な応用の可能性を保証する基準が生じるはずなのである。しかしながら、基準についての問いに答えるためのこのような方法それ自体が、分解‐構成的方法によって、不可能なものとされる。この方法に従いつつ、ホッブズは、現存の国家から、それを根拠づけている人間の自然の原理——一方における無制限の自己愛〔虚栄心〕と、他方における暴力による死に対する恐怖——へと遡及していく。そのあとで、これらの原理から、正しい国家が演繹されるはずである。もしもこのような手続きが意味をもつはずであるとするならば、その場合には、それらの原理それ自体のなかに正しさに関する解答、つまり基準に関する解答が含まれていなければならない。これが事実においても実情であった。実際ホッブズは、自ら分析を通して獲得した二つの原理を、自然的欲望の原理と自然的理性の原理、すなわち邪の原理と正の原理として特徴づける。このような特徴づけは分析からは出てこない——というのも分析は現存の国家の原理を原理として提示しうるだけであり、かくしてその原理の正邪に関しては何も教示しえないからである——、そして他方においてその特徴づけは——正しい国家の総合としては、たしかに正しいものが何であるかが確定されるまでは、決して定められない——総合の前提である。かくして、人間の自然の二つの原理を正ないし邪として、すなわち基準についての問いに対する解答として資格づけることは、分析には後れており、総合には先行しており、この資格づけはたしかに分解‐構成的方法の枠に納まってはいるけれども、しかしこの方法からは、それは原理的にも、さらに個別的にはなおさら理解されえないのである。すなわち、政治論の基礎づけである基準の証明は、分解‐構成的方法によっては隠蔽されてしまう、否、それどころか認識されえないのである。というのも、ホッブズの方法に従ったすべてのホッブズの解釈者たちが、かれが自然的理性の原理——最大かつ最高の悪としての暴力による死に対する恐怖——を、あるいは、同じことであるが、かれが単に前提していたにすぎないと思われる「自然権」の原理を、独自の仕方で根拠づけたことに気づかなかったということは、いったい他のどのような仕方で説明されうるのであろうか(97)。

このような仕方で根拠づけられるものは、もちろん、厳密な意味では、規範つまり法や義務ではなく、むしろ権利や要求である。ホッブズに従えば、道徳と政治の基礎は、「自然法」すなわち自然的義務ではなくして、むしろ「自然権」[5]、すなわちあらゆる環境のもとですべての人びとの前で擁護されうるがゆえに、絶対的に正当化される最小限の要求——身体と生命の保存への要求——であり、他人の前では絶対的には擁護されえないがゆえに絶対的に正当化されえない最大限の要求——他のすべての人びとに対する勝利の要求——を制限することによって構成される要求である。「自然法」は、その尊厳全体を、それが「自然権」の必然的結果であるという状況に、もっぱら負っているのである。ここから、一方におけるホッブズと、他方におけるプラトンおよびアリストテレスによって根拠づけられた伝統の総体との対立が、そしてそれとともに同時に、ホッブズ政治論の時代を画する意義が、最も容易に認識されうるのである。というのも、古代政治論との関係における近代政治論の独自性とは何であろうか。「近代思想が個人の権利から出発し、国家は個人の成長のための条件を確保するために存在しているとみなすのに対して、ギリシア思想は国家の権利から出発している(98)」。しかし国家の権利とは法である。「ソクラテスの精神はいかに自由に翔いていようとも、かれは自分が法の奴隷であることを承認した。そしてソクラテスにとって真実であったことはアテナイ民衆にとっても真実であった。かれらは、プニュックスの丘に集うたとき、天が下自分たちが主権者であるようにみえたかもしれない。しかしかれらもまた法の主権を承認したのである(99)」。近代政治論と古代政治論はこうして、近代政治論が「権利」から出発し、古代政治論が「法」から出発していることによって、原理的に区別されるのである(100)。いま述べられたことは、わけても近代の社会主義とプラトンの「社会主義」の関係について妥当している。「……たといプラトンのように、（近代の社会主義者が）『正義』という観念に訴えるとしても、『正義』はかれにとっては、それがプラトンにとって意味したようには、割り当てられた役割を遂行する責務を意味せずに、遂行された役割に対する適切な報酬を受け取る権利を意味するのである(101)」。近代政治論と古代政治論が相互にこのような仕方で関係づけられるならば、ほかならぬホッブズが近代政治論の父であることを疑問視することは不可能である。というのも、かれこそ、かれ以前にも以後にも、絶えて到達されえなかった明晰さをもって、「自然権」、すなわち（個人の）正当化された要求を、自然法や神法からの曖昧な借用なしに、政治論の基礎となした人間であったからである。かれは「権利」の「法」に対する優越が、否、それら両者の原則的な区別がすでに、ある新しいことを示していることに気づいていた。かれはつぎのように述べている。「この主題について語っている人びとはよく権利（Jus ; Right）と法（Lex ; Law）を混同しているが、これらは区別されるべきである。というのは、権利は、行なう自由、または、行なうことを差し控える自由に存しているのに対して、法は、それらのうちの一方に決定し、それへと拘束しているからである。したがって、法と権利は、義務と自由が異なるのと同じくらい多く異なるのである……」。また別の箇所においては「市民法（Lex Civilis）と市民権（Jus Civile）、すなわちLaw CivilとRight Civilという言葉が、最も教養のある著者たちにおいてさえ、同一のものとして混乱して使用されているのを、わたくしは知っている。それにもかかわらず、それはそのようであってはならない」[102]。ホッブズよりも早い時期の文献のなかでかれの要求におそらく最も近く対応しているであろう箇所、すなわち、グロティウスのつぎの説明が、比較のために引き合いに出されるならば、ホッブズの判断がどのように正当化されるのかが理解されるのである。「この正義（jus）の意義（すなわち、それが正しい（justum）がゆえに正義であるという意義）とは異なるが、しかしその意義自体から由来し、かつ人格に帰せられるもう一つの正義の意義が存在する。この意味においては、正義とは、何かを正しく所有したり、行為する能力のある人格の道徳的資質である。……しかしながら、完全な道徳的資質は、われわれによって、権能（facultas）と呼ばれている。……権能を、法学者たちは、各自のもの（suum）という名辞で呼んでいるが、われわれは今後それを本来的かつ厳密に述べられた権利（*jus proprie aut stricte dictum*）と呼ぼう。その権利には、あるときには、自由と呼ばれている、自分自身に対する権力（potestas）が、またあるときには、たとえば、父親の権力や主人の権力……のような他人に対する権力が含まれている……」[103]。グロティウスはこうして、ローマ法学者を継承しつつ[104]、たしかにホッブズ的「権利」概念への途上にあったが、しかし、かれが理解しているような「本来的かつ厳密に述べられた権利」は「法」を前提にしているという事実が、かれがそのような〔ホッブズ的〕概念に到達しなかった（また、到達しようともしなかった）ということを示している[105]。こうしてホッブズは最初の人間として、比類なき明晰さと、さらには用語の首尾一貫性をもって[106]、「権利」と「法」を区別し、その結果、かれは国家を、法がその単なる帰結にすぎない権利の上にのみ根拠づけようとしたがゆえに、換言すれば、ホッブズの政治論は、それが最近見出した最も辛辣な批評家が、明らかに自ら驚きつつ確証したように、「それ自身、極端な形式の個人主義、ロック自身のそれよりもさらに非妥協的な個人主義を表現しているもろもろの想定……に依拠している」(107) がゆえに――まさにそうであるがゆえに、ホッブズは近代政治学の創始者なのである。しかしながら、ホッブズは単に権利の法に対する優越によってのみ時代を画したわけではない――かれは同時に「主権という理念の十全な重要性を把握した最初の著述家であった。……かれは、主権という理念が、国家の全理論のまさに根本に存していることを見抜いた最初の人間、そして、主権がどこに存し、その機能と限界が何であるかを、厳格に固定する必要性を悟った最初の人間であるという栄誉を担うはずである」。このことによってもまたホッブズは古代の政治論と対立していく。「ギリシア哲学における最も顕著な欠落の一つは、主権の本質を規定し、その場所を決定し、あるいはそれが依拠する究極的な拘束力を確定しようとする、いかなる明確な試みも存在していないということである」(108)。ホッブズに帰せられるべき二つの根本的な革新、すなわち、「権利」の「法」に対する優越と、主権という理念の十全な重要性の認識は、直接的に関係している。もしも主権という問題を可能とする条件を遡及するならば、両者の共通の起源が認識される。古代において、このような近代の問題と類似するものは、誰が、あるいは、何が、支配すべきであるかという問いであった。古代の解答は法であるといっている。この解答は、法の神的由来には満足しえない哲学者によって、つぎのように正当化された。理性的なるものが、非理性的なるものを(老人が青年を、夫が妻を、主人が奴隷を)支配すべきであり支配するに値し、それゆえ法が人間を支配すべきであり、支配するに値する。(109) 理性あるいは理性的なるものの支配する権利に疑念が差しはさまれるようになってはじめて、主権が問題となるのである。疑念はさしあたって、理性的なるひと、あるいは、理性的なるものが支配する権利をもつべきであるという原理の応用可能性に対してのみ、(110)向けられる。自らの知性の力によって他の人びとよりも疑問の余地のないほど卓越している人間が存在するということを認めるとしても――他の人びとはただそれだけの理由でかれらに従属し服従するであろうか。かれらはかれらの卓越性を承認するであろうか。(111) 疑念は、しかしながら、ここにとどまらない。理性的であることに関して人間の間に著しい差異が存在するということが否認される。あらゆる実践上の事柄においては、各人は他のひとと原則的に同じ程度に理性的であり、各人は自己の利益、そしてそれのみに気を使うことを念頭に置き、しかもそれに気づくことにかけては、他のひとと同じ程度に充分な能力をもっている。自然によってすべての人間は平等に理性的である。そして、研究や経験や熟考によって獲得されたあるひとの他の人びとに対する卓越性に関していえば、それはつぎの理由から意味がないのである。すなわち「長年の研究が誤りのある判決を増やしたり、それを強めてしまうかもしれないという可能性はある……そして同じ時間と勤勉さをもって研究し観察する人びとの間で、理由と結論は一致しないし、一致しないままであらざるをえない(112)」。こうして理性は本質的に無能力であるがゆえに、支配の源泉と支配の座は理性であるという教示は充分ではない。それゆえに、相互に平等である人びとの間で、誰が他人を支配することができ、また支配することが許されるのか、はたまた、いかなる条件のもとで、しかもいかなる限界内において、かれらは支配に対する要求をもつのかということが、根本的に問われなければならない。それゆえに、主権の問題が重要となるのである。すべての人間が平等に「理性的」であるがゆえに、一人あるいは多数の人びとの自然的理性の卓越性の欠如の人工的代替物として、一人あるいは多数の任意の個人の理性が、恣意的に基準を与える理性とさせられなければならないのである。「論争に陥るかもしれないすべての事物の共通の基準は……正しい理性である、と何人かのひとはいっている。もしも諸事物の自然のなかにそのようなものが見出されたり、あるいは知られたりするならば、わたくしはかれらに同意すべきである。……しかし正しい理性が存在しないということをみるならば、あるひと、あるいは人びとの理性がその代わりをしなければならない。そしてそのひと、あるいは人びとこそが主権的権力をもつひと、あるいは人びとなのである」(113)。理性を主権的権力によって代替させるのを必要とする、その同じ理由から——すなわち、理性が無能力であるという理由から——、しかしながら、いまや理性的な「自然法」もまたその尊厳を喪失し(114)、その場所に、たしかに理性に合致しはするが、もともと理性によってではなくむしろ死の恐怖によって導かれた「自然権」が取って代わる。理性主義との断絶は、こうして、主権概念の決定的な前提であるとともに、「法」を「権利」によって置き換えること、すなわち、義務の優位を要求の優位によって置き換えることとの決定的な前提でもあるのである。それゆえ、あらゆる特殊近代的政治論を可能とする条件である理性主義との断絶は、ホッブズの場合には、その最も鋭い表現を、かれが自然の普遍的理性の欠如に取って代わる主権的権力を、理性としてではなく、意志として把握していたことのうちに見出している。［諸事物の自然のなかには存在しない、正しい理性の役割は、主権的権力を保持するひと、あるいは、人びとの理性によってというよりも、むしろそのひと、あるいは、その人びとの意志によって、満たされるのである。〔6〕］明らかにかれは、最高権力の保持者は国家に対して、あたかも頭脳が人間に対するのと同一の関係に立っているという、かれの時代においてはなおも支配的であった見解に異論を唱えているのである。最高権力の保持者は、国家における「頭脳」、すなわち助言し計画する能力ではなくして、「魂」すなわち命令する能力なのである(115)。ここから、支配の源泉と支配の座は「一般意志」であるというルソーの教説までは、ほんのわずか一歩を必要とするにすぎない。ルソーは、ホッブズによって根源的に遂行された理性主義との断絶を、完全に明らかにした[7]。というのは、かれは、理性的動物という人間についての古典的定義を、他の新しい定義によって置き換えてしまったからである。「動物のなかで人間をとくに区別するものは、悟性というよりはむしろ自由な動因というかれの特質である」(116)。こうして理性主義との明白な断絶のなかに、近代政治論と古代政治論の対立が基礎づけられているのだが、その対立はつぎのように特徴づけられよう。「ギリシア人は、社会の意見を、定まった根本法の精神と音色に調律し調和させるには、教育が必要であると信じた。近代の信念は、流動的、可変的、従属的な法を、主権的な世論すなわち『一般意志』の動きに調整し調和させるには、代表が必要であるということである」(117)。というのも、ルソー以後の発展は、このようにホッブズにおいて最初にかつ最も鋭く姿を現した関係の何ものをも変更させなかったからである。たとい一般意志が「民族精神」としてであれ、「階級意識」としてであれ、より詳細に規定されたとしても、ホッブズによって開始された転回、つまり理性主義からの逸脱は原則的には疑問視されず、むしろ単に補足的に修正されたにすぎず、そしてそのことによって、かの転回の前提は完全に教条《ドグマ》にまで強化されたのである。そしてこの前提とは、理性が無力であるという信仰であり、あるいは、ほかの言葉でおそらくもっとはっきりというならば、情念と構想力の解放である。[118]

［理性のみが支配を正当化するという古典的理性主義の見解は、その最も急進的な表現を、国家の繁栄のための唯一の必要かつ充分条件は、哲学者が王となり、王が哲学者となるべきであるというプラトンの言明のなかに、見出した。それは、完全なコモンウェルスの設立はもっぱら「対内政策」に依存しており、対外政策のいかなる条件にもまったく依存していない、と述べるに等しい。実際、プラトンがそうしたほどには、他のいかなる哲学者も対内政策の優位を主張しなかった。対内政策の無条件的な優位――このようにプラトンの正義の理論を要約することができるかもしれない。というのは、この理論はつぎのようなことをいっているからである。すなわち、正義が存在しなければ人間たちにとってはいかなる幸福も存在しないということ、正義とは、魂と同じ性質である超越的不変的規範に照らしつつ自分に正しい性向を与えながら、自分自身の仕事に専念し、他の人びとの事柄には干渉しないことを意味するということ、さらには、国家における正義は個人における正義と異ならないということ、ただし、国家は自足的であり、かくして正義――それ自身の仕事に専念すること――を、自足的ではない個人よりも、比較にならないほど、より完全に実践しうるという違いはあるが。したがって、適切な国制をもつ国家にとっては、他の諸国家に対して自己主張をすることは、その適切な国制（constitution）の偶然的な結果ではあっても、その主要な目的ではない。自分自身たちのために「頑強で痩せた犬たち」である、完全な国家の市民たちは、まさしくその理由から、外国人にとっては、尊敬されるべき同盟者か、あるいは、恐怖されるべき敵であろう。[8] アリストテレスはいつものように、この点に関してもまた、プラトンの急進主義を批判している。立法者は、単に国土とその住民

に対してだけでなく、隣接する諸国家に対しても注意を払う必要がある、とかれは反論する。[9] しかし、対内政策の優位の体系的な承認に関しては、アリストテレスはプラトンの意見と疑いもなく一致している。[10] この一致の理由は、二人の哲学者がつぎのような見解を共有しているからである。その見解とは、ある事物に、その存在やその独特な本質を与えるもの、それに限定を加えるもの――その本質とは、われわれが、たとえば、馬を馬であると述べるときに、われわれが意味しているものである――が、問題になっている事物にとっては、他のすべての理由や、とくにすべての外的な条件よりも優越しているという見解である。もしも事物の本質が、その外的諸条件よりも、外的諸条件に対するその事物の自己実現や自己主張よりも、優先されるべきであるとするならば、その場合には、たとえば、肉体の正しい構成 (constitution)、すなわち、肉体の健康が、肉体の健康への回帰、すなわち、健康を喪失したあとで健康を回復することよりも優先されるべきである。この例においてプラトンは、善き政治家は、戦争、すなわち、外的諸条件に対して国家を主張することを考慮しつつではなく、平和、すなわち、国家の健全な国内制度 (constitution) を考慮しつつ、その立法を実施するということを、明らかにしている。[11] まさにこの例によって、古典的政治哲学における対内政策の優位とは対蹠的に、なぜホッブズが対外政策の優位を前提することを強いられたかの究極的な理由を、ひとは洞察するのである。ホッブズは、プラトンやアリストテレスとは意見を異にしつつ、健康を回復することが健康を損なわずに保持することよりも優先されるべきである、と主張する。[12] もしもかれが同様に、「きわめて小さなコモンウェルスについていえば」――そしてプラトンやアリストテレスにとって完全な国家とは「きわめて小さなコモンウェルス」である――「強大な隣接諸国家への嫉妬が続いている期間以上に、そのコモンウェルスを維持することのできる」「いかなる人間の知恵も存在しない」――それゆえ、とくに哲人王の知恵は存在しない――、と主張しないならば、かれがそれゆえに賞賛される、首尾一貫した思想家たりえないであろう。プラトンやアリストテレスにとっては、かれらが国内政策に付与している主要な関心に一致しつつ、完全な国家の住民の数の問題、すなわち、その内的必然性によってその国家に課せられる限定の問題は、決定的な重要性をもっているのに対して、ホッブズは、この問題をつぎの言葉で軽くあしらっている。「われわれの安全を確信させるに足る人数は、なにか特定の数によって決まるのではなく、われわれが恐れている敵との比較によって決まるのである……」[14]。対外政策の優位は、ひとりホッブズによってばかりでなく、すべての特殊近代的政治哲学において、暗示的に、あるいは、明示的に、説かれている。この主張は、「権力政治」の諸理論に鑑みて、証明を必要とはしない。平和主義者の理論に関していえば、カントの『世界市民的意図における普遍史のための理念』からその「第七命題」を引用することによって、われわれは、ここがその場にはふさわしくない詳細な分析から免れることができる。それはつぎのように述べている。「完全な市民法を確立するという問題は、諸国家間の合法的永遠的関係の問題に依存しており、後者の問題の解決とは独立して解決されえない」。[13]

古代政治論と近代政治論との間の、より正確には、プラトンの政治論とホッブズのそれとの間の対立にとっての原理的表現は、前者が言説によって方向づけるのに対して、後者はこれとは反対に言説による方向づけを根本的に放棄したことである。この放棄はもともと、通常の言説、すなわち、ひとがある程度の正当性をもって自然的価値評価と呼んでも許される「民衆の」価値評価が問題をはらん(119)

でいることに対する洞察から、成長する。この洞察は、ホッブズの場合にも、まさにプラトンの場合におけるように、まずもって厳密な政治論に対する切実な要求へと導いていく。しかしプラトンが、自然的価値評価から、そのなかに隠されている真理へと遡及し、そしてそれゆえかれは、新しいことや、前代未聞のことは何も説こうとせず、むしろすべての人びとによって意識されてはいるが理解されていないことを想起させようとするのに対して、ホッブズは、自然的価値評価を原理的に拒絶しつつ、このような価値評価を越えて進み、さらに新しい未来の、そして自由に立案すべき「ア・プリオリな」政治論へと向かっていく。自然的道徳についてのアリストテレスの古典的な解釈によって測るならば、プラトン的道徳と同様に、ホッブズ的道徳も通念に反する《パラドックス》ものである。しかしながら「プラトン的道徳哲学のパラドックス性は、肉体に縛られている人間の「洞窟的」存在と同じように、破棄できないのに対して、ホッブズ的道徳哲学は、遅かれ早かれ、パラドックスから世論の受け入れられた一部分へと変化することを運命づけられている。[15] 換言すれば、「プラトン的道徳のパラドックスは、目立たない古いものの、永遠なるもののパラドックスであるのに対して、ホッブズ的道徳のパラドックスは、驚異的に新しいものの、前代未聞の冒険のパラドックスである。プラトンにあっては、真の徳は（民衆の）見かけの徳と同一の名辞をもっているのに対して、それらはホッブズにあっては、すでにそれらの名辞によって区別されている。その結果として、ホッブズは、その政治学のために、プラトンがなすよりも比較にならないほど大きな要求を掲げなければならない。プラトンが、自然的道徳から、すなわち、その道徳によって与えられた方向づけから、その道徳の源泉へと遡及するのに対して、ホッブズは、このような方向づけなしに、真に主権的に道徳の原理を発見するよう試みなければならないのである。そしてプラトンにとっては、まさにそれゆえに、道徳の「具体性」や「実質性」はなんら問題とはならなかったし、また問題とはなりえなかったのに対して、ホッブズは、形式的倫理学へと通じ、したがって究極的には相対主義的懐疑主義へと通じる道を歩んでいく。政治学に対する要求を力ずくで高めることは、最終的には、政治学という理念そのものの否定へと、つまり政治論を社会学によって置き換えることへと、通じるのである(120)。そして、さらに進んだ段階、すなわち近代政治論の最後の段階も、やはりここから、理解されなければならないのである。プラトンが、言説によって証明された勇敢さの徳としての性質を疑問には付さずに、単に、勇敢さについての民衆の意見の基礎となっているような、勇敢さの過大評価のみを拒否するのに対して、ホッブズは、言説による方向づけを拒絶したために、勇敢さの徳としての性質の否認にまで進んでいくのである。そしてまさに一般に言説の軽視が、究極的には相対主義的懐疑主義へと通じるように、勇敢さの〔徳としての性格の〕否定は、勇敢さの論争的《ポレーミッシュ》な肯定へと通じる。そして、その肯定は、ルソーからヘーゲルを経てニーチェにいたる過程で次第に先鋭化しつつ、知恵が勇敢さのなかに再吸収されてしまうことにおいて、すなわち、理想は知性の対象ではなくむしろ意志の冒険であるという意見において、完結するのである。[16]

言説による方向づけの放棄は、ホッブズが基準に関する問いかけを「忘却する」ことを意味せず、むしろかれがそれを単にのちになって、「そしてそれゆえに、不充分に」提出していることを意味している。「プラトンが善い理由と必然的理由の二種類を区別しているのに対して[17]、ホッブズは必然的理由という一種類しか承認していない。この結果として、ホッブズは、必然的なるものそれ自体の内部で、善なるものと必然的なるものの不可避的相違を説明することを余儀なくされるがゆえに、基準、すなわち、善についての問いかけは、かれにとっては、すぐれて必然的なものについての問いとなり、そして、かれは死からの退却をすぐれて必然的なものとして発見するのである。[18] このような手続きの根拠は、自然法、すなわち、自然的基準の存在の否認である。このような否認が単に言説による方向づけの放棄の結果にすぎないということは、この場所では単に主張されうるにすぎない。ホッブズにとって、自然的基準の否認は、その唯物論的形而上学を根拠にして、何ものによっても動揺させられない明証性をもっていた。それゆえ、もしも「数学的」方法の受容が、絶対的基準の否定を前提しているとすれば、この形而上学がすでにかれのユークリッドへの転回の暗黙の前提であることになる。[19] しかしながら、ホッブズの政治学はその自然科学の結果にすぎない、というこうした確認とその帰結に、いつまでもとどまっていることはできない。というのも、つぎのような問いが現れてくるからである。なぜホッブズは唯物論を選択したのか。いかなる一次的な前提を根拠にして、唯物論は、かれにとってかくも生き生きとした明証性をもったのであろうか。(121) この問いはもっと正確に規定されうる。すなわち、ホッブズの唯物論の隠された前提は、その政治学の分析を通して最も容易に解明されうるのではないのか。われわれはここでは二、三の荒削りな指摘をするにとどめておく。ホッブズの自然科学への傾斜は、自然というよりも人間に対するかれの関心から、すなわち、実際にあるがままの人間の自己認識に対するかれの関心から、つまりかれをその人文主義の時期においてすでに規定していた関心から、説明されうるのである。(122) かれの自然科学的問いの人間学的由来は、その問いに対するかれの解答のなかにも示されている。すなわち、かれの運動論の基本概念、つまりコーナートゥス

(conatus) の概念は、欲望についてのかれの分析においてはじめて思いつかれたのである。[123] しかもただこれだけではないのである。感覚的知覚についてのかれの自然科学的説明は、それが、より高次の知覚を触覚から理解するということによって特徴づけられている。すなわち、その際に前提されている触覚の優越は、しかしながら、すでに虚栄心と恐怖の対立の根本的な意義に関するホッブズの見解のうちに含意されているのである。[124]〔最後に、その物理学においてホッブズは慣性の原理についての充分な理解に決して到達しなかった。少なくとも指摘されねばならないのは、かれが直線運動と円運動を同等なものとして扱い、円運動を直線運動の一つの変様として理解することが必要であるとはみなさなかったことである。[20] 他方において、人間の自然についての自らの理論において、かれはきわめて明確につぎのように表現している。「生は、直進できないときには、それ自身において円運動をする、不断の運動である」。[21]〕こうして、もしもホッブズの自然科学が、その問いと答えにおいて、かれの人間学的、すなわち、かれの道徳的関心と確信とに依存しているとするならば、その場合には、他方において自然についての一定の解釈が、かれの道徳的、政治的見解の暗黙の前提なのである。しかし、ホッブズの政治学によって前提された自然解釈が、かれによってその自然科学的叙述において明示的にされた自然解釈と一致しているかどうかということが、問題となる。いずれにしても、これら二つの原理的には区別される自然解釈の間に親縁関係が存在しているのは確かである。この理由によって、そして、この理由によってのみ、かれの自然科学的研究は、かれの政治学の完成に積極的な影響力をもつことができるのである。こうして、霊魂の不滅はありえないという、かれの自然科学によって保証された確信がなかったならば、死は最大かつ最高の悪であるという自らのテーゼを、かれは維持することができなかったであろう。こうして、貴族の徳に対するかれの批判、および、一般に人類の内部におけるあらゆる自然的階層的区別に対するかれの否認は、自然のなかにはいかなる秩序も、すなわちいかなる階層的秩序も存在しないとするかれの自然解釈によってのみ、確かなものになっていく。[22] こうして、伝統が良識と一致しながら、所与の不変の人間の自然として理解してきたものは、実は決定的な部分において、踏み越えうる「自然の制約」であって、だからこそ人間の自然の文明化は果てしなく前進しうるのだ、という前提を根拠にしてのみ、文明という理念はその効果的な力を獲得するのである。人間に生得のものは非常にわずかであり、かれに自然によって与えられているといわれているもののたいていは取得されたものであり、したがって諸条件が変化すれば、それも変化しうる。人間の最も重要な特質――言語、理性、社交性――は、人間に自然によって備わっているのではなく、むしろかれの意志の作品なのである。[125] しかし、まさに最後に挙げられた例によって明らかになるように、ホッブズの政治論によって前提された自然解釈は二元論的である。文明という理念は、人間は自らの精神の力によって自らを自然から抜け出させ、自然に反逆することができる、ということを前提にしている。このような二元論は、ホッブズの政治論のいたるところで、[126] わけても自然状態と市民状態の対立において垣間見られる。しかしいまや、自然と人間の意志との対立は、ホッブズによって教示された一元論的（唯物論的・決定論的）形而上学によって隠蔽される。そして、かれがこのような形而上学を採用せざるをえなかったのは、ひとえに精神についての「物的」「実体論的」解釈とともに、「暗黒の王国」からも逃れる他の可能性を見出しえなかったからであった。こうして、カントとその後継者たちが登場するまでは取り除かれなかったこのような窮状は、ホッブズの唯物論的・

決定論的教説にとっては、決定的な根拠をなすものだったのである。というのもその教説は、かれの政治学によっては要求されないばかりか、むしろ後者を根底から危険に晒しさえするからである。その一つの現れは、かれがその自然科学の完成に前進すればするほど、その政治論の道徳的基礎がますます認識し難くなる、ということである。なかんずく、『法の原理』における情念論を『リヴァイアサン』におけるそれと比較するならば、いま述べたことが本当だとわかるであろう。つぎの事実もまたこれと同じ関連に属している。すなわち、ホッブズは同一のテーマ〔情念〕を『法の原理』においては、もっぱら名誉の分析の内部でのみ取り扱っているが、そのテーマをかれは『リヴァイアサン』においては力の分析の内部〔第一〇章〕においても、それ以前〔第六章〕においても、取り扱っている。[127] 換言すれば、かれの自然科学が完成へと前進していくにつれて、必然的に道徳的に理解されなければならない虚栄心を、中立的で、それゆえに自然科学的な解釈に容易に服しやすい力の追求によって、[128] ますます置き換えていったのである。首尾一貫した自然主義は、かれの政治論の破滅である。そのことは、ホッブズが非常に警戒している。首尾一貫した自然主義は、かれの政治論の破滅である。ホッブズはたしかにこの道を極端にまで進んでいかないように非常に警戒している。ホッブズよりも首尾一貫した自然主義者であり、権利と力の区別を犠牲にして、すべての情念の自然権を説いているスピノザの場合に示されている。しかるにホッブズは、政治論を自然主義的にではなく、むしろ道徳的に基礎づけたために、単に死の恐怖の自然権のみを主張したにすぎない。そして、それは、情念の自然主義的分析を極限まで考え抜いて、自然状態は万人の万人に対する戦争ではありえないという結論に到達するモンテスキュー[129]の場合にも、別の仕方で示されている。しかしながら、もしも首尾一貫性を欠いた自然主義のみが、ホッブズの政治論と相容れるものであるとするならば、その場合には、ホッブズの自然科学的な叙述においてかれによってはっきりと首尾一貫性のあるものとして明示された自然主義は、かれの政治論の基本原理ではありえないので、もう一つ別の自然解釈がそれでなければならないことになる。たしかに自然主義とは親縁関係はあるけれどもそれとは決して同一ではない、このような自然解釈の精緻化こそが、ホッブズの政治学の根源的な分析にとって焦眉の課題なのである。

総括しよう。ホッブズ政治学の基礎、すなわち、その政治学がその生命と統一とをそれに負っているところの信念は、実質的〔内容的〕にも個人史的にも、その政治学の数学的・自然科学的根拠づけや叙述よりも「以前」のものである。たしかに、ユークリッドへの転回も、自然主義への転回もまた、ホッブズのもともとの道徳的・政治的見解のなかに、動機づけられている。そしてそれゆえにこそ、これら二つの精神的な力は、かれの政治学の完成に対して、すなわち、かれのもともとの信念の前提と結果の関連全体の説明に対して、過小評価しえない積極的な影響力を行使しえたのである。しかしながら他方において、数学的方法は、唯物論的形而上学と同様に、それぞれの独自の仕方で、かれのもともとの動機の関連を隠蔽し、かくしてホッブズの政治論を掘り崩すことに寄与するのである。このような確認から、ホッブズの政治学を研究するためのつぎのような方法論的結論が明らかとなる。すなわち、その政治学の最も成熟せる叙述、つまり『リヴァイアサン』は、決してホッブズの道徳的・政治的理念を理解するための充分な典拠ではない。たしかに、基本的な信念の前提と結果は『リヴァイアサン』において、それ以前の叙述においてよりも、一般的には、明瞭に現れている。しかし、他方において、ホッブズの政治学のもともとの動機は『リヴァイアサン』よりも以前の叙述において、一般的には、より鮮明に示されているのである。

付　カール・シュミット『政治的なものの概念』への注解

1

シュミットの論文(1)は「人間界〔人間的な事柄〕の秩序」(81)への問い、すなわち国家への問いにささげられている。国家が少なくともここ数世紀以来、かつてなかったほど今日問題をはらんだものとなっているという事実に直面して(11)、国家を理解するためには、国家の根拠は何であるのかについての、すなわち政治的なものとは何であるかについての根底的な基礎づけ、いいかえればその「簡明かつ根本的な説明」が要請されている。なぜなら「国家の概念は政治的なものの概念を前提とするからである」(7)。

政治的なものの概念探求の出発点となるこの命題は、シュミット自身の一般的な考え方の原理にそって理解されねばならない。シュミットの原理によれば、「政治的なものは国家に先立つ」という文章は永遠の真理ではなく、ただ現在の真理を表そうとしているからである。というのは、「すべての精神はただ現在の精神のみで(ある)」(66)からであり、「精神的領域のあらゆる概念は、精神の概念も含めて、それ自体多元的であり、具体的政治的実存からのみ理解されうる」(71)からである。「あらゆる政治的な概念、表象、言葉は論争的な意味を(もつ)。それらは具体的な対立を眼前にもち、具体的な状況に結びついている……」(18)。こうした諸原則に従えばつぎの点が問われねばならない、すなわち、現状からすると、われわれはどの程度まで政治的なもののなかに国家の根拠を認識する必要があるのだろうか。いかなる対立する主張に対して、政治的なものは国家の根拠として現われるのか。

現状はこれまでの三百年の過程が、「終局に達して」いるということによって特徴づけられる(80)。われわれが終局に立ちあっている現代は「中性化と脱政治化の時代」である。脱政治化は近代の発展の単に偶然の、あるいはまた必然の結果でもなく、その過程に本来内在していた特有の目標である。近代的精神が最も活発に息づいていた運動は自由主義であったが、それはまさしく政治的なものの否定によって特徴づけられている(55 ff.)。自由主義がいまや信ずるに足らないものとなっており、「他の体制」がそれに対置されねばならないとすれば、自由主義に対抗する最初の言葉は政治的なものの肯定である。そして自由主義が政治的なものの否定によって国家を基礎づけたと、より精確には、理性的な共同生活を確立したと信じたとすれば、自由主義が挫折したあとでは、政治的なものの肯定からのみ国家は理解されうるのだという考えが浮かんでくる。それゆえ、シュミットの根本命題は徹頭徹尾自由主義に対する論駁によって規定されており、論争的なものとしてのみ、いいかえれば、ひとえに「具体的政治的実存から理解されうる」のである。

シュミットの課題は自由主義の挫折という事実によって規定されている。自由主義の挫折に関する事情はつぎのとおりである。自由主義は政治的なものを否定したが、そのことによって政治的なものを世界の外に排除したのではなく、ただ隠蔽しただけであった。自由主義は反政治的な言説によって政治が行なわれるという事態をもたらした。だから自由主義は政治的なものを抹殺してしまったのではなく、ただ政治的なものについての理解を、政治的なものに対する率直な態度を抹殺してしまったのである (53 ff.)。自由主義によってもたらされた現実の隠蔽を取り除くために、政治的なものはそれ自体として、また絶対に否認できぬものとして際立たせられねばならない。政治的なものは、自由主義によるその隠蔽からまずもって白日のもとにあばき出されねばならず、そのことによって、国家への問いが真剣に提起されうるのである。

だから自由主義の挫折を一つの事実として確認するだけでは充分でないし、自由主義は政治的行動においてそれ自身不条理なものであると論証したり、「すべての鋭敏な観察者は、……そこに (すなわち自由主義のなかに) 政治原理ないし思想的一貫性を見出すことに絶望してしまった」(57) ことを指摘したりすることでも充分ではない。また、あらゆる自由主義的政策に明らかな非一貫性は、政治的なものを原則的に否認したことの必然的な結果であると洞察することでも充分ではない (56)。そうではなくて、あらゆる自由主義的政策の非一貫性のなかに現われている「自由主義的思考の驚くべき論理的体系性」を、「他の体系」によって、すなわち、政治的なものを否定せずにそれに承認を与えるような体系によって置き換えることが重要なのである。

シュミットはその点の重要性を自覚しているのであり、かれの理論的努力の意義はその自覚によってよく特徴づけられうる。というのは、シュミットは「自由主義的思考の驚くべき論理的な……体系性」が「これまでの失敗にもかかわらず今日ヨーロッパではまだ他のいかなる体系によっても」置き換えられていない(58)ことを自覚しているのであり、そのことによってかれは、既成の非自由主義原理をポケットに入れたありふれた自由主義の敵対者たちからまったく孤立しているのである。こう述べることによってシュミットは、かれの研究の根本的な困難さを暗にいおうとしている。というのは、もし「自由主義的思考の体系性」が「今日ヨーロッパでは他のいかなる体系によっても」置き換えられていないということが正しいとすれば、シュミット自身も、かれの見解を述べるにあたっては自由主義的思考の諸要素を使用せざるをえないことが想定されるからである。そこから、シュミットの理論構成の暫定的な性質が生ずるのであり、かれ自身そのことを言明している。シュミットは「際限なき問題に理論的な『枠組みを与える』(*encadrieren*)こと」だけを意図しており、かれの著作の命題は「客観的な討議の出発点であると考えられるのである」(82)。そうであるとすれば、シュミットを批評しようとする者は、どこでシュミットが支配的な自由主義的見解に単に従っているにすぎないのかということよりも、かれがどの点で支配的な自由主義的見解と区別されるのかということについて、より注意深く考える義務を負っているのだといえよう。

(1) *Der Begriff des Politischen. Mit einer Rede über das Zeitalter der Neutralisierungen und Entpolitisierungen,* neu herausgegeben von Carl Schmitt, München und Leipzig, 1932.〔邦訳『政治的なものの概念』田中浩・原田武雄訳、未来社、一九七〇年。「政治概念論」菅野喜八郎訳、『危機の政治理論』、ダイヤモンド社、一九七三年。〕——( )に入れて示した数字は三二年版の頁数を示す。

2

シュミットは政治的なものの「完璧な定義」を与えることをはっきりと断念している (14)。かれははじめから、「政治的なものの本質」(7) は何かという問いを、政治的なものの特殊性は何かという問いのことと理解している (8 および 13f.)。なぜそうするかといえば、シュミットは、政治的なものの特殊な差異がそのなかで規定されねばならないような一般概念を、すでに解決済みのもの、あるいはとるに足らないものとみなしているからではなくて、今日身近にある自由主義的な一般概念への解答に対してまさしく深い疑念をいだいているからである。シュミットは政治的なものの現象の究明に際しては、身近な自由主義的解答は不条理であると論証することによって、政治の一般概念は何かという問いに根底的な解答を与える道を切り開いているのである。政治的なものの、そしてそれとともに国家の特質がそのなかで規定されるべき一般概念は何かという問いに対して、いろいろと批判されたにもかかわらず今日なおわれわれに身近な自由主義的解答によれば、かかる一般概念は「文化」、すなわち「人間の思考と行動」の全体性である。そしてその全体性は「相対的に自立したさまざまな領域」(13) に、すなわち「文化諸領域」(ナトルプ) に分節されているのである。シュミットは、「道徳的なものの領域において究極的な区別は善か悪かであり、美的なものの領域においては美か醜かであり、経済的なものの領域においては利益か損失かである」、同様に「特殊政治的な区別は……味方と敵の区別である」(14) といっているようにみえるが、もしそうであるならば、かれは一見したところかかる自由主義的解答の視野のなかにとどまっていることになったであろう。しかしながら、政治的なものを他の「文化諸領域」と並置したり等置したりすることははっきりと拒絶されているのである。味方と敵の区別は「それ以外の領域のもろもろの区別と等価ではないし類比できるものでもない」。政治的なものそのものは決して「固有の新しい実質領域」を示しているのではないのである（14）。このことは、政治的なものを理解するためには、少なくとも現在の支配的な文化概念の根本的な批判が必要であることを意味している。

シュミットはこうした批判をいたるところで表明しているわけではない。かれもまた――文献全体のなかで使われている用語法に従って――時どき、「人間の思考と行動の、相対的に自立したさまざまな領域」（13）について、あるいは「人間の生活と思考のさまざまな領域」（53）について語っている。ある箇所で（59）シュミットは、浅薄な読者なら誤ってつぎのような印象をもつかもしれないと述べている。すなわち、自由主義が美的なもの、道徳、学問、経済等々の自立性を承認したあとで、シュミットは自由主義に反対する立場から、しかも自由主義的な諸領域の自立化を続行させつつ、政治的なものの自立性を承認しようと望んでいるのではないか、という印象である。それがシュミットの見解と異なっていることは、かれが「人間生活のさまざまな領域の『自立性』」という表現において「自立性」という用語につけた引用符号をみれば明らかである。〔つまりその「自立性」という考えはシュミットのものではなく、自由主義のものなのである。〕より明白な点をあげてみよう。シュミットは、自由主義がいかにも自明なこととして、「人間生活のさまざまな領域の『自立性』を単に承認するだけでなく、専門化へ、そしてさらに完全な孤立化へと駆り立てる」（51）と述べ、その「自明性」をまさしく問題にしているのである。シュミットが支配的な文化概念から断絶した地点にいることは、美的なものについてのつぎの間接的な特徴づけにおいてまったく明瞭にみてとれる。「形而上学的なものや道徳的なものから経済的なものへいたる道は、美的なものを通過する。そしてきわめて崇高で美的な消費と享受を通過する道は、精神生活の普遍的な経済化へいたる最も確実で最も快適な道である……」(70)。しかるにシュミットのこの言明と反対に、支配的な文化概念によれば、美的なものの自立的価値はなんとしても承認されねばならない、とされているからである。もちろん文化概念が美的なものの自立的価値の承認をまってはじめて構成されるものではないとしても。そうするとこうした点からみて、少なくとも現在支配的な文化概念は他の文化概念によって置き換えられるべきだという主張が生ずることになる。そしてとりわけ、かかる置き換えは、政治的なものの特殊性への洞察のうえに基礎づけられるべきだということになるであろう。

われわれがすでにみたように、シュミットは政治的なものの「完璧な定義」を与えることをはっきりと断念している。「人間の思考と行動の、相対的に自立したさまざまな領域」(道徳的なもの、美的なもの、経済的なもの、等々)は、それぞれがその相対的自立性を構成するのに必要な「固有の基準」をもっているというところから出発して、シュミットは「政治的なものの基準」は何かと問う。ここでいわれている基準は「究極的区別」という性格、より正確には、究極的「対立」という性格をもっている。たとえば道徳的なものの基準は善‐悪であり、美的なものの基準は美‐醜である、等々のように。こうした一般的区別に従って、シュミットは「特殊政治的区別を……敵と味方の区別」(13 f.)であると定義する。その際、「敵」という言葉で――また同様に「味方」という言葉で――つねに公的な敵（味方）、「少なくとも、時としてすなわち現実的可能性として、闘争している人間の総体、つまり他の同様な人間総体と対立している総体」が理解されねばならない(16)。敵と味方という観点にある二つの要素のうち、敵の要素が明らかに優越した位置にある。そのことは、シュミットがこの「敵と味方という」観点をよりくわしく説明する際に、実際には「敵」とは何であるかだけを述べていることから明らかである(14, 18, 20参照)。いいかえれば、あらゆる「人間の総体」は、それがまさしく敵をもつがゆえにはじめて味方をさがすのであり、実際味方をもつといってよい。「具体的な対立と関わりあうことによって、政治的関係の本質は保持されるので(ある)」(18)。「敵」概念が「味方」概念に対して優越しているのは、——味方の概念と異なって——「敵の概念」には、「闘争の現実的偶発可能性」が含まれており(20)、闘争の偶発可能性すなわち「緊急事態」から、いいかえれば「最も極端な可能性」から、「人間の生活はその特殊政治的な緊張」を獲得するからである(22 f.)。しかし戦争の可能性は単に政治的なものそれ自体を構成するだけではない。戦争は単に「最も極端な政治的手段」であるだけでなく、また「自立した領域」——まさしく政治的なものの領域——の内部における緊張状態であるだけでもなく、まちがいなく人間にとっての緊急事態である。なぜなら、戦争は「物理的殺戮の現実的可能性と関わりを」もち、また永続的にもち続けるからである(20)。政治的なものを構成するこうした論述は、政治的なものは根本的であり、他の領域と並列される「相対的に自立した領域」の一つではないことを示している。政治的なものは「基準を与えるもの」(26)である。それゆえ、政治的なものは道徳的なもの、美的なもの、経済的なもの等々と「同等ではないし類比できるものでもない」ということが理解できるのである(14)。

こうした政治的なものの定義は、シュミットが暗に示そうとしていた支配的文化概念への批判と密接に結びついている。この批判は、「人間の思考と行動のさまざまな領域」の「自立性」といった考えに疑いをなげかける。支配的文化概念によれば、個々の「文化領域」は相互の関係において「自立的」であるだけではなく、文化は全体として「自立的」であるとされている。すなわち文化は至高の創造物であり、人間精神の「純粋な産物」である。かかる文化理解をとるならば、われわれは、「文化」(Kultur) が陶冶される〔耕される〕(kultiviert wird) ものをつねに前提とすること、いいかえれば、文化とはつねに自然の陶冶〔文化〕であることを忘却してしまう。文化とは本来、自然の素質を発展させるものであり、自然——それが大地であれ人間精神であれ——の入念な育成である。だから文化は、自然自体が与える指示に従うのである。しかしこのことはまた、自然への服従を通じて自然を克服すること（ベーコンの言葉によれば、服従しつつ克服すること《parendo vincere》）が可能であることを意味している。その場合、文化は自然を忠実にそのまま育成するというよりも、自然に抗した苛酷で策略に満ちた闘争である。文化が自然の育成として理解されるか、あるいは自然との闘争として理解されるかは、自然がそもそもいかに理解されているかにかかっている。すなわち、模範となる秩序として理解されているか、除去されるべき無秩序として理解されているかにかかっているのである。しかし文化がいかに理解されようと、——いずれにせよ「文化」は自然の陶冶〔文化〕である。「文化」とはかくも自然の陶冶であるから、耕されて文化となるはずの自然が精神の対立物であると仮定され、さらに忘却されてしまう場合にだけ、文化は精神の至高の創造物であるなどと了解されてしまうのである。さてわれわれは、「文化」という言葉でもっぱら人間的自然の文化を理解するのであるから、文化の前提はもっぱら人間的自然である。そして人間はその自然〔本性〕に従うならば社会的動物 (animal sociale）であるから、文化の基底に存在する人間的自然とは、人間の自然的な共同生活、すなわち、人間があらゆる文化に先立って他の人間と関わりをもつ様式と方法のことである。かく理解された自然的な共同生活を表現する用語は、自然状態（status naturalis）と呼ばれる。したがって文化の基礎は自然状態であるといえよう。

特殊近代的な文化概念と一致して――近代的文化概念以外の他の文化概念について一般的に何か語りうるのかどうかという問題はさておき――、ホッブズは市民的状態（status civilis）を自然状態の対立物として理解していた。その場合、市民的状態はあらゆる狭義の文化の前提（すなわち芸術や学問の育成のための）であるとともに、それ自体すでに一定の文化のうえに、すなわち人間的意志の鍛錬のうえに成り立っている。われわれは、ホッブズが自然状態と文化（広義）の関係を対立的に把握していることをひとまずおいて、ここではつぎの事実だけを強調しておきたい。すなわち、ホッブズは自然状態を即戦争状態（status belli）としているが、その場合「戦争の本質は実際の闘争に存するのではなくて、闘争への明らかな志向のうちにある」（『リヴァイアサン』XIII）と考えていることである。シュミットの用語を使えばつぎのようにいえよう。すなわち、自然状態は本来政治的な状態である。というのはシュミットにとっても、「政治的なものは……闘争それ自体のなかにではなく、闘争の現実的可能性に規定された行動のなかに……」(25) あるからである。それゆえ、シュミットによって根底的に主張された政治的なものは、あらゆる文化の基底にある「自然状態」のことなのである。シュミットは自然状態というホッブズの概念に、再び名誉を回復させようとしている (47)。それとともに、政治的なものの特殊な差異性がそのなかで規定されるような一般概念は何か、という問いにも解答が与えられる。すなわち、政治的なものは人間の状態(status)の一つであり、とりわけ人間の「自然的」状態、つまり人間の根底的かつ極端な状態そのものなのである。

しかしながらシュミットの場合、自然状態はホッブズの場合とは根本的に異なって定義されている。ホッブズにとって自然状態は個々人の戦争状態であるが、シュミットにとってそれは諸集団の(とくに諸国民の)戦争状態である。ホッブズにとって、自然状態においては各人はおたがいに敵同士なのであるが、――シュミットにとって、あらゆる政治的行為は味方と敵の区別に向けられている。ホッブズとシュミットがなにゆえにこのように相違しているかといえば、ホッブズは自然状態を批判的に(*polemisch*)定義しているからである。すなわち、万人が万人と争う自然状態という事実は、ホッブズにとって、まさしく自然状態を放棄するための動機を構成しているからである。自然状態ないし政治的なもののかかる〔ホッブズ的な〕否定に対して、シュミットは政治的なものの肯定を対置しているのである。

もちろん、ホッブズにおいても政治的なものが全面的に否定されているわけではない。少なくともホッブズの理論によれば、諸国民間の関係においては自然状態が存続し続ける。ホッブズは自然状態を諸個人の戦争状態として批判しているのだが、シュミットは、ホッブズから学んだことが明らかな保護と服従(40 f., 34 参照)関係の解釈に示されるように、この批判を暗黙のうちに己れのものとしている。そしてホッブズの自然状態批判は、シュミットのいう意味での政治的なものの存在を、すなわち人間諸団体間の関係が「自然的な」性格をもつということを、曖昧にするものではないのである。にもかかわらず、シュミットによれば政治団体の本質には、「その国民の成員に対して死の覚悟を要求し」(34) うるということがある。ホッブズによれば、こうした〔死の〕要求資格は最小限度に制限されている。戦闘において己れの生命を失う恐怖から隊列を離れる者は、不名誉なことをした「だけ」であって、不正なことをしたわけではないのである(『リヴァイアサン』XXI)。国家は個々人に対して、条件付きの服従を当然の権利として要求できるだけなのである。つまり、個々人の生命の救済と維持に矛盾しないかぎりで服従を要求できるだけである。なぜなら、生命の保護が国家の究極の根拠だからである。人間はたしかにその他の点では〔国家に〕絶対服従の義務をもつが、自分の生命を賭する義務はもたない。なんといっても死は最大の悪なのだから。ホッブズは〔死を怖れぬ〕勇敢という徳を、論理一貫して臆することなくきっぱりと否定している(*De homine* XIII 9〔『人間論』第一三章第九節〕)。同じ態度は人民の安寧(salus populi)に対するかれの定義にも現れている。人民の安寧はつぎの点に存する。㈠外敵に対する保護。㈡内部の平和の維持。㈢個々人の公平でほどよい豊かさ。そうした豊かさは戦争の勝利によるよりも、労働と倹約によってより多く達成されるのであり、とくに力学や数学を発達させることによって促進される。㈣他人に害を与えない自由の享受(*De cive* XIII 6 および 14〔『市民論』第一三章第六および一四節〕)。こうした諸原則は、「人間」が計画の主体ないし客体となるや否や、文明の理想へ、すなわち一つの「消費と生産の協同組合」としての人間の理性的な共同生活の要請へと繋がっていくにちがいない(46)。ホッブズは、たとえばベーコンがそうであるよりも、よりいっそう文明の理想の提唱者であったといってよい。ホッブズはそのことによって、まさしく自由主義の創始者なのである。ホッブズの自然権は肉体的生命の権利のことであるが、それは譲り渡すことのできぬ人権という性格を、すなわち国家に先立って国家の目的と限界を定める個人の当然の要求という性格を完備している。肉体的生命の保護を要求する自然権のホッブズ的基礎づけは、自由主義的な意味での人権の全体系を思い出させるものである。もちろんホッブズのそうした基礎づけが、かかる人権の全体系を必須のものとして要請しているわけではないとしても。ホッブズが完成された自由主義と異なるのはつぎの点である。すなわち、ホッブズは自由主義的文明理念が、何に対して戦わねばならないかを見抜いていた点である。つまり堕落した制度や支配階層の悪しき意志に対してだけではなく、人間は自ら生まれつきもっている悪と戦わねばならぬと見抜いていたのである。ホッブズは非自由主義的な世界のなかで、——こうした表現が許されるならば (sit venia verbo) ——非自由主義的な人間的自然〔本性〕に抗して、自由主義の基礎づけを貫徹したのである。これに対して、かれの後継者たちは、自分の前提となっているものや目標に無知なまま、神が造りたもうた人間的自然〔本性〕の生まれつきの善を信頼したり、また自然科学的な中立性を根拠として、〔自然の〕改善の希望を心にいだいている。もし人間が自分自身の経験を反省してみれば、そうした希望にはいかなる権利も与えることができないはずなのに。ホッブズは自然状態に直面して、それを克服しうる限り克服しようと試みたのであるが、後継者たちは、自然状態を夢想するか、あるいはかれらの主張する歴史や人間の本質へのより深い洞察に基づいて、自然状態を忘却してしまっているのである。しかし——後継者たちの正当性をむげに否定することは許されない——結局のところ、後継者たちの前述した夢想や忘却は、ホッブズによって考え出された自然状態否定の帰結、つまり文明肯定の帰結であるにすぎない。

もし自由主義の究極の自己意識が文化哲学であるということが正しいとすれば、われわれはつぎのようにまとめることができよう。自由主義は文化世界のなかで保護されそのなかにとどまることによって、文化の基礎、すなわち自然状態を、いいかえれば他人に危険を与えかつ自らも危険に晒されるような仕方で存在する人間的自然〔本性〕を、忘れ去るものである。シュミットは、ホッブズによる自然状態の否定のなかに自由主義の根拠を剔抉するために、自由主義に抗して、自由主義の創始者であるホッブズに遡及したのである。[2] ホッブズが非自由主義的世界のなかで自由主義の基礎を築いたのに対し、シュミットは自由主義的世界のなかで自由主義批判を企てたのである。

(2) シュミットは『政治的なものの概念』の初出においては、ホッブズを「まことに最大の、おそらくは唯一の真の体系的政治思想家」として規定していた (*Archiv für Sozialwissenschaft und Sozialpolitik*, Bd. 58, S. 25)。だが今やかれは、ホッブズを「一人の偉大な真に体系的な政治思想家」であるとだけ述べている (52)。本当のところは、ホッブズは反政治的思想家そのものなのである（「政治的」という言葉をシュミットのいう意味で理解すれば）。

3

シュミットは、自由主義が政治的なものを否定しているのに対して、政治的なものを肯定し、政治的なものの現実性を承認している。シュミットの表明する見解によれば、政治的なものを肯定したからといって、それはひとが政治的なものを望ましいものと考えるとか、あるいは憎むべきものと考えるとか、その種のこととは関係がない。政治的なものを肯定するといっても、それは「好戦的ないし軍国主義的でもなければ、帝国主義的でも、平和主義的でも」(21) ない。シュミットはただそこにある現実を認識しようとしているだけである。このことは、かれが自分の説明を「価値自由」と考えていることを意味するのではないし、またそれが自分の研究の学問的性質のためであれ個人的決断の自由のためであれ、かれが政治的なものを価値判断する立場のあらゆる可能性を残しておきたがっていることを意味するのでもない。かれの関心はそうではなくて、この種のすべての可能性を封鎖することにある。すなわち、政治的なものはそもそも価値判断の対象となりえないし、なんらかの理想の尺度に則してはかられることもありえない。政治的なものに適用されれば、あらゆる理想は「抽象」にほかならず、あらゆる「規範性」は「虚構」にほかならない（37 f. および 16）。というのは、政治的なものは人間による他の人間の「物理的殺戮の現実的可能性」と関わることによって構成されるからであり（20）、「人間が殺戮しあうことを正当化しうるような、いかなる合理的な目的も、それほどまでに正当な規範も、それほどまでに理想的な計画も、それほどまでに美しい社会的理想も、またいかなる正当性ないし合法性も、存在しえないのである」（37）。

　政治的なものを肯定することにより、結果として、政治的なものの無批判的な記述（*unpolemische Beschreibung*）が現れる。だから、シュミットによる政治的なものの肯定的記述は、自然状態についてのホッブズの批判的《ポレーミッシュ》な記述と対立するものである。ホッブズは自然状態をそれ自体存立不可能なものとして叙述した。自然状態は万人が万人と戦う状態であり、自然状態においては万人が他の万人に対して敵である。シュミットによれば、自然状態の諸主体は個々人ではなくもろもろの集合体である。そしてさらに、すべての集合体が他の集合体に対して敵であるのではなく、敵対可能性のほかに、同盟や中立の可能性も存在する（22）。だからそのように理解された自然状態はそれ自体存立可能である。しかしかかる自然状態が現実的なものであるということは、今日にいたるまでの人類の全歴史が証明している。完全に脱政治化した人類の状態が存在する日がくるかもしれないが――「地球や人類にこうした状態が訪れるものかどうか、また訪れるとしてもいつなのか、こうした点についてわたしは何も知らない」――、いずれにせよ、そうした脱政治的な状態は「さしあたって存在しない」のであるから、「それが現存しているかのように仮定するのは不誠実な虚構……」であろう（42）。

さてシュミット自身はもちろんのことだが、脱政治化された状態は「さしあたって存在しない」（42）とか、「戦争は現実的可能性として今日なお現存している」（24）とか、そういうことだけを述べてよしとしてしまうことはできない。戦争の現実的可能性を完全に除去しようとする、いいかえれば政治的なものを廃絶しようとする力強い運動が今日存在するという事実、またこうした運動が時代の思考様式に大きな影響を与えているのみならず、現実的諸関係を強く規定しているという事実、――そうした運動の主張によれば、戦争というものは「今日……敬虔なものでも、なにか道徳的に善なるものでも、利益のあがるものでもな」（24）い、もちろん戦争は以前の時代においてはそれらすべてでありえたのであるけれども――、これらの事実に直面して、「戦争は現実的可能性として今日なお現存している」としても、今日という時をこえて――戦争は明日も、またあさってもそのように現存するのであろうかということが問われねばならない。いいかえれば、政治的なものを廃絶することはこれまでのところまだ成功していないとしても――、それは未来においても可能でないといえるだろうか、そうした可能性は一般にまったくないといえるのだろうか。

こうした問いかけに対してシュミットはつぎのように答える。すなわち、政治的なものは人間生活の根本的性格をなすものであり、政治はかかる意味において運命そのものである。だから人間は政治から逃れ去ることはできないのだ、と（24, 54, 64 f.）。政治的なものの逃れがたさは、人間が政治的なものを除去しようとするとき陥らざるをえない矛盾のなかに現れている。政治的なものを除去しようとする努力が成功する見込みをもちうるのは、それが政治的になる場合であり、そしてその場合のみである。すなわち、そうした努力が「人びとを味方と敵に集団化しうるほどに充分強力なものである」ときにのみ、それゆえ、そうした努力が「反‐平和主義者に抗する平和主義者を戦争に、『戦争に反対する戦争』に駆り立てることができたときにのみ」、なのである。その場合戦争に反対する戦争は、「人類の本当に最後の戦争」として企てられることになろう。そうした戦争は「必然的にきわめて劇烈で非人間的」になるにちがいない。なぜなら、その戦争において、敵は「大いに撃退せねばならないものとしてのみではなく、最終的に絶滅されねばならない……非人間的な化け物」として戦われることになろうから（24）。しかし人類が特別に非人間的な戦争を経験したあとで、特別に人間的になり、それゆえ非政治的になるであろうというようなことは期待できない。だから人間性のために政治的なものを廃絶しようとする努力は、必然的な帰結として、非人間性を増大させるだけである。それゆえ、政治的なものは人間生活の基本的性格であるといわれるとき、いいかえれば、人間は政治的であることをやめれば人間であることをやめるのだといわれるとき、それが何を意味するかといえば、人間は政治的であることをやめるとき、人間的《メンシユリツヒ》（人道的《ヒユーマン》）であることをやめるのだということなのである。だから、政治的なものを除去しようとする試みは必然的に矛盾に陥るのだとすれば、こうした試みは結局のところ不誠実な仕方でのみ可能である。「戦争を殺人であると呪いながら、なおかつ人間に向かって戦え、戦いにおいて殺せ、そして自らも死ね、それによって『再び戦争が起こらない』

ようにしよう、などと望むのは、公然たる欺瞞である」(37)。

それゆえ政治的なものは、可能性をもつものというばかりでなく現実的なものでもある。そして現実的であるのみならず必然的でもある。それが必然的であるのは、それが人間の自然として与えられているからである。だから政治的なものを否定したり肯定したりする立場の対立は、人間の自然〔本性〕をめぐる立場の対立に還元される。つまり最終的には人間は生まれつき善であるか悪であるかが、争われるのである。しかしその際、「善」と「悪」とは、「特殊道徳的ないし倫理的意味で受けとられ」てはならない。そうではなく、「善」とは「危険でない」ということとして、「悪」とは「危険である」ということとして理解されねばならない。だから究極の問いはこうなる。「人間は危険な存在であるか、危険でない存在なのか、危ない存在であるか無害で危なくない存在であるのか」(46)。「あらゆる真の政治理論」は人間の危険性を前提とする(49)。だから人間の危険性というテーゼが、政治的なものを肯定する際の究極の前提なのである。

といっても、このように要約された思考過程が、おそらくシュミットが言明せねばならない究極の言葉ではないし、たしかに最も深い言葉でもない。そうした思考過程を前提とするならば、それと調和しえない、まったく他の方向へと流れていく思考が隠蔽されてしまう。

シュミットは政治的なものを肯定するための究極の前提として、人間の危険性というテーゼを提示している。つまり、人間の危険性が確かなことであるように、政治的なものの必然性も確かなことなのである。しかし人間の危険性は不動の確実性をもつといえるであろうか。シュミット自身、人間の危険性というテーゼを、「推測」として、「人間学的信仰告白」として性格づけている(46)。しかし人間の危険性が単に推測されたり信じられたりするだけで、本来認識されないのだとすれば、その反対である人間の安全性という考えも可能であり、人間から、これまでつねに付き纏ってきた危険な性質を除去しようとする試みも、実行に移されうるということになる。人間の危険性がただ信じられているだけであるとすれば、その危険性は、またそれとともに政治的なものも根本から脅かされることになる。

シュミットが、「地球や人類にこうした（完全に無政治的な）状態が訪れるものかどうか、また訪れるとしてもいつなのか、こうした点についてわたしは何も知らない」(42) と述べるとき、かれは政治的なものが根本から脅かされているということを認めているのである。シュミットが多くの箇所で主張しているように、もし政治的なものは絶対に逃れがたいものであるとするならば、政治的なものが脅かされることはありえないはずであろう。だから政治的なものを逃れることはできないというシュミットの主張は、明解な限定付きで、したがってつぎのように理解されねばならないであろう。すなわち、政治的なものは、たとえそれが可能性としてであれ、一つの政治的な対立が存在する限りで逃れがたきものなのである。実際シュミットは、平和主義者に抗する論議のなかでかかる限定を付している。平和主義に抗する議論は、平和主義者と反平和主義者との対立が消滅しないことを前提としているからである。それゆえ政治的なものの逃れがたさは条件付きでのみ存在する。つまり最終的には政治的なものは脅かされたままなのである。

政治的なものが最終的に脅かされているとすれば、政治的なものを肯定することは、最終的には、政治的なものの現実性を承認することより以上のことであるにちがいない。すなわち政治的なものの肯定は、脅かされた政治的なものを擁護することであり、政治的なものを是認（*Bejahung*）することである。だから、なにゆえにシュミットは政治的なものを是認するのかどうかが問われねばならないのである。

政治的なものは、人間の危険性という考えが脅かされるかぎり、やはり脅かされている。それゆえ政治的なものを是認することは、人間の危険性を是認することである。こうした是認をいかに理解すべきであろうか。もしそれが政治的な意味をもつべきだとすれば、政治的なものすなわち人間の危険性の是認は、すべての政治的なものと同様、「いかなる規範的な意味ももちえず、ただ実存的な意味だけを」もっていることになる(37)。そうなるとつぎのことが問われねばならないだろう。つまり、「現に戦っている人間の集団」は、危険すなわち「緊急状態」において、その敵の危険性を是認しているのだろうか。危険な敵を自ら求めているのだろうか。これに対しては、C・ファブリキウスが述べたような意味において、否と答えねばならないであろう。ファブリキウスはギリシアの哲学者が快楽こそ最大の善であると述べるのを聞いたとき、われわれがピュロス王やサムニウム人たちと戦っている間、かれらがこの哲学者と同じ意見だったらよいのに、と述べたのである。同様に、危機にたつ国民はその危険性ゆえにではなく、危機から救われんがために己れ自身の危険性をひきうけようとするのである。そこで、人間の危険性をこのように是認することは、決して政治的な意味をもつものではなく、ただ「規範的」、道徳的な意味をもつだけである。よりふさわしい表現をすれば、人間の危険性を是認することは力を是認することであり、マキアヴェルリの言葉を使えばヴィルトゥ（virtù）、つまり国家を形成する力の是認なのである。ここでまたわれわれはホッブズについて考えてみよう。ホッブズは自然状態の徳（ちなみに、これは自然状態自体と同様ホッブズによって否定されるのだが）として恐怖を与えることをあげ、その恐怖を与えることを名誉と勇敢さであるとして理解している。こうなると、好戦的な道徳こそ、シュミットが政治的なものを是認する究極の正当な根拠であるようにみえる。そして政治的なものを否定する立場と肯定する立場との対立は、平和主義的なインターナショナリズムと好戦的なナショナリズムとの対立に合致するようにみえる。

実際にそうであろうか。シュミットが自ら好戦主義者となって平和主義者と対立することを、どれほど断固として拒否しているかを考えると、そのことは疑わしいものとなるであろう(21)。シュミットが政治的なものを肯定するための究極の前提として、いかにして人間の危険性という考えに到達したのかをより詳しく研究してみるや否や、シュミットが好戦主義者であるということは否定されねばならなくなるであろう。シュミットは平和主義的理想を、すでに二度にわたって、それが現状でとるべき態度にとっても、また現状の理解にとっても、意義をもたないという理由で拒絶したあとで(24および42)、一つになった人類の完全に非政治的な「消費‐生産団体」という「世界国家」の原理的可能性を承認しつつも、最後につぎのような疑問を提示している。「地球を包みこむ経済的、技術的集中と結びついた恐ろしい権力が、いかなる人びとの手に委ねられるであろうか」。いいかえれば、いかなる人びとが「世界国家」において支配するのであろうか。「この問題は、人間が絶対的に自由なのだから、人間に対する人間の支配は余計なことになるであろう……などと期待することによっては、決して片づけることはできない。というのは、人びとがなんのために自由であるかがまさしく問題なのだからである。これについてひとは楽観的な推測で答えることも、悲観的な推測で答えることもできる」。楽観的な推測とは、人間は危険な存在でなくなるだろうというものであり、悲観的な推測というのは、人間は危険な存在であり続けるだろうというものである(46)。人間による人間の統治は必然的なことであるか、または余計なことであるか、そして将来どちらになるかという問いに直面して、人間は危険であるか危険でないかという問いが浮上してくることになる。この場合人間の危険性とは支配の必要性を意味する。そうすると究極的な対立は好戦主義と平和主義の（したがってナショナリズムとインターナショナリズムの）間で生ずるのではなく、「権威主義的理論と無政府主義的理論」(48) との間で生ずることになる。

権威主義的理論と無政府主義的理論の間の論争は、人間が生まれつき悪であるのか善であるのかという点を中心としている。だがその際、「悪」ないし「善」というのは「特殊道徳的ないし倫理的意味で受けとられる必要はなく」、「危険である」か「危険でない」かということとして理解されるべきである。このことは、シュミットが言及した「悪」の二重の意義を考慮に入れるとき、明らかとなるであろう。「『悪』は堕落、弱さ、怯懦、愚鈍として、しかしまた『粗野』、衝動的なもの、野性、非合理性等々として現れる……」(46)。すなわち、「悪」は人間の劣等性としてか、あるいは動物的力として、人間的無力（humana impotentia）ないし自然的能力（naturae potentia）（スピノザ『エチカ』Ⅲ序）として理解されうる。そして「悪」が道徳的な意味で考えられるべきでないとすれば、「悪」についてはニ番目の意義のみが問題となる。かかる意味において、「一七世紀の国家哲学者たち（ホッブズ、スピノザ、プーフェンドルフ）」は、自然状態における人間を「悪」として特徴づけた。すなわち、「それぞれの衝動（飢え、情欲、不安、嫉妬）につき動かされた動物」(47) と同じように「悪」であるとして特徴づけたのである。だが問題は、なにゆえにこれらの哲学者たちが、とくにホッブズが、人間を「動物と同じように悪」であると理解したのかである。ホッブズは原罪を否定したのだから、悪を無垢な「悪」として理解しなければならなかった。そしてホッブズがなぜ原罪を否定したのかといえば、かれは正当なすべての権利要求に先行する原初的ないかなる人間の義務も認めなかったからであり、ホッブズは人間を生まれつき自由なものとして、すなわち義務を負っていないものとして理解していたからである。それゆえかれにとって、政治における根本的事実は、個人の正当な要求としての自由権なのであって、義務とはあとから追加された自然権への制限なのである。こうしたアプローチから、個々人の国家への、また国家に抗する要求としての人権宣言に対する原理的疑念や、社会と国家の区別すなわち自由主義に対する原理的疑念をひき出すことはできない。たとえ自由主義が、ホッブズ的アプローチの不可避的な帰結ではありえないとしても。そして人間の悪が動物の、ただし危害を受けて賢くなりうるような、いいかえれば教育可能な動物の、無垢な「悪」として理解されるとすれば、実際のところ最後には、教育にいかなる限界を設定しうるかという単なる「推測」が問題となるであろう。絶対王政の信奉者とならざるをえなかったホッブズ自身がそうしたように、教育の限界はごく狭い範囲に限られるのであろうか。あるいは自由主義者の考えるようにその範囲は広いのであろうか。さらには、無政府主義がそうしたように、ひとは教育にほとんどすべてを期待するのであろうか。悪が無垢な「悪」として、そしてそれとともに善が悪自体の要素として理解されるや否や、悪と善との対立は鋭さを失い、意味さえも失う。シュミットは自由主義に対する根底的な批判をめざしているのだが、そのためにはシュミットにとって、人間的悪を動物的な、そしてそれゆえに無垢の

「悪」であるとする解釈を撤回し、人間的な悪を道徳的邪悪とみる解釈に立ち戻るという課題が生ずる。もし「政治理念の核心が道徳的に要求多き決断」であるとするならば（『政治神学』56）、そのようにしてのみシュミットは首尾一貫性を維持し続けることができる。シュミットがホッブズやかれの後継者たちによる悪の理解に対して加えた大修正は、自由主義を批判するというかれの要請に充分応えるものではないのみならず、その要請と矛盾するものである。ホッブズは自然的な、そして無垢の「悪」を、それが抑制されうるものであるがゆえに強調したのだが、シュミットは道徳的には理解できないこの「悪」について、見まごうことなき共感をこめて語っている。しかしこの共感は、動物的な力に対する感嘆以外のなにものでもない。そして、シュミットが前に引用した文章で美的なもの一般について述べていることも、同じように感嘆以外のなにものでもない。つけ加えていえば、そうした感嘆はどうみても適切なものとはいえない。なぜなら、シュミットが感嘆するものは決して優越したものではなく、むしろ欠陥として、必要性（すなわち支配の必要性）として発見されるからである。支配の必要性をいうために発見された人間の危険性という考えは、それが道徳的邪悪を意味する場合にのみ、適切に理解されうる。人間の危険性はそのようなものとして認められるにちがいないが、是認されうるものではない。とすれば、政治的なものの是認とはいかなる意味をもつであろうか。

シュミットが政治的なものを是認する理由、そもそもかれが政治的なものを現実的ないし必然的であると承認するのみならず、是認しているという事実、こうしたことが最も明瞭に示されるのは、政治的なものを否定する理想に対して加えたかれの批判のなかにおいてである。結局のところ、シュミットはそうした理想を決してユートピア的だとして否認するのではなく——かれは、政治的なものを否定する理想が実現可能であるかどうか自分は知らない、と述べているのだから——、嫌悪しているのである。シュミットが、こうした自分の信念を道徳的にひけらかさずに隠蔽しようとしていることは、かれの批判をそれだけ効果的なものとしている。シュミットの述べるところを聞いてみよう。「……味方と敵の区別が、単なる偶発性によるものであれ消失する……ならば、そこには政治的に無色の世界観、文化、経済、道徳、法、芸術、娯楽等々が存在するにすぎず、政治も国家も存在しないのである」(42)。われわれはこの引用文で「娯楽」という言葉に傍点を付した。なぜなら、シュミットは娯楽を人間の真剣な諸活動の系列から限りなく消してしまうために、力をつくしているからである。とりわけ「娯楽」という単語の直後におかれた「等々」という言葉は、「娯楽」が実際にはその系列にとって最終の構成要素であり、その究極の目的（finis ultimus）であることを欺くためのものなのである。シュミットはつぎのように考えているのだ。政治的なものに対する敵対者は、いいたいことをなんでもいうことができる。すなわちかれらは自分たちのもくろみのために、人間の最高の願いをも証拠として引き合いに出すことができる。かれらのよき信念は非難されるべきではない。世界観、文化等々が、かならずしも娯楽である必要はないとしても、それらは娯楽となりうるのである。これに対して、政治と国家を「娯楽」と一息で呼ぶことは不可能である。世界が娯楽の世界とならないための唯一の保証は、政治と国家である。それゆえ、政治的なものに敵対する者の望みは、最終的には、娯楽の世界の、すなわち楽しき世界の、真剣さなき世界の構築なのである。さきの引用文よりまえの箇所でシュミットが述べているように、「最終的に平和が実現された地球とは、政治なき世界ということになろう。そうした世界においても、ひょっとしたら、きわめて興味深いもろもろの対立や対比が、あらゆる種類の競争や策謀が、存在しうるであろう。しかし、重要なことは、それを根拠として人間が己れの生命を犠牲に捧げるよう要求されるような対立は、存在しえないであろうということだ」(23、傍点引用者)。ここにおいてもまた、シュミットが平和主義者の考える理想的状態に対して認めているもの、シュミットの注意を引くものは、そうした世界の興味深さであり、その娯楽性なのである。またここにおいてもシュミットは、こうした叙述に含まれている批判を隠蔽しようとつとめている。すなわち「ひょっとしたらきわめて興味深い」というように。当然のことながら、シュミットは、政治なき世界が興味深いものであるということに疑いをさしはさもうとしているのではない。かれはその世界がきわめて興味深い(「あらゆる種類の競争や策謀」)ということをまさしく確信しているのだ。「ひょっとしたら」という言葉は、そうした世界の興味深さが、人間という名に値する者の興味を引きうるのかどうかを問題としているのである。そしてまたその言葉は、政治なき世界の興味深さに対する嫌悪の念を隠蔽しながらも、逆にほのめかしてもいる。なぜならそうした世界の興味深さは、人間が、本来重要な問題を忘却してしまったときにのみ可能なのだからだ。こう考えてくると、シュミットがなにゆえに平和主義者の理想(より原理的にいえば文明の理想)を忌避するのか、そしてなにゆえに政治的なものを是認しているのかが明らかとなるであろう。かれは政治的なものを是認する。なぜなら、かれは政治的なものの存立が脅かされていることのなかに、人間生活の真剣さが脅かされているのをみてとっているからである。結局のところ、政治的なものの是認は、道徳的なものの是認にほかならないことになるのである。

現代を脱政治化の時代と特徴づけるシュミットの見解をより詳細に考察しても、結論は同じである。

現代を脱政治化の時代と特徴づけたからといって、いずれにせよそのことは、一九、二〇世紀において政治が、一六、七世紀におけるほど人の運命を左右するものでなくなった、ということを意味しない。人類は今日、以前にもまして、「戦闘の現実的可能性をもつ複数の集団」のなかに分解されている。根本的な変化が生じたのは、戦闘が行なわれているという事実に関してではなく、戦闘の目的に関してである。戦闘の目的は、何が重要であり、基準となるものとみなされているかという点にかかっている。基準となるものとみなされたものは、それぞれの時代によってさまざまである。一六世紀には神学が、一七世紀には形而上学が、一八世紀には道徳が、一九世紀には経済が、そして二〇世紀には技術が、基準となるものとみなされている。原則的にいえば、それぞれの世紀において、異なった「実質領域」が「中心領域」である(67-71)。政治的なものは決して「固有の……実質領域」ではないがゆえに(14)、決してまた「中心領域」でもない。「中心領域」が変遷していくのに対して、政治的なものは恒常的に運命であり続ける。しかし人間の運命として、政治的なものは、ひとが何を究極的に重要なこととみなすかにかかっている。「国家でさえその現実的な力をその時どきの中心領域から(受けとる)。なぜなら、敵味方の集団形成が行なわれる決定的に重要な闘争テーマもまた、その時代の基準となる実質領域によって決定されるからである」(73)。したがって現代を特徴づける脱政治化の意味を正しく理解するためには「一連の中心領域の段階的変遷」のなかに、いかなる法則が貫かれているのかを理解しなければならない。その法則こそ「中立化への方向性」であり、それはいいかえれば、「確実性、明証性、協調と平和を可能にする」(75)基盤を獲得するための努力である。この場合協調と平和というのは、いかなる代価を支払ってでも達成されねばならない協調と平和という意味である。すでに確立されている目的に対する手段をめぐってなら、原則的にいって協調はいつでも実現されうるが、目的それ自体はつねに闘争をひき起こす。すなわち、われわれは正義と善なるものについてだけは、相互に、またわれわれ自身ともつねに争う（プラトン『エウテュプロン』7B-Dと『パイドロス』263A）。だからいかなる代価を支払ってでも協調を実現したいと望むならば、何が正しいのかという問題に答えることを断念し、手段のことのみに気をつかう以外に道はない。かくして明らかなごとく、近代ヨーロッパは正しい信仰をめぐる闘争から逃れようとして、一つの中立な基盤それ自体を求めて出発したが、ついに技術への信仰に到達したのである。「今日広く認められる技術信仰の明証性は、技術のなかに絶対的かつ究極の中立的基盤が見出されたという信念にのみ基づいている。……神学的な、形而上学的な、道徳的な問題と比べてみれば、そして経済的な問題と比べてみてさえ、それらの問題は永遠に争われうるのに対して、純粋技術的諸問題は、なにかさわやかな客観性をもっている。それらには明解な解答が可能なのである……」(76)。しかし技術の中立性は見かけだけのものである。「技術はつねに道具や武器であるのみであって、それがまさにだれにでも役立つがゆえに、中立ではない」(77)。技術の中立性が仮象であるとわかるにつれて、「絶対的かつ究極の中立的基盤」を発見したり、いかなる代価を払ってでも協調を実現しようとする試みの不合理さも明らかとなる。いかなる代価を払っても協調が実現されるべきだとすれば、それは人間生活の意味を放棄するという代償を支払ってえられる協調でしかありえない。なぜなら、そうした協調は何が正しいことかという問いを断念するときにのみ、実現可能だからだ。そして人間がそうした問いを断念するとき、かれは人間であることを断念することになる。しかし人間が何が正しいことかを真剣に問うならば、そうした問いのもつ「解きがたき問題構成」(76)に直面して、紛争が、それも生死を賭した紛争が勃発するのである。何が正しいことかを真剣に問うことによって、政治的なもの——人類の敵味方への集団化——はその正当な根拠を得るのである。

政治的なものの是認は自然状態の是認である。シュミットはホッブズによる自然状態の否認に対して、自然状態の是認を対置しているのだ。自然状態は端的に戦争状態(status belli)である。だから自然状態を是認することは、好戦主義的な意味をもちうるだけであるようにみえる。だがそれは仮象であって、そのことは、自然状態への回帰がシュミットにとって何を意味しているのかをみるならばすぐに理解される。自然状態の是認は戦争の是認を意味しているのではなく、「現状(status quo)の安全性を放棄すること」(80)を意味しているのだ。安全性が放棄されねばならないのは、戦争が何か「理想的なもの」であるからではない。そうではなくて、「華麗なる体面」から「現状の快適さと安楽」から、「文化的ないし社会的虚無」へ、「秘密の目だたぬ原初」へ、「傷つけられておらず堕落もしていない自然」(80)へともどるべきだからであり、それとともに「完璧な知の力によって、……人間界〔人間的な事柄〕の秩序」が再び生じうるからである(81)。

しかし、もし政治的なものの肯定は道徳的なものの肯定に還元されうるということが、シュミット自身の見解にそったものであるとするならば、そのことと、政治に対して道徳を優位させることへの、シュミットの著作全体に一貫している批判は、いかにしてつじつまがあうように説明されるのであろうか。最も手軽に説明しようとすれば、道徳の優位に対するシュミットの批判においては、「道徳」という言葉でまったく特定の道徳が、つまり政治的なものと原則的に矛盾する道徳が考えられているのだ、ということになろう。「道徳的」ということはシュミットにとって——少なくともここで述べられている関連においては——、つねに「人道主義的‐道徳的」である（67 ff. 参照）。しかしながらそうであるとすれば、シュミットは人道主義的‐平和主義者的道徳が真の道徳であるという主張を疑問視する代わりに、かれの敵対者の道徳理解に拘束されていることになる。シュミットは論争相手の見解にとらわれたままであることになる。

ところでシュミットが道徳を——「理想」や「もろもろの規範」を——批判したからといって、そのことは、かれが人道主義的道徳や平和主義の理想について、道徳的判断を述べることをさまたげるものではない。なのにシュミットはすでに述べたように、かかる道徳的判断を隠蔽しようとつとめている。こうした隠蔽のなかに一つのアポリアが表現されている。すなわち、政治的なものの存立が脅かされているということから、政治的なものを価値判断する立場が不可欠なものとなるが、同時に、政治的なものの本質を洞察していくにつれ、政治的なものを価値判断する立場への疑念が生ずるのである。というのは、政治的なものを価値判断する立場は、「自由な、制約されざる決意であり、自由に自ら決意する者以外のひとには関わりのない決意」であろうし、本質的に「私的な事柄」（36）ということになろうからである。しかし政治的なものは私的な好みの問題ではない。政治的なものは私的なことを越えた拘束力ある性格をもっている。もしすべての理想が私的なものであって、拘束力をもたないものであると仮定されるならば、拘束性は義務としてではなく、ただ避けがたき必然性としてのみ把握されることになる。そうした仮定を、シュミットは政治的なものの逃れがたさを主張するために用いるのであるが、事柄に強いられて、そうした主張を保持することができなくなるや否や、かれはこの同じ仮定を、自らの道徳的判断を隠すために用いるのである。しかしながら、そうした仮定はシュミット自身が強調するように、「個人主義的‐自由主義的社会」(36)に特徴的な仮定なのである。

さて、道徳的なものから切り離されたところで政治的なものを是認するとは、また道徳的なものに対する政治的なものの優位とは何を意味するのであろうか。われわれはその点を根本から明らかにしてみたい。政治的であるということは、「緊急事態」に対応していることを意味する。それゆえ、政治的なもの自体の是認は闘争それ自体の是認であって、何のために闘われるかという点についてはまったく無関係なのである。したがって、政治的なものをそれ自体として是認する者は、あらゆる敵‐味方の集団形成に対して中立的な態度をとるということである。かかる中立性は、政治的なものをそれ自体として否認するような中立性とはまったく異なっている。——政治的なものをそれ自体として是認し、それとともに、あらゆる敵‐味方の集団形成に中立的な者は、「政治的集団から……離脱し、ただ私人として生き」(40)ようとしたりはしない。かれは「中立化」への意志、つまり決断回避への意志をいかなる代価を払っても手にしようなどとはしない。そうではなくて、かれはまさしく決断を待ち受けているのである。——いかなる決断であるかにはかかわりなく、それが下される時を待ち受ける緊張状態として、決断は、本来中立化のためにひらかれていた可能性、つまりあらゆる決断の彼岸にある可能性を利用する。政治的なものをそれ自体として是認する者は、戦わんとする者をすべて尊敬する。かれは自由主義者とまったく同じくらい寛容である——ただしまったく反対の意図からであるが。自由主義はすべての「誠実な」確信を、それが法律的秩序や平和を神聖視するものである限り、尊敬し、そうした確信に対して寛容である。これに対して、政治的なものをそれ自体として是認する者は、すべての「真剣な」確信、すなわち戦争の現実的可能性に向けられたすべての決断を尊敬し、そうした決断に対して寛容である。だから、政治的なものそれ自体の是認は、符号を逆にした自由主義であることがはっきりする。そしてそれとともに、「自由主義的思考の驚くべき首尾一貫した……体系性」は「今日ヨーロッパではまだ他のいかなる体系によっても置き換えられていない」(58)というシュミットの確信が真実であることが証明されることになる。

したがって政治的なものそれ自体の是認は、自由主義に対抗するシュミットの出発点となる言葉でありうるにすぎず、自由主義に対する根底的な批判をただ準備しうるにすぎない。『政治的なものの概念』より以前の著作のなかで、シュミットはドノソ・コルテスについてつぎのように述べている。コルテスは「自由主義者を軽蔑している。だが他方かれは、無神論的-無政府主義的社会主義をかれの不倶戴天の敵として尊敬しているのだ……」(『政治神学』55)。闘争は不倶戴天の敵の間でのみ遂行される。そうした敵と敵の間を仲裁したり、中間的な妥協を得ようとしたりする「中立者」を、闘争する両者は頭から軽蔑しつつ――粗野な罵言であるいは礼儀を守りつつかはそのひとの気質によるが――わきへ押しのける。「軽蔑」は文字どおりに受けとられねばならない。闘争する両者は中立者を尊敬しない。両者は張りつめた心で己れの敵に目を向け、中間に立ちふさがり視界をさえぎる「中間者」に傍へどくように合図する。もちろん両者はその「中間者」を正視したりはしない。ただ自由な射撃範囲を確保するために、「どけ」と手で合図するだけである。だから自由主義に対する批判は、ただ随伴的ないし準備的な処置という意味をもちうるだけである。自由主義批判は、「技術の精神」すなわち「反宗教的な現世的行動精神という集団的信仰」(79)と、まだなんとも名付けられていないようにみえるとはいえ、それと対立する精神や信仰との間の決戦のために、戦場を提供するものなのである。結局正しいものは何かという問いに対する相互に根本的に対立する二つの解答があり、その二つの解答の間にはいかなる仲裁も中立性も認められないのである（六〇頁の「二分肢的アンチテーゼ」と「三分肢的スキーム」ないし「構成」についての注を参照せよ）。だからシュミットにとって、結局のところ、自由主義に対する闘争は関心事ではない。まさしくそれゆえに、政治的なものそれ自体の是認は、シュミットが究極的にいいたいことではない。かれが究極的にいいたいことは、「人間界〔人間的な事柄〕の秩序」(81) なのである。

自由主義に対する批判は、シュミットが究極的にいいたいことであるかのようにしばしばみえること、またかれはしばしば自由主義に対する批判に関わりあってきたこと、そしてかれは自分自身の本来の意図から引き離され、自由主義によって定められた地平に引きとどめられていること、こうした点は論争の余地なく確かである。こうした関わり合いは決して偶然の出来事ではなく、「精神的領域のあらゆる概念は……具体的政治的実存からのみ理解されうる」(71) とする、また「あらゆる政治的概念、表象、言葉は論争的な意味を」(18) もつという原理の必然的な帰結である。こうしたシュミットの原理はそれ自体、自由主義的なもろもろの前提と結びついているのだが、シュミットはホッブズによる批判的《ポレーミッシュ》な自然状態概念に、かれ自身の無批判的な自然状態概念を対置することによって、そうした己れの原理に実際のところ逆らうことになっている。そしてシュミットは、人間界〔人間的な事柄〕の秩序を「完璧な知」(81) から得られると期待することによって、自分の述べた原理をきっぱりと放棄してしまう。なぜなら、完璧な知は、偶然によるのでなければ、決して論争的ではないからであり、「具体的政治的実存から」、つまり時代の状況から得られるものではなく、起源への回帰によって、つまり「傷つけられておらず堕落もしていない自然」(80)への回帰によってのみ得られるものだからである。

われわれは(2の終わりで)、シュミットは自由主義世界のなかで自由主義批判を遂行したのだと述べた。そのことによってわれわれがいわんとしたのはつぎのことである。すなわち、シュミットの自由主義批判は自由主義の地平で遂行されたのだということ、そしてかれの非自由主義的傾向は、これまでのところいまだ克服されていない「自由主義的思考の体系性」によって妨げられてしまった、ということである。したがってシュミットによって着手された自由主義批判は、自由主義の彼方の地平が獲得されたときはじめて完成しうるのである。そうした自由主義の彼方の地平で、ホッブズは自由主義の基礎を築いた。だから自由主義に対する根底的な批判は、ホッブズの的確な理解をふまえてのみ可能である。それゆえ、自由主義に対する根底的な批判という差し迫った課題の遂行のために、シュミットから何を学ぶことができるかを示すことが、われわれのこの注解の主要な関心事なのであった。

注

引用文献略記号

B[1]　Behemoth（『ビヒモス』）
Ci[2]　De cive（『市民論』）
Co[2]　De corpore（『物体論』）
d　Epistula dedicatoria（献辞）
E　Elements of law (ed. Tönnies)（テニエス編『法の原理』）
E, I[2]　Elements of law, Part I.（『法の原理』第一部）
H[2]　De homine（『人間論』）
J　Introduction（〔『リヴァイアサン』の〕序説）
L[3]　Leviathan angl.（英語版『リヴァイアサン』）
Ll　Leviathan lat.（ラテン語版『リヴァイアサン』）
O[4]　Opera latina (ed. Molesworth)（モールズワース編『ラテン語版全集』）
p　praefatio（序文）
R　Review and conclusion（〔『リヴァイアサン』の〕総括と結論）
W[4]　English Works (ed. Molesworth)（モールズワース編『英語版全集』）

（1）このあとに記された数字は、テニエス版の頁数を示す。
（2）ローマ数字は章を、アラビア数字は節（パラグラフ）を示す。
（3）括弧内の数字は、A・D・リンゼイ版の頁数を示す。*
（4）ローマ数字は巻数を、アラビア数字は頁数を示す。
* リンゼイ版の頁数のあとの〔　〕は、水田・田中訳『リヴァイアサン』の頁数である。——訳者付記

I　序　論

（1）この点についてはとくに、E. Cassirer, *Die Philosophie der Aufklärung*, Tübingen 1932, 339 ff.〔『啓蒙主義の哲学』、中野好之訳、紀伊國屋書店、一九六二年、三一六頁以下〕を参照。
（2）Ci, d & p; Co VI 7.
（3）*Ges. Schriften* II 452.

(4) l. c., 293 f.

(5) 最近J・レアード (J. Laird, *Hobbes*, London 1934) は、まったくディルタイに依存することなく、ある意味ではかれと対立して、ホッブズ政治論と伝統の関連を研究した。かれの主張によれば、たとい中世的「技法」を用いてではあれ、形而上学においては機械論という新しい教義を話題にしているホッブズは、倫理学と政治論においては徹頭徹尾中世的である (57)。この主張に従ってレアードは、ホッブズと中世におけるかれの先行者たちとの間での本質的相違を、ホッブズの「論理的厳格さと冷酷無情さ」(58) のなかに、ないしは近代自然科学の諸方法と諸原理による伝承的教説の基礎づけ (90 および 181 参照) のなかにみている。この企てに対しては、ディルタイに対する反論としてうえに述べたのと同じことがいえるだろう。

II　道徳的基礎

(1) Co I 9; cf. H, d.

(2) 『市民論』序文において狭義の政治論について語られているのと同じことが、政治学のもう一つの部門である道徳論にも妥当することは、『人間論』の献辞から明らかになる。

(3) Co VI 7; L, J 〔一二頁〕.

(4) H, d; L c. 31 (197) 〔二四二頁〕.

(5) L c. 30 (180 および 187) 〔二三二頁および二三一頁〕; L, J 〔一二頁〕; E. d. [; *English Works*, vol. vii, p. 399.]

(6) こうした区分の最も手近な出典は、Marius Nizolius, *De veris principiis et vera ratione philosophandi*, Parma 1553, lib. III., cap. 3-4.

(7) Ci, d.

(8) Co I 9; H, d; L, J 〔一一頁〕.

(9) Co I 7; Ci, d; L, J. 〔一一頁〕 および c. 9 〔五八頁〕.

(10) H, d.

(11) W IV 445; L c. 37 (238) 〔二九四頁〕 参照。

(12) E, d; [*Leviathan*, ch. 9;] Co I 9; Ci, d.

(13) Ci, d.

(14) H X 3.

(15) E I, VII 7; L c. 11 (49) 〔六七頁〕.; H XI 15. これら三箇所のすべてにおいてホッブズは、生命とは限界のない欲望であるという命題を、欲望は知覚の結果以外の何ものでもないという前提に立って機械論的に根拠づけるとともに、欲望は本質的に自発的であるという、それとは両立しがたい確信に立っても根拠づけている。より仔細にみれば、機械論的根拠づけがさきの命題の証明には不充分であること、したがって、命題自体が、ホッブズにとって有する明証性を機械論的根拠づけに負うことは不可能であることがわかる。

(16) L c. 11 (49) 〔六七頁〕.

(17) ホッブズの「自然的」という概念については、なかんずく、Ci I 2 n. 1 を参照。

(18) W VII 73.

(19) L c. 13 (64)〔八四頁〕.

(20) E I, XIX 5; Ci V 5; L c. 17 (88 f.)〔一一四頁〕.

(21) E II, VIII 3; E I, VIII 8-IX および Ci I 2 参照。

(22) L c. 8 (36)〔五二頁〕; E I, X 9-11 参照。

(23) とくに、L c. 13 (64)〔八五頁〕:「名誉は、一語、一笑、意見の相違、その他の過小評価の徴しのような些細なことのために、(暴力を用いるのである)」参照。さらに、E I, IX 1; Ci I 2 および IV 9; H XII 6 参照。〔本訳書、一六五頁および二七六頁注（20）参照。〕〔なお英訳版では、『リヴァイアサン』からの引用の代わりに、『市民論』第一章第二節からの引用「名誉……あるいは、自分自身についての善き意見……」が示されている。――訳者付記〕

(24) 筆者は、近い将来にホッブズ政治学の叙述の範囲内で、このことの証明ができることを希望する。

(25) L c. 28 末尾〔二二〇頁〕。

(26) O I, p. XCIV.

(27) ホッブズは――自然主義という意味では首尾一貫して――、虚栄心を動物的自然から導出しようとした（E I, VIII 3-5 および L c. 10 参照）。それゆえかれは、虚栄心の喜び以外の何ものでもない文明化された社交の喜びの記述を、つぎのような言葉で閉じることができるのである。「そして、これらは社会的交わりの真の喜びであり、われわれは自然により、すなわちあらゆる生き物にうえつけられた情動によって、それへと導かれるのである……」(Ci I 2)。人間的自然と獣的自然との詳細かつ厳密な対比によれば、獣には虚栄心が欠けているとされるが、この対比は、虚栄心の獣的性格についてのさきの指摘と矛盾することになる。『市民論』第五章第五節および『法の原理』と『リヴァイアサン』における対応箇所参照。

(28)「……司教は責任非難ということを、ある物事に対する非難と考えるのではなく、かれが咎めだてる人に対する敵意や復讐の口実と思い違えている。……われわれは人に責任を負わせるのと同様に、(町を焼失させた責任を火に、人を殺した責任を毒に）負わせる。なぜなら、われわれは、人が不正をなしたといえるのと同様に、火事が損害をおよぼし毒薬が人を殺したといいうるからである。しかし、われわれは、火事や毒薬に復讐しようとはしない。なぜなら、われわれは、われわれが傷つけられたときその犯人に許しを乞わせるようには、火事や毒薬に許しを乞わせることができないからである。だから、人と事物に対する責任非難、すなわちこれら双方によってなされた行動を有害で悪しきものとする宣言は、二つにして一つである。しかし、人間の敵意は、ただ人に対してのみ向けられる」(W V 53 f.)。――復讐心が虚栄心に根拠をもつことは、とりわけ、『法の原理』第一部第九章第六節および第一六章第一〇節から明らかになる。

(29) H XI 6.

(30) とくに、Ci III 32 をみよ。

(31) E, XIV 17 を E, d. と比較せよ。

(32) H XI 15; E I, VII 7; L c. 6 (30)〔四五頁〕および 11 冒頭〔六七頁〕。

(33) H XI 6; Ci, d. および I 7.

(34) H XI 6; E I, XIV 6; Ci, d. III 12 および VI 13 参照。

(35) *Discours de la méthode* 末尾〔デカルト『方法序説』、落合太郎訳、岩波文庫、九二頁〕。

(36) *Tr. de intell. emend.* § 15.〔スピノザ『知性改善論』、畠中尚志訳、岩波文庫、一五－一六頁〕

(37) Co I 7.——ホッブズは、自然科学の効用について論じているほとんどすべての箇所で、医学にはまったく言及していないことが、さらに指摘されうるであろう。E I, XIII; Ci, d および XVIII 12; L c. 13 (64 f.)〔八三頁〕および 46 冒頭〔四五一－四五二頁〕; Co I 7 参照。

(38) 理性の命令であるもろもろの自然法についてホッブズは、それらは「平和に役立つもろもろの定理にすぎず、まただ単に特殊な人びとの結論にすぎないものとして、不確実な定理であり、それゆえ正確には法ではない」と述べている。W IV 285. Ci II 1 n. 参照。〔および *Leviathan*, ch. 26 (141)〔一七六頁〕.〕

(39) 「というのは、各人は自らにとっての善を求め、自らにとっての悪を避けようとする。しかも主に、死という自然の最も主要な害悪を避けようとする。そして、各人は、石が地上に落下するのに劣らぬ自然の必然をもってそうするのである。それゆえ、各人が自らの四肢を保護し、健康を維持し、自らの身体を死と苦痛から守ろうと全力を傾けるとしても、それは不条理でもなければ非難すべきことでもなく、また真の理性に反することでもないのである。……したがって、自然権の第一の基本原理は、各人が最大限に自らの生命と四肢を守ろうとすることである」。Ci I 7.——ここでいう「必然 (necessitas)」が、自然主義的－決定論的意味で理解されてはならないことは、つぎのような対応箇所に照らして明らかである。すなわち、「簒奪者に対する強いられた屈伏によって暴力による死から自らを守ろうとすることを、人間にとってきわめて憎むべき罪であるとするあなたは、簒奪する議会に対して自発的に屈伏するとは何たる罪であるか、と考えるべきであった。……かれ（ホッブズ）は、かれらの屈伏を、かれらの以前からの服従、そして現在の必然によって正当化した……」。W IV 423 f.

(40) Ci I 2-3.

(41) H XIII 9. ホッブズは、『市民論』第三章第三二節ではまだプラトンの枢要徳 (Kardinaltugenden) を承認していた。『リヴァイアサン』第一五章 (81)〔一〇九頁〕では、かれは正義のほかに、わずかに節制にのみ言及している。〔さらに、つぎのことが指摘されねばならない。すなわち、『リヴァイアサン』第六章 (26)〔四〇頁〕では、勇敢は一つの情念として性格づけられていること、および、早くも『法の原理』第一部第一七章第一四節において、一方ではつねに徳である正義、衡平、謝恩、節制、慎慮と、他方では徳であることもありうるが悪徳でもありうる勇敢、気前のよさ、等々とが、明確に区別されていることである。本訳書、七一頁および一四二－一四五頁参照。Voltaire, *Dictionnaire philosophique*, art. 'Vertu' and 'Fausseté des vertus humaines'〔ヴォルテール『哲学辞典』、高橋安光訳、法政大学出版局、一九八八年、三九七－三九八頁および一九五－一九六頁〕、および Kant, *Fundamental Principles of the Metaphysics of Morals*, first section (the paragraphs at the beginning)〔カント『道徳形而上学原論』、篠田英雄訳、岩波文庫、一七頁〕参照。〕

(42) E I, IX 21.

(43) ホッブズは受苦的な生を、そこでは「ほとんどあらゆる苦悩」が立ち現れる一つの競走になぞらえているが、その際かれは恐怖にはまったく言及していないことが強調されよう。すなわち、勝利を追求する人間はまったく恐怖を知らない。恐怖はそれ独自の (sui generis) 苦悩であって、ストア的見解によれば理性が情念に対立するのと同じく、恐怖はもろもろの苦悩と対立して現れる。ホッブズがいかなる経路をへて恐怖のこうした評価に到達したかは、『市民論』第一章第二節注二からみてとれる。

(44) Ci I 5 および 7. ——Ci I 2 も参照せよ。また、L c. 27 (159)〔一九七頁および二〇三頁〕における、「身体上の危害」と「空想上の危害」（後者＝虚栄心の毀損）との対比をも参照せよ。

(45) E I, IX 1 および L c. 6 (27)〔四二頁〕における「虚栄心 (vaine-glory)」の叙述参照。

(46) Ci, p.

(47) Ci I 5 では、虚栄心はまさしく「もろもろの才能の比較」として特徴づけられている。[*Leviathan*, ch. 13 (63)〔八三頁〕をも参照。]

(48) L c. 44 (331)〔四一二頁〕.

(49) Ci I 4-5; L c. 13 (64)〔八四頁〕. [*Opera latina*, vol. iv, p. 195 をも参照。]

(50) 「……われわれがお互いに示す憎悪と軽蔑のあらゆる徴しは、最も高い程度において、不和と争いを惹起する（生そのものが、侮蔑に耐えるという条件つきでは、享受するに値するとみなされないかぎりで……）……」。E I, XVI 11. Ci III 12 参照。

(51) E I, IX 6.

(52) 「怒りは、……最もしばしば、軽蔑されたという思いから生じる。……怒りは、……恐怖によって抑えられる」。H XII 4.

(53) 「殺すことは、憎悪する者たちの目的であり、自分自身から恐怖を取り除くことである」。E I, IX 6.

(54) L c. 13 (63)〔八四頁〕.

(55) Ci I 13 f.

(56) E I, XIX 2. Ci V 2 および L c. 17 (87)〔一一二頁〕を参照。

(57) E II, III 2; Ci VIII 1; L c. 20 (106)〔一三五頁〕.

(58) E I, XIX 11; Ci V 12; L c. 17 末尾〔一一六頁〕。

(59)「……自分たちの主権者を選ぶ人びとは、相互の恐怖によってそうするのであって、かれらが設立するその人に対する恐怖からそうするのではない……」。L c. 20 冒頭〔一三二頁〕。

(60) E I, XIV 6.

(61) L c. 13 (64)〔八四頁〕.

(62) E I, XIV 4; Ci III 5 および XIV 18; L c. 15 (77 および 82)〔一〇〇頁および一〇六頁〕.

(63) L c. 27 冒頭〔一九二頁〕。

(64) なかんずく、Ci IV 21 および L c. 44 (348)〔四三二頁〕をみよ。

(65) たしかにホッブズは時折、自然状態においては「何ごとも不正ではありえない」と述べている――L c. 14 (66)〔八七頁〕をみよ〔原文ではこうなっているが、引用文は L c. 13 (66)〔八六頁〕に該当する。――訳者付記〕――が、しかしこのことでかれがいおうとしているのは、「いかなる行動も不正ではありえない」ということなのである――L c. 15 冒頭〔九七頁〕をみよ。なかんずく、前掲の注 (62) で指示された箇所参照。

(66) L c. 15 末尾〔一〇七頁〕。さらに、前掲注 (38)〔および本訳書、二五六頁注 (26)〕参照。

(67) L c. 14 (67)〔八七頁〕.

(68) L c. 15 冒頭〔九七頁〕。

(69) L c. 15 (77)〔一〇〇頁〕および 14 (73)〔九五頁〕.

(70)「高慢」という言葉がつねに悪い意味で用いられていることを、ホッブズは『法の原理』第一部第九章第一節において暗示している。

(71) Ci III 27 n.

(72) Ci I 7.

(73) Ci I 12. [*Elements*, Part I, ch. 14, § 11 参照。]

(74) E I, X 8. このパラグラフはつぎの文章で終わっている。「それゆえに、不従順さ (indocibility) の直接的原因は偏見である。そして、偏見の直接的原因は、われわれ自身の知識についての誤った意見である」。

(75) L c. 32 (200).〔二四四 - 二四五頁〕――「……あるひとが、かれ自身の私的な霊が、かれの教師たちの権威と議論とに基づく、あるいは、かれ自身が神のおくりものをもっているという推定に基づく（ラテン語版：あるいは、傲慢の精神に由来する）信念以外のものであることを、どうして知るだろうか」。L c. 43 (321)〔四〇一頁〕.

(76) L c. 44 (331)〔四一二頁〕.

(77) Co I 1.

(78) E I, XIII 3.

(79) Ci d; L c. 43 (324)〔四〇四頁。なお、原文ではこの注が本文のどの部分を指すかの指示が欠落しているので、英訳版に従った。――訳者付記〕.

(80) L c. 17 (89)〔一一五頁〕; Ci VI 13 および L c. 30 (180 ff.)〔二二一頁〕参照。

(81) E I, XIV 11.

(82) ホッブズとスピノザの政治論の原則的な相違については、拙著『スピノザの宗教批判』(*Die Religionskritik Spinozas*, Berlin 1930, pp. 222-230) を参照せよ。

[英訳版補注1] 一方における『リヴァイアサン』第一三章 (pp. 63-64)〔八三－八五頁〕の議論の順序と、他方における『法の原理』第一部第一四章第三節－第五節および『市民論』第一章第四節－第六節の議論の順序の違いを比較せよ。本訳書、二八六頁注(128)参照。

[英訳版補注2] 本訳書、四三頁参照。

III　アリストテレス主義

(1) O I, p. XIII, XXIIf. および LXXXVI.

(2) l. c., p. LXXXVII.

(3) l. c., p. XIII, XXIV および LXXXVIII.

(4) l. c., p. XIV および LXXXVIII. 〔この翻訳は一六二七年（すなわち一六二八年）三月一八日付けで、『ロンドン書籍出版業組合登録簿』に記入されている。〕

(5) l. c., p. XIII. および LXXXVIf.

(6) l. c., p. XLIV.

(7) O I, p. XIII.

(8) Wood, *Athenae Oxonienses*, ed. Bliss, col. 1206.

(9) O I. p. XX.

(10) オーブリィの以下の報告は、おそらく同時代の作家の作品を読んだということをいっている。「トゥキュディデスより以前に、かれはロマンスや戯曲を読んで二年を過ごした。そのことについてかれはしばしば繰り返し、それらの二年は自分にとって徒労であったと述べた」。*Brief Lives*, ed. Clark, I, 361.〔橋口・小池訳『名士小伝』、一九七九年、冨山房百科文庫、一二一－一二二頁〕

(11) O I, p. XXIV.

(12) W VIII, p. VII.

(13) W VII 346. L c. 46 (365)〔四五三－四五四頁〕および W VI 100 をも参照。

(14) 「そうして作られたこの結合は、今日人びとが政治体ないし市民社会と呼んでいるものである。そしてギリシア人たちはそれをポリス、すなわち都市と呼んでいる。それは、多数の人びとがかれらに共通の平和、防衛、および便益を求めて、共通の権力によって一つの人格に結合したもの、と定義される」。E I, XIX 8 (定義におけるポリスへの言及にも注目せよ)。――「キヴィタス (civitas) とは、それゆえ、一つの人格（として定義されるべき）であり、その意志は、多数の人間の契約によって、かれらすべての意志として妥当し、その結果、キヴィタスの意志は、個々人の力と能力を共同の平和と防衛のために用いることができる」。Ci V 9. ――「(コモンウェルスとは) 一つの人格であって、群衆のなかの各人が相互に信約を結び、各人をことごとくその人格の本人としたものであり、そのようにしたのは、この人格が好都合であると考えたとおりに、人びとの平和と共同防衛に、全員の力と手段を利用するためなのである」。L. c. 17 (90)〔一一五頁〕〔本訳書、八五頁をも参照。〕

(15) Aristot., *Eth. Nic.* 最終行〔アリストテレス『ニコマコス倫理学』第一〇巻第九章、高田三郎訳、岩波文庫・下、一九二頁〕

(16) L c. 5 (22)〔三六頁〕; Co I 6-7.

(17) Ci, p; Co, p; W VII 467.

(18) *Eth. Nic.* 1141a 19 ff.〔岩波文庫・上、二二八頁以下〕; *Metaph.* A 1〔アリストテレス『形而上学』第一巻第一章、出隆訳、岩波文庫・上、二一頁以下〕参照。

(19) E II, VIII 13; E I, VI 4 および L c. 5 (22)〔三六頁〕参照。

(20) *Eth. Nic.* l. c.〔岩波文庫・上、二二八頁〕

(21) L, J.〔一一頁〕

(22) Aubrey, l. c. 357.〔前掲邦訳、一二二頁〕

(23) W VI 419-510 および 511-536.

(24) われわれはホッブズの『弁論術』抜粋」(W VI 436 ff.) に従って引用する。

(25)『人間論』第一一章第一三節における対応箇所は、『弁論術』との以下のような一致を示しているだけである。「(許しを請い願うひとを容赦することは、立派なことである……)。恩恵によって敵と和解することは、侮辱的なことである」。これと『弁論術』第一巻第九章第二四節:「また、敵どもに復讐して、和解しないことも立派なことである」〔『アリストテレス全集』第一六巻、岩波書店、五五頁。cf., Loeb Classical Library, Aristotle XXII, "*Art of Rhetoric*," translated by J. H. Freese, 1975, pp. 96-97〕を比較せよ。

(26) W VI 452〔原文では L VI 458 となっているが、誤記と思われる〕= *Rhet.* II 2.〔『弁論術』第二巻第二章、前掲邦訳、一〇〇頁〕

(27) *Rhet.* II 11 冒頭「それゆえ、羨み〔=競争心〕は立派なものであり、立派なひとに属するが、しかし妬むこと〔=羨望〕は賤しいことであって、賤しいひとたちに属する。というのは、一方のひとたちは羨みのために善いものを手に入れようと自分自身をととのえるが、しかし、他方のひとたちは妬みのために隣人がそれをもつことのないように妨げるからである」〔『弁論術』第二巻第一一章、前掲邦訳、一四一頁。cf., Loeb, pp. 242-243〕。

(28)「というのは、競争のあるところ、そこにはまた勝利もあるからである」〔『弁論術』第一巻第一一章第一五節、前掲邦訳、七〇頁。cf., Loeb, pp. 122-123〕。

(29)「法廷術も論争術も快いものである」〔同上〕。

(30) *A Transcript of the Registers of the Company of Stationers in London*〔『ロンドン書籍出版業組合登録簿謄本』〕, Vol. IV. London 1877. p. 346 をみよ。一六三七年版の一冊が、大英図書館の蔵書のなかに見出される。英文に

よる二つの『弁論術』抜粋」は、ともに一六八一年にホッブズの遺稿のなかから刊行されている。編者の指摘によれば、これらはほぼ一六五〇年に成立したとされている。この指摘は、より詳細な抜粋については、ただちに反証が挙げられる。なぜなら、編者は、この抜粋の初版が一六三七年に出版されていることを明らかに知らないでいるからである。また、より簡略な抜粋（W VI 511-536）についても、編者の指摘はきわめて疑わしいといえる。より詳細な抜粋よりも原典に対してかなり自由に振る舞っている、このより簡略な抜粋はといえば、情動理論等の部分を省略して、もっぱら狭義の弁論術だけを取り扱っている。そして、編者によって想定された時期に、すなわちパリで生活しながら『リヴァイアサン』執筆に励んでいた時期に、なおホッブズが弁論術に心を奪われていたなどということは、まったく証明されえない。むしろ、弁論術へのホッブズの関心は、時の経過とともにますます減少していったということができるのである。そのことを確認するためには、『法の原理』の該当箇所（第一部第一三章および第二部第八章第一三節）を『市民論』（第一二章第一二節）および『リヴァイアサン』（第二五章および第二九章）における対応箇所と比較してみるだけでよい。ちなみに、より簡略な抜粋は、だれか生徒に筆記させたものであるような印象を与えるので、それもまたホッブズが一六三一年から一六三八年にかけて三代目デヴォンシャー伯爵に行なった修辞学講義から生まれたものであると想定してもよいであろう。

（31）　ニューカスル伯爵宛のかれの書簡（Historical MSS. Commission, 13 th Report, App., Part II, p. 126）をみよ。

（32）　O I 1, p. LXXXIX.

（33）　注（30）をみよ。

（34）　W VIII, pp. XVII, XXVI および XXIXf. 参照。

［英訳版補注1］「真剣〔真面目〕な哲学は、君主をして市民たちの平和と幸運について熟慮せしめる哲学だけであり、他のもろもろの哲学は遊戯以外の何ものでもないということを、わたくしは知っている。というのも、われわれは余暇があるときには、論理学の三段論法や音楽の音や数学の数や物理学の運動に戯れるが……、君主たちの国事はわれわれの余暇を奪うからである」。*Opera Latina*, vol. iv, p. 487 f. 本訳書、二四九頁注（4）をも参照。

［英訳版補注2］　以下のパラグラフに関しては、本訳書、四七頁をみよ。

IV　貴族の徳

（1）　W X, p. X.

（2）　W VIII, p. VIII.

（3）　l. c., p. IV.

（4） l. c., p. V. のちの『市民論』序文におけるつぎのような表現をも参照せよ。「たしかに、貴族や人類の統治にたずさわる人びとと最も密接に関連する学問（もちろん、市民的学問）こそが、最も価値あるものである……」。

（5） W VIII, p. V. ──Sir Thomas Elyot, *A preservation againste deth* (London 1545)：「……名誉とは、正直以外の何ものでもない。もっとも、正直は、権威ある尊敬を得るために犠牲にされてきたのだが」を参照せよ。

（6） W VIII, p. VI.

（7） l. c., p. XIII. [Cicero, *Orator*, ix. 32 参照。「……たしかに、もしもかれ（トゥキュディデス）が歴史を書かなかったならば、たといかれが名誉ある職務につき、高貴な生まれであったにしても、かれの名前は消え去ってしまったであろう」。]

（8） I, VIII. 5.

（9） c. 10 (46)〔六三頁〕.

（10） XIII 5；また3も参照。

（11） Sir Walter Raleigh, *Some Authers*, Oxford 1923, p. 99. ──一六世紀の最も著名なアリストテレス主義者の一人であるアウグスティヌス・ニフス（Augustinus Niphus〔Agostino Nifo〕）が、『廷臣の徳について（De viro aulico）』という著作を著わしたこともまた、おそらく想起されよう（かれの *Opuscula moralia et politica*, Paris 1645, II 240 ff. をみよ）。

（12） *The Book of the Coutier*, done into English by Sir Thomas Hoby, Everyman's Library, pp. 295, 297, 300.〔『カスティリオーネ　宮廷人』、清水・岩倉・天野訳註、東海大学出版会、一九八七年、六六七頁以下参照〕

（13） l. c., pp. 276, 289 f., 300.〔六八七頁以下参照〕

（14） 「知性的な徳は、倫理学の本質的方法と正当な関連性を有しないがゆえに、完全に排除さるべしとはいわないにしても、さしあたりその議論は分離さるべきである」(p. 1)。

（15） 「これまで哲学者は、英雄の徳について簡潔にかつ短く論じてきた。ピッコローミニは逆に、充分豊かに……〔論じている〕」(p. 12)。

（16） p. 38 f. ──英雄の徳（heroica virtus）のこうした定義は、キケロの大度（magnanimitas）についての議論から影響を受けている。*De officiis* I, 20, 66〔『義務について』、角南一郎訳、現代思潮社、一九七四年、一一頁、三六頁〕参照。

（17） Johannes de Stobnicza による Lionardo Bruni, *In moralem disciplinam introductio* についての注釈書および A. Niphus, *De sanctitate*, lib. 1 (*Opuscula moralia*, I. 157 ff.) を参照のこと。

（18） なかんずく一六世紀後半から、「英雄」の意味がどれほど「完成された貴人」の意味に接近しているかは、マーリの英語辞典（Murray's English Dictionary）の「英雄」「英雄的」等々といった項目にみてとることができる。また、貴族文学の一つに数えられてもよいグラシャンの書物『英雄』(B. Gracian, *El Heroe* 1637）も、想起されよう。

(19) W VIII, pp. V および VI.

(20)「哲学者たちが、かれらの対象である宇宙を三つの領域に、つまり天上、空中、地上に分割してきたように、詩人たちは、……人間の三つの領域、つまり宮廷、都会、田舎に住んでいる。……というのは、王侯つまり古代には英雄と呼ばれた抜群の力の持ち主には、神がみのそれにも似た栄光と他の人びとへの影響力があるからである……」。W IV, 443 f. ——「(英雄詩の）利得は何かといえば、……かれが言行を伝え記しているような偉大で高貴な人びとを手本にして、分別、正義そして忍耐強さを獲得することができる、ということなのである」。W X, p. III.

(21)「英雄詩の働きは、武勇、美、愛という、主に三つの徳への賞賛の念を高めることである。……英雄（の）……栄誉は、勇敢、高貴、およびその他の自然の徳のなかに、あるいはかれが他人に対して下す命令のなかに……存する」。W X, p. IV. ——サー・ウィリアム・ダヴナントの叙事詩『ゴンディバート』(Sir William Davenant, *Gondibert*) の登場人物であるゴンディバートやオズワルドのなかにホッブズが見出しているのは、「断固たる武勇、清廉な名誉、冷静な企図、教養ある娯楽以外の何ものでもない。ただし、たとい誤りではあっても、そのなかに何か英雄的なものを含んでおり、それゆえ英雄詩のなかに場所を占めなければならない、野心の激しいほとばしりをいくつか除外しさえすれば」。W IV, 451. ——英雄詩は、「偉大なもくろみに心を費やしている偉大な人びと」に関連している。l. c., 454 f.

(22) E I, VIII 5.『リヴァイアサン』第一〇章（46 f.）〔六三頁〕における、若干異なる列挙をも参照。

(23) 本訳書、六五頁をみよ。

(24) l. c., pp. 211 ff. これと、『法の原理』第一部第八章第六節および『リヴァイアサン』第一〇章（45 ff.）〔六一―六二頁〕を比較せよ。

(25) 本訳書、四七頁以下をみよ。

(26) 注（21）をみよ。

(27) *The Courtier*, 前掲英訳版、pp. 35 f. および 72〔六五頁および一五三頁〕.

(28) E I, XVII 15.

(29) E I, XIX 2.

(30)『法の原理』第一部第七章第一五節と、『市民論』第三章第三二節、『リヴァイアサン』第一五章（81 ff.）〔一〇五頁以下〕および『人間論』第一三章第九節における対応箇所を比較せよ。——さらに、『法の原理』第一部第一九章第二節と、『市民論』および『リヴァイアサン』における対応箇所を比較せよ。たしかに『リヴァイアサン』——第一七章（87）〔一一二頁〕——には、「名誉の諸法」という表現がみられ、『市民論』——第五章第二節——には、それに対応する言葉は見出されない。しかし、その代わりに、『法の原理』や『市民論』には対応箇所をもたない〔『リヴァイアサン』の〕他の一連の箇所では、明確に——『市民論』第五章第二節と同じ意味で、しかしそれよりもいっそう鋭く――、「名誉」と「正義」はもはや相補うものとしてではなく、相互に対立するものとして叙述されている。L. c. 10 (47)〔六四頁〕、c. 12 (58)〔七八頁〕、c. 13 (66)〔八六頁〕〔本訳書、一四二頁以下および一五〇、一五一頁をみよ。〕参照。

(31) E I, VIII 5.

(32) E I, IX 1; Ci I 2 および IV 9; L c. 6 (27)〔四二頁〕および c. 10 (46)〔六三頁〕.

(33) E I, VIII 5 参照。

(34) E I, XIX 2; Ci I 4-5; L c. 13 (64)〔八四－八五頁〕.

(35) E I, IX 20.

(36) *Eth. Nic.* IV 7-9.〔『ニコマコス倫理学』第四巻第七－九章、岩波文庫、上・一六〇－一六八頁参照〕

(37) *Eth. Nic.* V 2-3.〔『ニコマコス倫理学』第五巻第二－三章、岩波文庫、上・一七四－一八一頁参照〕

(38) Jacob Burckhardt, *Die Kultur der Renaissance in Italien*, 10 Aufl., I, 152 ff. および II, 155 ff.,〔ブルクハルト『イタリア・ルネサンスの文化』、柴田治三郎訳、中公文庫、上・一五二頁以下および下・八四頁以下〕ならびに、L. Einstein, *Tudor Ideals*, London 1921, 259 ff. 参照。

(39) Sir Walter Raleigh, l. c., 99.

(40) Castiglione, l. c., 129; 41 ff. および 95 ff.〔前掲邦訳、二八三頁〕も参照。――サー・トマス・エリオットはその『為政者論』において、こう述べている。「大度とは、……いわば徳の衣裳であり、それによって徳は、……最大限度にまで……整えられる。外見上、大度は、何らかの徳と結びつけられて、その徳をさらにすばらしく注目されるものに、そして……驚くべきものに……する」。さらに、グラシャンの『英雄』（一七二六年、ロンドンで出版された英訳版により引用）の、つぎのような章題をも参照せよ。「（英雄たる者は）偉大さと高貴さの点で卓越すべきこと。かれは優秀さにおいて他に抜きん出ることを目指すべきこと。かれは他人のまえで光り輝く特質を備えるべきこと。かれはしばしば世評を一新させるべきこと。かれは自らのうちに競争心をもつべきこと」。

(41) Castiglione, l. c., 43 および 46 f.〔八五頁および八九頁以下参照〕

(42) Castiglione, l. c., 130 ff.〔二八五頁以下参照〕; 46, 48 f. および 100 参照。

(43) E I, XIX 2.

(44) エリオットは、こう述べている。「……さて、思い返してみるに、最近ラテン語から借用されたこの大度 (Magnanimitie) という言葉は、まだ聞き馴れないものであり、万人を満足させるものではないだろう。……わたくしはあえて大度に代えて、より親しみやすい言葉を採用したい、つまりそれを善き勇敢 (good courage) と呼びたい」。――サー・トマス・ホビィは、『廷臣論』の翻訳において、「大度 (magnanimità)」を「勇敢の、高貴さ (noble-ness of courage)」および「勇敢の、豪胆さ (stoutness of

courage)」という言葉で表現している。

(45) キケロ（*De offi.* I 20 ff.〔注（16）参照〕）にとっては、魂の勇敢さと魂の偉大さとは、切り離しえない一体性をなしている。

(46) G. Krüger, *Die Herkunft des philosophischen Selbstbewußtsein*, *Logos*, XXII 261 ff. をみよ。クリューガーは、高邁（générosité）についてのデカルトの教説の解釈と関連して、大度（magnanimitas）という概念の歴史を探究している。

(47) L c. 6 (26)〔四一頁〕.

(48) 本訳書、二九頁以下をみよ。

(49)「大度とは、不正な、あるいは、不正直な援助を軽視することである」。L c. 8 (35)〔五一－五二頁〕. この箇所の理解のためには、W VI 25 を参照せよ。「正直と不正直の規則は、名誉に関わっている。そして、……法が尊敬を払うのは、正義だけである」。

(50) 本訳書、六九頁以下をみよ。

(51) Macaulay, *The History of England from the Accession of James the Second*, I, 181. ——サー・トマス・ブラウンが大度を、「アリストテレスのいう本当の紳士」と呼んでいることをも参照せよ（*Christian Morals*, I, sect. 16）。

(52) L c. 15 (83)〔一〇七頁〕; E I, XVII 14 および Ci III, 32 もみよ。〔Kant, *Metaphysik der Sitten* (Schriften, Akademie-Ausgabe, vol. iv, p.404 参照。〕

(53) L c. 27 (155)〔一九二頁〕.

(54) 本訳書、三〇頁以下をみよ。

(55) H XII 9.

(56) 本訳書、一七頁および三〇頁以下をみよ。

(57) E I, XIV 2-3 および XVII 1; Ci I 13-4 および III 13; L c. 13 (63)〔八三－八四頁〕および c. 15 (79 f.)〔一〇三頁以下〕.

(58) *Le passions de l'âme*, art. 161.〔デカルト『情念論』、野田又夫訳、『世界の名著』22、中央公論社、一九六七年、四九五－四九六頁〕

(59) もともとデカルトは『市民論』の著者ではないかと思われていたこと、そしてデカルト自身この作品について好意的な意見を述べていたこともまた、想起されるべきであろう。

(60) アレクサンドル・コジェヴニコフ氏とわたくしは、とくにヘーゲルの青年期の著作に現れているヘーゲルとホッブズとの関連を、より正確に探求するであろう。

［英訳版補注1］ 知恵もまた、「勇敢さの1種（a 'kind of gallantry'）」として特徴づけられている。*Behemoth*, p. 38 をみよ。

［英訳版補注2］ *Op. cit.*, J. Baillie's translation, vol. i, pp. 175 ff.〔ヘーゲル『精神の現象学・上巻』、金子武蔵訳、岩波書店、一九七一年、一八三、一八八頁〕

［英訳版補注3］ ヘーゲルがいうように、「……奴隷であることは、一つの自己意識であり、……この自己意識は死と

いう絶対的主人の畏怖を感じたのであるから、『このもの』または『あのもの』についてだけではなく、また『この』瞬間または『あの』瞬間にだけではなく、己れの全存在について不安をいだいたのである」。*Op. cit.*, p. 185.〔一九三－一九四頁〕

V 国家と宗教

(1) W VIII, p. VIII.

(2) O I, pp. XIV および LXXXVIII.

(3) W VIII, pp. XVIf.

(4) l. c., p. XVII. E II, II 5 および V 末尾; Ci X 15 および L c. 25 末尾〔一七五頁〕も参照。

(5) E II, II 9; Ci VII 15-16; L c. 19 (100 f.)〔一二八頁以下、とくに一三〇頁〕.

(6) この点については、F. Tönnies, *Thomas Hobbes*, 3. Aufl., Stuttgart 1925, 252-255 参照。

(7) したがってホッブズは、漸進的な歩みの果てに、絶対君主政だけを承認する立場から独裁制をも承認する立場へと辿り着いたわけでは決してないのである。絶対君主政への最も明白な肯定は、決して『法の原理』のなかにではなく、『市民論』（第七章第一七節）のなかに見出される。『法の原理』（第二部第二章第一〇節）と『リヴァイアサン』（第一九章、p. 101〔一二八－一二九頁〕）が、現実にはまったく君主政などではなく主権を有する人民の代行者であるにすぎない制限君主政の可能性を主張しているのに対し、『市民論』（第七章第一七節）ではこの可能性は否定されている。〔さらに、他の叙述には対応箇所をもたない、『市民論』のある部分（第一〇章第一八節）では、世襲君主政の利点が主張されている。〕『市民論』においてホッブズは、あまりにもきっぱりと君主政支持の立場を取ってしまったので、本文よりあとに執筆された序文でかれは、君主政の利点はまだ証明されておらず、単に蓋然的なものにすぎない、と正式に言明せざるをえなかったのである。

(8) E II, V 3 および Ci X 3. この箇所については、Tönnies l. c. 250 f. 参照。さらに、Ci, p および O V 352 をも参照。

(9) L c. 10 (47 f.)〔六三頁以下〕, c. 13 (65)〔八五－八六頁〕, c. 20 (105)〔一三三－一三四頁〕, c. 22 (124)〔一五七頁〕, c. 27 (164)〔二〇三頁〕および c. 30 (182)〔二二四－二二五頁〕; B 147.

(10) 「この主権は、二つの方法によって獲得される。一つは、自然的な力によって。すなわち、一人の人が自分の子供たちを……かれら自身に……かれの統治に服させる場合、あるいは戦争によって敵を……かれの意志に服従させる場合、がそれである。もう一つは、人びとがある人または合議体に、……自発的に服従するようおたがいに合意する場合である」。L c. 17 末尾〔一一五－一一六頁〕。E I, XIX

11 および Ci V 12 参照。

(11) E II, IV 11-17; Ci IX 11-19 および L c. 19 (101-104)〔一二九—一三二頁〕参照。

(12) E II, IV 12; Ci IX 14; L c. 19 (103)〔一三一頁〕.

(13) XIII 1.

(14) Tönnies, l. c. 255 参照。

(15) Tönnies, l. c. 238 ff., 210 および 242 も参照せよ。

(16) B 51; W VI 152 も参照。

(17) E II, II 1 を Ci VII 5 (Tönnies, l. c. 243 をみよ) と比較せよ。[*Behemoth*, p. 76 には、この着想の記憶が存在している。]

(18) 「アリストテレスは正当にも、民主政の根拠ないし志向は自由である、と述べている。これらの言葉でかれは、自由を正式に認めているのである。というのも、人びとは通常つぎのような言い方をするからである。すなわち、人民のコモンウェルスにおいて以外は、何びとも自由にあずかることはできない、と」。E II, VIII 3. ——「……このことは、自らもまた当時の慣用に従って、間違って支配を自由と名づけたアリストテレスの目指したものである」。Ci X 8. ——「そして、アテナイ人は、（かれらに、自分たちの統治を変革しようという気を起こさせないために）、自分たちは自由人であって、王政のもとに生活している人びとは奴隷である、と教えられたのである。それゆえ、アリストテレスは、そのことを、かれの『政治学』につぎのように書きとめている……」。L c. 21 (113)〔一四四頁〕.

(19) E II, IV 9. これと Ci X 9 および V 12, さらに L c. 20 (107)〔一三六頁〕および c. 17 末尾〔一一五—一一六頁〕とを比較せよ。[さらに、*Behemoth*, p. 12. Spinoza, *Tractatus politicus*, cap. 5, §6〔スピノザ『国家論』畠中尚志訳、岩波文庫、五八頁〕も参照。]

(20) I 70, 3.〔トゥキュディデス『戦史』、久保正彰訳、岩波文庫、上・一一八頁以下、参照〕

(21) 「本来、各人の父親はかれに対して生殺与奪の権力をもった主権者であり、また……諸家族の父親たちは……コモンウェルスの設立によって……その絶対的権力を譲渡した……」。L c. 30 (182)〔二二四頁〕. ——「……親は、（かれは自分の権力を市民法に譲渡したのだとはいえ）、主権者たる栄誉を……もつべきである」。L c. 27 (164)〔二〇三頁〕. ——これらおよびこれらと類似した箇所で問題にされているのは、単に国家の事実上の起源だけであって、国家の権利上の〔法的〕起源についてではない、ということが注意されねばならない。ホッブズの最終的教説によれば、権利上は、父親ではなく母親こそが、子供に対する自然による絶対的権力をもつのである。ところが、さきに引用したテキストにおいて展開された理由からして、ホッブズはもともと父親の権力のなかに、主権の単に事実上の起源のみならず、その権利上の起源をもみていた、との推測が生じうるのである。——われわれによって仮定された、君主政的原理と民主政的原理との始原的結合は、フッカーのなかに見出される。「自然は父親たちに対して、かれらの私的家族内部における最高権力を与えた。……しかしながら、民衆全体が誰か一人の人物にそれほど全面的に依存することはないのだから、……人びとの同意もしくは神の直接的な指名による以外は、何びとも完全な合法的権力をもつことはありえない……」。*Ecclesiastical Polity*, B. I., X 4.

(22) W VIII, p. XVII.

(23) 「……あるコモンウェルスの始まりが、良心において正当化されることは、世界にめったにないのである……」。L, R (388).〔四七九頁〕

(24) W VIII, p. XVII.

(25) 「しかし、主権は混合されえず、つねに単一民主政であるか、あるいは単一貴族政であるか、または純粋君主政であるかのいずれかであるとはいえ、主権の執行にあたっては、これらすべての種類の統治形態が補助的地位を与えられることもありうる。……こうして君主政のなかにも、君主によって選ばれた人びとからなる貴族政的議会や、(君主が許可した場合は) コモンウェルスの特別の人びとすべての同意によって選ばれた人びとからなる民主政的議会が存在することもありうるのである」。E II, I 17.

(26) L c. 26 (141)〔一七六頁〕. この引用箇所から二パラグラフあとの部分では、つぎのように述べられている。「自然法は、……まったくの自然状態では、……本来は、法ではなくて、人びとを平和と服従へと向かわせる性質なのである。コモンウェルスが、いったん設立されると、そのときに、それは現実に法となるのであって、それまでは法ではないのである。すなわち、その場合には、それは、コモンウェルスの命令となるから、それゆえにそれらはまた市民法でもあるのである。というのは、人びとがそれらに服従するよう義務づけるのは主権なのだからである」。

(27) E I, XVII 12 を Ci III 33 および L c. 15 末尾〔一〇七頁〕と比較せよ。さらに、L c. 33 末尾〔二五六 - 二五七頁〕および Ci XVII 17-18 も参照。

(28) E II, IX 2-3 および Ci XIII 5, VI 16, XIV 9-10 および XVII 10 参照。『リヴァイアサン』では、婚姻の自然法 (Naturrecht) は単に人びとの一般的意見に基づくものとして扱われている。c. 27 (164)〔二〇三頁〕および 30 (182)〔二二五頁〕をみよ。——継承権についての章の以上のような改変は、ホッブズが自らの政治学を完成させるにつれてますます自然法を実定法 (das positive Recht) へと解消させてしまったこと、ないしは自然法を実定法の背後へと押しやってしまったことを示している。君主が遺言によって後継者を指名せずに死んだ場合、『法の原理』によれば、後継者は自然法上の (naturrechtlich) 継承順位に従って決定されねばならない。『市民論』は、慣習法 (Gewohnheitsrecht) すなわち (Ci XIV 15 参照) 実定法 (positives Gesetz) が自然法上の継承順位に矛盾しないという留保条件つきで、『法の原理』の見解に固執している。最終的に『リヴァイアサン』は、明確に慣習法上の (gewohnheitsrechtlich) 継承順位の方を自然法上のそれに優先させている。E II, V 12-17; Ci IX 14-19; L c. 19 (103)〔一三一頁〕参照。

(29) Aristot., *Pol.* I 2.〔アリストテレス『政治学』第一巻第二章、山本光雄訳、岩波文庫、三二－三七頁〕

(30) E II, VIII 3. ――『法の原理』における国家の定義が、いまだアリストテレス的定義に由来することをあからさまに示していることも想起されよう。本訳書、四二頁をみよ。

(31) Tönnies, l. c. 252 参照。

(32) E I, XI 9-10; Ci XVIII 9; L c. 43 (321 f.)〔四〇一頁以下〕, c. 33 (203 および 208 f.)〔二四三頁および二五五頁以下〕および c. 42 (280-284)〔三四八－三五三頁〕.

(33) E II, VI 6; Ci XVII 13 および XVIII 6 n.; L c. 43 (326)〔四〇七－四〇八頁〕および 38 (243)〔三〇〇頁〕.

(34) E II, VI 14; Ci XVIII 13; L c. 42 (270-272)〔三三五－三三七頁〕および 43 (328).〔四一〇頁〕

(35) Ci XVII 13; L c. 35.

(36) E II, IX 2; Ci XIII 5.

(37) E II, VII 8 および I, XI 9; Ci XVII 24; L c. 42 (286-291)〔三五五－三六〇頁〕. とくに『法の原理』と『リヴァイアサン』における、『使徒行伝』一四章二三節についての対立する解釈を参照せよ。『法の原理』第二部第七章第八節で与えられた解釈は、『リヴァイアサン』第四二章 (288 f.)〔三五八頁以下〕ではただ「一見すると」正しいにすぎない、として退けられている。

(38) L. c. 47 (380 f.)〔四七二頁以下〕.

(39) E II, VI 2; Ci XVI 13-15; L c. 40 (254-258)〔三一四－三一九頁〕.

(40) L c. 44 (338)〔四二〇－四二一頁〕および c. 47 (377)〔四六九頁〕における、長老派についてのホッブズの判断を参照せよ。[*Behemoth*, pp. 21 ff. をも参照。また、本訳書、一四六頁以下をもみよ。]

(41) W VIII, p. XV. ――ホッブズがトゥキュディデスの翻訳への献辞 (l. c., p. VI) において、「わたくしは、つぎのような祈りでこの献辞を終わる。さまざまな徳のために神が用意した素晴らしい住まい、そしてそうした徳がこの世でまたこの世のあとでも導いてくれる幸福、これらにふさわしい徳をあなたに与えることは、神の喜びとするところであろう」、と述べているからといって、――もちろんそこから、かれがこれらの文章を書いた時期にかれが何を信じていたかがわかるわけではない。『市民論』の献辞も同じ言い回しで終わっているからである。

(42) L c. 38 (244)〔三〇一－三〇二頁〕および R (390)〔四八二頁〕, O I, pp. XVI および XCIV; O III, 560; W IV 355 および 407 における率直な発言を参照。

(43) W VII 454.

(44) S. R. Gardiner, *History of England*, VIII 243 f. により引用。

(45) E, d.

(46) より詳しく検討してみると、聖書に依拠してなされたホッブズによる神学的伝統への批判は、決定的にソッツィーニ派の人びとからの影響を受けていることがわかる。

［ライプニッツはこの関連を認めていた（*Réflexions sur le livre de Hobbes*…, §2 をみよ)。ホッブズの批判のなかでも最も保守的な部分が、ソッツィーニ派にその源泉を有するという事実から、ホッブズ自身の思想的発展の歴史についてさまざまな結論を引き出してよいものかどうかは、なお疑問の余地がある。ただし、かれの「詭弁術（Art of Sophistry)」、すなわちより簡略な「『弁論術』抜粋」（一六三五年頃執筆、本訳書、二四八頁注（30）参照）の最後の部分が、ファウストゥス・ソキヌス（Faustus Socinus〔Fausto Sozzini〕）の *Elenchi Sophistici…explicati, et exemplis Theologicis illustrati* (Racoviae, 1625) の模倣であることは、指摘されてよい点である。一六三五年頃ホッブズは、ソッツィーニ派だといわれていたフォークランドと親交を結んでいたのである。］

(47) E I, XVII 12; Ci III 33; L c. 15 末尾〔一〇七頁〕。

(48) 本訳書、九七頁をみよ。

(49) 「人類は自らの弱さの意識と自然現象への驚嘆から、大多数の人びとが神こそ目にみえる森羅万象の目にみえない創造者であると信じている、と考えるようになる。……しかし、理性の不完全な使用と情念の激しさとが、かれらが正しく神を信仰することを妨げた。……それゆえ人びとにとって、神の特別な加護がなければ、無神論と迷信という二重のつまずきの石を避けることは、ほとんど不可能であった」。Ci XVI 1. ——それとE I, XI 2 および L c. 11 (53)〔七一 - 七二頁〕および 12 (55)〔七四頁〕とを比較せよ。

(50) E I, XVIII 12. ［*De cive*, cap. 12, art. 6 参照。］

(51) 一六三六年のニューカスル伯爵宛書簡においてかれは、Herbert of Cherbury の『真理について』(*De veritate*) を「高度な到達点（a high point）」として特徴づけている。Historical MSS. Commission, 13 th Report. App., Part II, London 1893, p. 128 をみよ。

［英訳版補注1］『市民論』の二つの版において、宗教批判を扱っている部分におけるさらなる差異は、おりにふれて指摘されよう。ちなみに、第一七章第一節末尾のアイロニカルな「たとい誤りであっても（*esti falso*）」という一文は、第二版で付け加えられたものである。

VI 歴史

(1) 「……歴史の中心的かつ本来の仕事は、過去になされたもろもろの行動の知識によって、人びとが現在にあっては分別ある振る舞いをなし、未来に向けては先見の明ある振る舞いをなすよう、かれらを教え導き、そしてそのように振る舞えるようにすること（である）……」。W VIII, p. VII. ——「……（歴史の）本性は、単に物語ることである。……知力あるひとは、もしかりにかれが当時の人びとの振る舞いの冷静な観察者であり、当時の人事に通暁していたとすれば、どれほど多くのことを自らの経験に付け加えたかを思ってもみよ。それはほとんど、ここに（すなわちトゥキュディデスのなかに）書かれている人びとの振る舞いや人事一般を注意深く読めば、いまでもかれは現実に利益を得ることができるほどである。かれは、あれこれの物語から自分自身にとっての教訓を引き出し、……」。l. c., p. VIII. ——「〔読者を〕教え導くために〔歴史叙述から〕わき道にそれるとか、そういったあからさまな戒律の伝達方法（それは哲学者の領分である）を、かれ（すなわちトゥキュディデス）は決して用いない。人びとの眼前に、善い意図と悪い意図との成り行きと結末を一見して明白な形で示してしまうと、物語それ自体が知らず知らずのうちに読者を教え導き、しかも戒律によってなされうるよりもずっと効果的に教え導くのである」。l. c., p. XXII.

（2） *Eth. Nic.* VI 13 (1144 b 17 ff.) および VI 8 (1142 a 14 ff.)〔アリストテレス『ニコマコス倫理学』、高田三郎訳、岩波文庫、上・二四五頁以下および二三三頁〕.

（3） l. c., X 9 (1179 b 3 ff.).〔同、下・一八三頁以下〕

（4） 「……（歴史は）法律や命令がなすよりもずっと優雅かつ穏健にことをなす。なぜなら、人間にとって教え導くことは、懲らしめ罰することより以上に優雅だからである」。プルタルコス『英雄伝』へのアミオ（Amiot）の序文（Sir Thomas North による翻訳より引用）。

（5） 本訳書、六五頁をみよ。

（5a） *De oratore* II 9, 36. [*De legibus*, i. I. 4-2. 5 参照。]

（5b） *Instit. orat.* XII 2, 29-30.

（5c） それゆえトマス・ブルンデヴィルは、その著書『歴史記述と読解の正しい順序と方法』(Thomas Blundeville, *True order and Methode of wryting and reading Hystories*, London 1574) においてつぎのように述べている。「（心の中の平和）へといたる方途は、部分的には哲学者たちによって、普遍的な戒律および規則という形で教示される。しかし歴史家たちは、特殊な実例や経験によって哲学者よりもずっと平易にそれを教示してくれる。もしもそうした実例や経験が、しかるべき順序、注意力、判断をもって書かれるならば、とりわけそうである」。——プルタルコスへのアミオの序文では、こう述べられている。「……（歴史は、）道徳哲学の書物がなすよりもいっそう優雅に、効果的に、そして迅速にこれらのことをなす。なぜなら、実例はわれわれの行ないの定型そのものであり、あらゆる状況に付随するものであるから、それは理性の論証や証明、あるいはそれらによる厳格な戒律より以上に、人びとを動かし教え導く力をもっているからである。推論と立証は一般的であり、諸事物の真理証明へ、そしてそれらの事柄を認識に鍛えあげる方向へと進みがちである。それに反し実例は、そうした事柄が実際になされている有り様を示す方向へと進む傾向にある。なぜなら、実例は単に何がなされるべきかを宣告するだけではなく、それをなそうとする欲望を働かせもするからである……」。Sir

Thomas Elyot's "*Governour*", B. III ch. 25 も参照。

(6) 注（9）をみよ。

(7) Castiglione, l. c., p. 70〔前掲邦訳、一四九頁〕.

(8) Franc. Patricius, *De legendae scribendaeque historiae ratione*, Basel 1570 へのJ. N. Stupanus の序文より引用。

(9)「……たしかに、それ自体人生の道案内と呼ばれている哲学は、たとい〔哲学によって〕最高善と最高悪とが定められたとしても、もしもあらゆる言葉、行為そして意図が、過去の事柄の歴史と関連づけて考えられないならば、死せるものどものなかで朽ち果てることになるであろう。過去の事柄からは、単に現在の事柄が容易に説明されるだけではなく、未来の出来事が推論され、そして追求され避けられるべき物事にとっての最も信頼すべき戒律がもたらされる。したがって、それほど数多くの著作者たちの間で、またそれほど学識ある時代にあって、今日まで、われわれの偉大な先人たちの栄光ある歴史を相互に比較し、またそれと古代人たちによってなされたこととを比較したひとが一人もいなかったことは、わたくしには驚くべきことに思われた。しかしながら、このことはつぎの場合には容易に成し遂げられよう。すなわち、もしもあらゆる種類の人間行為が集められ、それらからさまざまな実例が適切にかつ各自の場所を得て整えられ、その結果、われを忘れて恥ずべき行ないに没頭するような人びとは悪しざまに罵られるが、何らかの徳によってきわだつ人びとはその栄誉によって賞賛される、というようになればである。実際、ある人びとは徳へと激しく駆り立てられ、またある人びとは悪徳から遠ざけられうること、これこそが歴史の最大の利点なのである。善き人びとは、よしんば誰にも誉められなくとも、それ自体において賞賛に値するのではあるが、それにもかかわらず、卓越した徳に対して与えられる他の報酬に加えて、生者も死者も、多くの人びとがそれこそが唯一の真の報酬であると考える賞賛という利得を手にすべきことは、正当なのである……」。I. Bodin, *Methodus ad facilem historiarum cognitionem*, Paris 1566, pp. 1-2.〔Cf., *Method for the Easy Comprehension of History by Jean Bodin*, (translated by Beatorice Reynolds), New York : Octagon Books. Inc., 1966, p. 9.〕——「〔歴史からどんな利得が期待されるかといえば〕……われわれは歴史から深く、ただ単に生きるために必要とされるべきもろもろの技だけではなく、全力をあげて追い求められねばならないもの、避けられるべきもの、何が卑しく何が名誉あるものであるか、いかなる法が最も望ましいか、いかなる国家が最善のものであるか、いかに生きることが最も幸福であるか、ということもまた教えられる、という理由からである。最後に、歴史が取り除かれると、神崇拝、宗教、予言が、時の経過のなかですたれてしまうからである。この学問の信じ難いほどの効用のゆえに、わたくしは本書の執筆へと導かれたのである。というのは、歴史家は豊富で大量にいるが、それにもかかわらず歴史の技芸と方法を説明した者はいまだかつて一人もいなかった、ということにわたくしは気づいたからである。多くの人びとが偶然にそして秩序もなく歴史叙述を混乱させており、誰一人としてそこから何らかの利得を引き出しはしない。たしかに以前にも、歴史を整序することについての書物を著わしたひとが何人かはいた。それがどれだけ賢明なものだったかについて、わたくしは論じない。おそらくかれらには、自らの企てに対するそれなりの理由があったのであろう。それにもかかわらず、わたくしの判断をいわせてもらえるならば、かれらは、あたかもあらゆる種類の医薬品に対して不信感をいだいている医学者と同じことをしているように、わたくしにはみえる。すなわち、かれらは薬の製法をもう一度検討しはするが、非常に豊富に提供されている医薬品の効能と性質について教えたり、あるいはそれらを現在の病に適用しようとはしないのである。このことは、歴史叙述についての書物を書こうとする人びとについてもいえる。というのは、あらゆる書物はいにしえの出来事で満ちあふれ、図書館は歴史家〔の書物〕で満ちあふれており、歴史叙述についての書物を書こうとする人びとは、序文、物語、言葉と文章の飾りについて雄弁に論じるよりもより有益に、かれら歴史家たちを研究し模倣することに着手できたであろうからである。それゆえ、われわれが歴史の方法について書こうとしているものが、何らかの教義の筋道をもちうるように、われわれはまずはじめに歴史を区分し境界を定めたいと思う……」。l. c., p. 8.〔*ibid.*, p. 13-14. なお、傍点強調は英訳版補足〕――「そして、卓越しかつ学識ある人びとは、作品を書く際に、あの歴史の三区分（すなわち人間の、自然の、そして神の歴史）を正確に表現してきたのだから、わたくしはわたくし自身に対してつぎのように、すなわち、それらを読みかつ注意深く判断する際の順序と方法を確立できるように、とりわけ人間的な事柄の歴史においてはそうできるようにと企てたのである」。l. c., p. 11.〔*ibid.*, p. 16.〕

(10)「……歴史のなかでは、名誉ある行為と不名誉な行為は、どちらがどちらか混同の余地なく明瞭に区別されて現れている。ところがいまの時代では、それらの行為は非常に偽装されているので、これらの行為についてはなはだしく欺かれないような者は、たといきわめて注意深い人びとであってもほとんどいないであろう」。W VIII, p. VI.

(11)「(歴史は)悲劇のなかでは偽られて上演される、その同じ没落と人間的悲惨を、真面目に説明しつつ、含んでいる」。Patricius, l. c., p. 165. ――「(歴史は)詩人たちの創作や技巧よりも、もっと重々しく、厳粛に、ことをなす。なぜなら、歴史はひたすら平明な真理を獲得する手助けをするだけであるのに対し、詩は一般的に、あらかじめ定められている運勢や当然受けるに値する評価より以上に物事を賛美することによって、それらを豊かにするからである。というのも、詩が主に目指すものは悦ぶことだからである」。Amiot, l. c. ――「……音楽や詩といった、より繊細なこれらの芸術を、わたくしは、たしかに排除しないにしても、侮蔑する」。Lipsius, *Politic.* I 10 notae. ——「歴史の……魂は、……真理に存する」。W VIII, p. XX. ——「(ディオニュシオス・ハリカルナッセウス)は、かれ自身を除いて、この主題についてこれまでに語ったすべての人びとの意見に反し、かつ常識に反している。というのも、かれは歴史の射程を、真理を叙述することによって得られる利益におくのではなく、あたかも歴史が歌であるかのように、それを聞く者の悦びにおくのである」。l. c., p. XXVI. [グロティウス『戦争と平和の法について』Prolegg., §§ 46-7 をもみよ。]

(12) L c. 9〔五八頁〕; c. 8 (33 f.)〔四九頁以下〕も参照。

(13) W VIII, p. VII.

(14) 「〔歴史家の〕何人かは、卓越した人びとの言行を書き記したが、それはまったく不適切かつ秩序のない書き方だった。……国家の安寧はしばしば一人の人間の意図に依存しているにもかかわらず、かれら〔歴史家〕は、実際、行為の意図には言及さえしない」。l. c., pp. 24 f. [Bodin, *op. cit.*, p. 28.] [Cicero, *De oratore*, ii. 15. 63 参照。]

(15) 「……(歴史家が)たまたま筆をすべらせる、秘められた目的や内奥のもくろみへの憶測も、……その憶測が充分な根拠をもってなされる歴史においては、まったく価値がないわけではない……」。——「(トゥキュディデスの注意深い読者は、)あれこれの物語から自分自身にとっての教訓を引き出し、そして自ら行為者たちの意向と意図の出所をつきとめることができよう」。——「わたくしは、人びとが大部分、かつて古代ローマの民衆がいだいたのとほとんど同じような気持ちで歴史を読むようになった、ということを知った。ローマの民衆は、剣術の技量よりも流れ出る血をみるのが嬉しくて、剣闘士たちの見世物にやってきたのである。実際、政治と軍事がともに目的どおりに営まれるための技芸について思いをめぐらすよりも、強大な軍隊、流血の戦闘、そして大量殺戮について読むことを好む者の方が、数のうえではずっと多いのである」。W VIII, pp. VIIIf. l. c., p. XXII も参照(本訳書、二五八頁注(1)参照)。[ホッブズは、その内乱史においてこれと同じ見解に従っている。*Behemoth*, p. 45 をみよ。]

(16) 以下でわれわれは、もっぱらベーコンによる道徳学の基本構想だけを検討の対象としている。しかし、伝統的自然学に対するベーコンの批判が、伝統的道徳論への批判と原則的に同じモチーフを有すること、つまり応用への関心というモチーフを有することは、少なくとも付随的には言及されよう。

(17) 「この学問(すなわち道徳学《モラル・サイエンス》)を論じるにあたって、これまでに書物を書いた人びとがしたことは、わたくしには、習字を教えると自称するひとが、個々の文字と続けた文字との立派な手本を示すだけで、筆の運び方と文字の書き方については何の教則も指図も与えないようなものだと思われる。すなわち、かれらも、善、徳、義務、幸福の素描と似姿をのせてある立派な美しい手本と模範を作り、そのうまく描かれた手本を人間の欲望と意志との真の目的と目標として示したが、しかし、どのようにしてこれらの優れた目標に到達すべきか、また、これらの追求をうまくやってのけるために、どのように人間の意志を起こしまた抑えるべきかについては、かれらはまったくふれていないし、またふれていても無造作で無益なふれ方をしている」。*Works*, ed. Spedding and Ellis, III 418.〔ベーコン『学問の進歩』、服部・多田訳、『世界の大思想』6、河出書房新社、一九六六年、一三八頁〕――「しかし、徳と悪徳は習性に存するという（アリストテレスの）結論を認めるのなら、かれはその習性を高め強める方法をなおさら教えるべきであった。……」。l.c., p. 439.〔一五五－一五六頁〕――さらに、l.c., p. 419 f.〔一三八頁以下〕参照。

(18) l.c., 434 f.〔一五二頁以下〕

(19) l.c., 436 f.〔一五三頁以下〕

(20) l.c., 437〔一五四頁〕.［「昔の人びとからわれわれが受け継いだ知識が、いかに欠陥の多いものであるかは、かれらが情念について書いたことのうちに最もよく現れている」（デカルト『情念論』第一節〔野田又夫訳、『世界の名著』22、中央公論社、一九六七年、四一三頁〕）、というデカルトの判断をも比較せよ。また、スピノザ『エチカ』第三部序言〔岩波文庫、上・一六七－一六九頁〕をも参照。］

(21) l.c., 447 f.〔一六一頁以下〕

(22) l.c., 456〔一六九頁〕.

(23) l.c., 475 f.〔一八五頁〕

(24)「職業と知的業務との義務に関するこの部門でなお取り扱わねばならないのは、それと相関的な、あるいは対立的な、あらゆる職業のぺてん、だまかし、いかさまなどの悪徳に関することである……。……この主題を完全に正確に取り扱うことは、これは欠けていると指摘しておくが、わたくしのみるところでは、正直と徳のために造りうる最上の砦の一つであるようである。……それゆえに、われわれはマキアヴェルリやその他の、人間はどんなことをするかをしるして、どんなことをすべきかをしるさなかった人びとに負うところが大きいのである。というのは、ヘビの性情を残らず正確に知っていなければ、……すなわち、悪のすべての種類と本性を心得ていなければ、ヘビの賢さとハトの素直さを兼ねそなえることはできないからである。それというのも、この心得がなければ、徳はあけっぱなしで、無防備になるからである」。l.c., p. 430 f.〔一四八－一四九頁〕［マキアヴェルリのプログラム（『君主論』第一五章）への引照は、歴史への近代的関心の起源についてのさらなる探求がとるべき方向と道筋を示している。］

(25) l.c., p. 435 および 438〔一五三頁および一五六頁〕.

(26) l.c., p. 453 および271〔一六六－一六七頁および一五－一六頁〕.

(27) l.c., p. 435〔一五三頁〕.

(28) l.c., p. 285〔二八頁〕.

(29)「歴史には、自然の歴史と世俗社会の歴史と教会の歴史と学問の歴史とがある。そのうち前三者は現存していると認めるが、最後のものは、欠けていると指摘しよう。というのは、……学問の一般的状況を、時代順に叙述し描写しようともくろんだひとはいないからである。そしてそれがなければ、世界の歴史は、その目がなくなったポリフェモスの像のように思われるのであって、そのひとの精神と性格を最もよく示す部分が欠けているのである。……わたくしは、この仕事の効用と目的は、学問を愛好する者の好奇心を満たすことではなくて、主として、もっと真面目で重大な意図、簡単にいうなら、学問を活用し運用する際に、学者を賢明にすることだと定める。というのは、神学者を賢明にするのは、聖アウグスティヌスの著作でも聖アンブロシウスの著作でもなくて、教会史の精読と熟考であり、そして学問についても同じ道理であるからである」。l. c., p. 329 f.〔六七頁〕

(30) l. c., p. 365 f.〔九六－九七頁〕

(31) トゥキュディデスの翻訳へのホッブズの序文における、これらのテーマへの言及を参照せよ（W VIII, pp. XXIXf.)。

(32) A. Riccoboni, *De historia*, Basel 1579, 74.

(33) 本訳書、四五頁参照。

(34) W. Jaeger, *Über Ursprung und Kreislauf des philosophischen Lebensideals*, Sitzungsberichte der Preuß. Akademie der Wissenschaften, 1928, 409参照。

(35) 「……人間の知識の……光線……。すなわち、自然に向けられる『直射光線』……人間がそれによって自分を観察し考察するところの『反射光線』」。Bacon, l. c., 367〔九八頁〕.

(36) 「……神のみわざは、……その作者の全能と知恵を示しはするが、その作者の像を示さない。それゆえ、その点で、異教の考えは、聖書の真理と相違するのである。というのは、異教徒は、世界は神の像であり、人間は世界の抽出されあるいは縮約された像であると考えていたが、しかし聖書は、決して世界に、それが神の像であるなどという栄誉を与えようとはせず、ただそれが、『神のみ手のわざ』であると認めているだけであり、また、聖書が『神の像』といっているのは、ただ人間の場合だけであるから」。l. c., 349 f.〔八三頁〕——「……実体の形相についていえば、人間だけは別であって……それらは非常にこみ入っていて、探求されない……」。l. c., 355〔八八頁〕.

(37) L, J〔一一頁〕.

(38) とくに *Eth. Nic.* X 7 (1177 b 33 f.)〔岩波文庫、下・一七六頁〕をみよ。

(39) 「……しかし、市民生活は絶えざる活動を要求しており、国家全体が観照に耽っていることはできない。ちょうど、肉体あるいは魂の全能力が、知性に委ねられないように。もしもわれわれが善を観照としてだけ定義するならば、国家全体にとっては、個人にとってと同じ幸福は到来しないであろう。この難点がアリストテレスを困らせ、そしてかれはそこから救い出されえなかった。……精神は、完全に肉体から切り離されないかぎり、純粋な観照を享受することはできない」。Bodin, l. c., p. 32.〔*op. cit.*, p. 34.〕——

「……幸福とか至福とか最高善とか……に関する……こうした果てしない論争は、キリスト教の信仰によって終止符を打たれている。そして、アリストテレスが、『若者たちは幸福であるが、しかしただ、望みのみによってである』といっているとおり、われわれはみなわれわれが未成年であることを認め、来世の望みによる幸福に甘んじなければならない」。Bacon, l. c., 419〔前掲邦訳、一三九頁〕.——「……それは、観照的生活と活動的生活とのうち、どちらをよしとするかという問題を解決して、アリストテレスとは逆な判定を下すのである。……この人生という劇場においては、観客であることはただ神と天使たちだけにできることだということを人びとは知らなければならない」。Bacon, l. c., 421〔一四一頁〕.——ユストゥス・リプシウスは、歴史の効用について論じているかれの『政治的教理』のある章（I 10）で、「英知の境界（modus sapientiae）」が保たれるべきことを要求している。

(40)　Bacon, l. c., 420〔一三九－一四〇頁〕.

(41)　l. c., 410〔一三二－一三三頁〕.

(42)　l. c., 438〔一五四頁〕; 346〔八〇頁〕をもみよ。——これによってベーコンは、スピノザの周知の教説を先取りしている。『エチカ』第四部、定理七および一四〔岩波文庫、下・一九頁および二五頁〕参照。

(43)　「……カルタゴ人たちによって捕えられた人びとが、かつて信じ難いほどの魂の強さを備えていたということを、もしもわれわれが認めなかったならば、われわれは、祖国の利益を守り、信仰と宗教を最も神聖な方法で維持し、そしてそのためには、あらゆる身体の苦痛を甘受せよ、と説く哲学者たちに、容易には同意しなかったであろう……」。Riccoboni, l. c., p. 76.

(44)　服従を実行する能力がない人間にとっては、名誉が服従の代わりをすべきであることを、ホッブズは『リヴァイアサン』第一四章〔九五－九六頁〕において——本訳書、三〇－三一頁に引用——示唆している。

(45)　この点において、とくにヘーゲルの歴史哲学とかれの服従道徳批判との関連が指摘されるべきであろう。〔また、マックス・ヴェーバーの理論における「責任倫理」と歴史研究との関連が想起されるべきである（Max Weber, *Gesammelte Aufsätze zur Wissenschaftslehre*, Tübingen, 1922, pp. 467 および 549 をみよ。また、W. Brock, *An Introduction to Contemporary German Philosophy*, Cambridge, 1935, p. 39 f. をもみよ）。〕

(46)　l. c., p. 8.〔Bodin, *op. cit.*, pp. 13-14.〕

(47)　「しかし、あの信じ難い効用に加えて、通常どんな学問分野においても追求されている二つのもの、すなわち容易さと悦びとが、歴史の理解においてはきわめて調和されているので、〔歴史より〕いっそう大きな容易さと〔歴史と〕同等の悦びは、他のどんな学問にも備わっているようには思われない。実際、その容易さたるや、歴史はいかなる技能の助力なしにも、万人によって自ずと知られるほどである。他の学芸においては、すべてが関連づけられ、かつ同一の鎖によって結びつけられているので、あるものは他のものの助力なしには把握されえない。しかし、歴史はあらゆる学問の上に立つ至高の威厳ある地位に置かれており、どんな道具の助けも、文字の助けさえも必要とはしないのである……」。l. c., p. 4.〔*ibid.*, p. 11.〕

(48) l. c., pp. 14 および 25.〔*ibid.*, p. 19 および 28.〕

(49) 本訳書、一〇頁参照。

(50) 本訳書、一〇－一一頁参照。

(51) 本訳書、二四九頁注（4）参照。

(52) W VIII, p. VIII; Ci III 27 n; L, J〔一二頁〕.——本訳書、二八－三一頁参照。

(53) E I, VI 9; L c. 7〔四六頁以下〕.

(54) L c. 3 (11)〔二三頁〕; それとE I, IV 11を比較せよ。

(55) Ci XII 10 および 12 またL c. 5 末尾〔三六－三七頁〕およびc. 29 (174)〔二一五頁〕を、E II, VIII 3 および 13 と比較せよ。

(56) LI c. 9.

(57) L c. 20 末尾〔一三九－一四〇頁〕とE II, I 19 および Ci VI 18 を参照。またこれについて Tönnies l. c., 210 および 244 参照。

(58) 「……詩の主題とは、人びとの振る舞い、……詩作《ポエジー》という名が表しているように、人びとのなかに現実に見出されるのではなく想像された振る舞いである」。W IV 445.——「真理は歴史的なるものの領域に属するから、真理の類似物こそが、詩的な自由奔放さの究極の限界である」。l. c. 451.——L c. 8 (34)〔五〇頁〕を参照。

(59) 英雄詩人は「真実か想像上かのいかんにかかわりなく、素直で喜びに満ちた物語」を語る。W X, p. III.——「(ホメロス、ヴェルギリウス、そしてルカヌスの) 詩は、かれらの神がみの紹介を除けば、韻文で書かれた非常に多くの歴史にほかならない……」。l. c., p. VII.

(60) H XI 10.

(61) 「わたくしは告白するのだが、信仰と振る舞いの双方において、人間の救いにとって必要とされるすべては、聖書のなかで可能なかぎり平易に書き記されている。『子供たちよ、すべての事柄において汝らの両親に従え。……万人をしてより高次の権力に服せしめよ……』とは、充分によく理解された聖書の言葉である。しかし、子供たちも大多数の人びとも、なぜそうすることがかれらの義務であるのかを理解してはいない。コモンウェルスの安全、したがってかれら自身の安全は、かれらがそうした義務を果たすことに依存していることを、かれらは認識しない。各人は自然により、つまり規律・訓練なしに、自らのすべての行為において、自らが知りうるかぎり、自らの服従の見返りとしてかれら自身にもたらされるであろう利得を期待するものである。……聖書が一つのことをいう。すると人びとは、かれらの視野に入るこの世のいまの生活にとっての便利と不便だけを秤にかけながら、聖書とは別のことを考える。かれらは、自分たちが目にすることのない来たるべき生活の善と悪とを秤にかけることは決してないのである」。

W VI 230 ff.

(62)「……アリストテレスの道徳論は……徳と悪徳に関する大量の論争を惹き起こしはしたが、何が徳で何が悪徳かという知識も、徳を獲得しかつ悪徳を避ける方法も、いっさい与えてはくれなかった」。W VI 218. 本訳書、二六二頁注（17）〔におけるベーコンによる同様の言明を〕参照。

(63)「言葉の力は、……人びとにかれらの信約の履行を守らせるには弱すぎるのであって、人間の自然のなかには、それらの強化に役立つものは、二つしか考えられない。それらは、約束を破った際の結果についての恐怖か、あるいは、約束を破棄するような必要はないと他人に見せかける得意や高慢かのいずれかである。この後者の方は、ごくまれにしかみられないので当てにできないほどの、大度なのであるが、とくに、人類の大部分を占める、富や支配や肉体的快楽の追求者たちにおいては、そうなのである。当てにできる情念は、恐怖であって……」。L c. 14 (73)〔九五頁〕.――これに関しては、サー・ウォルター・ローリのつぎのような判断を参照せよ。「（カスティリョーネが）失脚したとき、その責を負うべきは、かれの誠実さと高尚すぎる基準とであった。というのも、かつて宮廷人のために定めた高度な行動準則に対して自ら忠実であったかれは、人間には表と裏があることや人間の卑劣さなどを勘定に入れずに済ましてしまったからである。名誉心ある政治家は、自らの武器によってこれらにたち打ちできない。だが、かれはそうしたものの存在に精通しているべきである。そして、それらをみるためには、ひとは立ち止まらなければならない」。l. c., p.47.

(64) Ci VI 16; XIV 17; XVII 10.

(65) Ci III 13; L c. 15 (80)〔一〇三－一〇四頁〕.

(66)「……現世的、ないしは政治的権力が霊的なそれに臣従するということが、理解できるようにいわれうるのはどんな意味においてであるかを、われわれは考察しよう。それらの言葉が意味をなしうるには、二つのやり方しかない。すなわち、われわれが、一つの権力がもう一つの権力に臣従するという場合、その意味は、一方をもっているひとが他方をもっているひとに臣従していることであるか、あるいは、一方の権力が他方の権力に対して、手段が目的に対するように臣従しているかの、どちらかである。なぜならば、一つの権力がもう一つの権力に対して権力をもつとか、一つの権力がもう一つの権力に対して権利あるいは指揮権をもつことができるとか、そういうことをわれわれは理解できないのであって、臣従、指揮、権利、権力は、諸権力のではなく、諸人格の、偶有性なのだからである。一つの権力はもう一つの権力に対して、馬具職の技術が、騎手の技術に対してそうであるように、従属的であるかもしれない。……したがって、技術の従属性からその専門家の臣従が引き出されえないように、統治の従属性からその統治者の従属性を引き出すことはできない。……こうしてあなたがたは、第一の論拠の、苦心された虚偽をみた。それは、目的への道における諸行為の従属関係と、手段の運営における一人格の他の人格への臣従とを、区別しないような人びとを、だますためのものである。すなわち、おのおの目的に対して、手段は自然によって、あるいは神自身によって超自然的に、決定されるが、しかし、人びとにその手段を使用させる権力は、各国民において（人びとに対して、かれらが与えた信義をふみにじるのを禁止する、自然の法によって）、政治的主権者に譲り渡されているのである」。L. c. 42 (313-315)〔三九一－三九三頁〕.

(67) E, d.

(68) Ci I 7-10.

(69) 本訳書、二六六頁注（62）参照。

(70) *Ancient Law*, ed. C. K. Allen, pp. 152 および 104.〔メイン『古代法』、安西文夫訳、史学社、一九四八年、一〇〇頁、一四二頁〕

(71) *Early History of Institution*, London 1875, pp. 356 および 396.

(72) L. c. 13 (65)〔八六頁〕.

(73) L. c. 30 (182)〔二二四頁〕.

(74) L. c. 10 (47)〔六五頁〕.

(75) *Ancient Law*, pp. 18, 109, 130 f., 133, 140 f., 195 f. および 259 f.

(76) *Phänomenologie des Geistes*, ed. G. Lasson, Leipzig 1921, p. 19.〔ヘーゲル『精神の現象学・上巻』、金子武蔵訳、岩波書店、一九七一年、二六頁〕

(77) l. c., p. 60.〔八七頁〕

(78) E I, XIV 12; Ci I 13.〔（このやり方の「唯物論的」性格について）本訳書、一八四頁も参照のこと。〕

(79) H X 5.

(80) H XI 10.

(81) H X 4.〔「哲学の目的ないし射程とは、われわれがわれわれの便宜のために、予見された結果を利用できるということ、あるいは、われわれが心のなかで思い描くものと……同様の結果が、……人間生活に役立てるため、人間の勤勉によって産み出されるようにすること、である」。*De Corpore*, cap. I, art. 6.〕

(82) Ci, d.

〔英訳版補注1〕 ホッブズ自身の思想の展開は、別の形で、この主張の正当さを表現している。すなわち、徳一般が国家法への服従と一体化するにつれて、ますます歴史は後景に押しやられることになる。というのも、国王たちの歴史とは、原理上、臣民たちがかれらの主権者を批判することを意味し、かくして無条件的な服従を脅かすからである。

〔英訳版補注2〕 このことを別の言い方で表現すれば、ホッブズの政治哲学は「法」と「政体」との区別に疑いをさしはさんでいる、といえよう。*English Works*, vol. vi, pp. 12-13 参照。

〔英訳版補注3〕 これまでアリストテレスについていわれてきたことは、国家の生成と没落に関するプラトンの言明についても、ずっとよく当てはまる。とくに『国家』545 D-

Eを『メノン』76Eと比較せよ。

[英訳版補注4]　*Vorlesungen über die Philosophie der Geschichte*, 3. Auflage, Berlin 1848, p. 34〔ヘーゲル『歴史哲学』、武市健人訳、岩波書店、一九五四年、上・五五頁〕.

[英訳版補注5]　コンドルセは、その『人間精神進歩の歴史』(ed. Prior, pp. 2-3) への序論においてつぎのように述べている。「人間の過去、現在に対するこれらの考察は、人間の本性上なお期待することができる新しき進歩を確実なものにし、促進させる手段についてまで及ぶであろう。このようなことが、わたくしが企てた著作の目的であって、その結果は、推理と事実とによってつぎのことを示すにある。すなわち、自然は人間の能力の完成に対して何らの限界も付してはいないということ、人間のこの完成の可能性は真に無限であるということ、その完成可能性の進歩は、今後これを阻止しようとするすべての力から独立したものであり、自然によってわれわれが置かれているこの地球の存続期間以外には何らの限界もないということ、などを示すことにある」〔前川貞次郎訳、角川文庫、一九六六年、一七‐一八頁〕。この最後の言葉は、コンドルセの（そしてかれの後継者たちの）究極の前提条件を裏切っている。というのは、もしかりに自然がこの地球上にわれわれを投げ出すことがなかったならば、無限の進歩は不可能であろうからである。本訳書、一六六頁以下参照。

VII　新しい道徳

(1)　本訳書、一一二‐一一五頁をみよ。

(2)　W VIII, pp. VIII および XXIf. 本訳書、二五八‐二五九頁注（1）を参照。

(3)　W VIII, p. XXIX.

(4)　l. c., pp. VIII および XXVIIf.

(5)　l. c., p. VIII.〔本注は英訳版では削除されている。――訳者付記〕

(6)　本訳書、八二‐八三頁以下をみよ。

(7)　W VIII, pp. XVIf.

(8)　本訳書、一六頁以下をみよ。

(9)　「……自由学芸（liberal arts）を自由に学ばれた人びとを、わが主人である貴殿の御尊父ほどに、名誉のためにではなく、真に御寵愛されたひとは、誰もいませんでした……」。W VIII, pp. IIIf. ――「……かれの研究は……自らの読書を見せびらかすことには向けられていなかった……」。――「……（かれは）党派心からも野心からも熱狂しなかった……」。l. c., p. IV.

(10)　「……どれほど辛辣な、あるいは、正確な個人の判断よりも、大衆の厳しい譴責のなかには、何かしら恐るべきものがある……」。l. c., p. VII. ――「……大きな繁栄は……

人間をして自分自身を愛させる。そして、誰にとっても、自分をして、自分自身をより少なく愛させる、かの助言を愛することは、困難である。そしてそのことは、一人の人間においてよりも、大衆においてより多く妥当する。というのも、自分自身で推論する人間は、自らがきわめて強く示しうる、自分のなしていることについてのもろもろの恐ろしい示唆を、受け入れるのを恥じないであろうが、大衆の面前での公的な審議においては（たいていの場合に、善き助言を行なうが、善き執行は行なわない）、恐怖が現れたり、受け入れられたりすることは、めったにないか、決してないからである」。l.c., p. XVI. ——「……人間は、繁栄よりも、不運な出来事を、傍観することによって、より多く利益を得る。……人間の不幸は、その幸運な成功よりも事実良く教え導くのである……」。l.c., p. XXIV.

(11) E I, XIII 3; E II, V 4, 7 および 8, また VIII 3; Ci X 7, 9, 11, 12, 15; L c. 19 (98)〔一二五－一二六頁〕および c. 25 (138 f.)〔一七二頁以下〕. ——本訳書、八七頁以下と、九二頁以下を参照。

(12) 注（10）をみよ。

(13) *Essays* XII〔『ベーコン随想集』、渡辺義雄訳、岩波文庫、六二頁〕.〔本注は英訳版では削除されている。——訳者付記〕

(14) 本訳書、六八頁以下をみよ。

(15) Ci I 2, n. 2.

(16) E I, XIX 2.

(17) L c. 13 (66)〔八六頁〕.『市民論』の献辞からのつぎの節をも参照せよ。「……もしも善き人びとが自分自身を守ろうと欲するならば、かれらもまた、戦争のもろもろの徳、暴力と策略に、すなわち、野獣の獰猛さに、再び返ることが必要である」。〕

(18) L c. 10 (47)〔六四頁〕; c. 12 (58)〔七七－七八頁〕も参照。

(19) 本訳書、二三頁以下と、七一頁以下をみよ。

(20) L c. 21 (115)〔一四六頁〕.

(21) E I, XIX 2. ——英雄の諸徳が「自然の諸徳」として特徴づけられていること——そのことによって、前者には、本来的な徳としての性格が否認されている——もまた、このことの一部である。本訳書、二五一頁注（21）を参照。

(22) L c. 10 の名誉の分析が、本当は、情念の分析に属しているということを、E (I, VIII) における対応する箇所と、この初期の叙述のなかでそれにすぐ接続している情動の理論との関連が、示している。ヒュームは、ホッブズが『リヴァイアサン』のなかで機械論的心理学に順応すべく放棄してしまったこの関連を、『人性論』の第二編において再び取り上げた。かれは、ホッブズが「力」(Power) と「名誉あるもの」(Honourable) という表題のもとに論じたことを、最初から、「誇りと卑下」(Pride and humility) の分析の枠組みのなかで、これらの情念の「原因」(causes) として取り扱った。

(23) 本訳書、六八頁以下をみよ。

(24) サッカリの『ヘンリー・エズモンド卿』の冒頭を参照せよ。［サッカリの『虚栄の市』も指摘することができよう。というのは、その副題「英雄なき小説」は、その小説の中心的登場人物は、かれらが虚栄の市から隔絶しているがゆえに、英雄ではないということを、表現しているからである（とくに第三一章をみよ）。］これに対して、ホッブズはつぎのように述べている。「（英雄詩の無作法のなかの）一つの無作法は、宮廷の言葉づかいとはつねに異なっている、下等な種類の人民に特有な言葉のなかに存している。もう一つの無作法は、どんなことの説明をも、人びとの思いもつかないような隠喩や比較から、しかも、叙事詩の人間が知っているとは考えられない、下卑た会話や、卑しいあるいは悪しき技芸の経験によって、引き出すことである」。W IV 455.

(25) 本訳書、一一八頁以下をみよ。

(26) 本訳書、一二二頁以下をみよ。

(27) E I, XVII 14; Ci III 32; L c. 15 (81)〔一〇五頁〕; H XIII 9（本訳書、一三三頁以下をみよ）参照。テクストに引用されている文を、本訳書、六三頁で言及された『ニコマコス倫理学』の抜粋からのつぎの文と比較せよ。「正確に述べられた徳とは、たとえば、慎慮や普遍的正義のように、より一般的である、ないしは輪郭的であるか、それとも、たとえば、勇敢さや節制などのように、直接的で特殊的であるかのいずれかである。事実、アリストテレスは、諸徳についての教説を勇敢さから始めている。というのも、かれはその反対のことも考えたが、勇敢さにおいてまさに困難があるので、まさにそれゆえに、順序の上では、その勇敢さを前に置いたのである。たしかに、方法はつねに判断に従って変化しうる。そして、いまや、普遍的なものの順序から特殊的なものへ導かれるあの勇敢さに方法が従うことが、より善く理解されるのである」(p. 12)。これに一致して、慎慮 (prudentia) が最初に論じられている。

(28) B 25 f.

(29) B 3 f.

(30) B 126.

(31) B 142.

(32) B 44.

(33) L c. 24 (130)〔一六四頁〕.

(34) E II, IX 5; Ci, d および L c. 24 (131 f.)〔一六四頁以下〕参照。

(35) Ci XIII 6.

(36) Ci I 2.

(37) Co I 6.

(38) Ci XIII 14. ――「……潤沢は（神の恩寵のつぎには）、単に、人間の労働と勤勉とに依存しているにすぎない。……かつて人びとに住居を提供するだけの領土しかもたないコモンウェルスが存在したが、それにもかかわらず、それは、一つには、ある場所から他の場所への交易の労働によって、一つには、他の場所からもってきた素材をもとにした製造品を売って、かれらの力を維持したばかりでなく増大もさせたのである」。L c. 24 (130)〔一六三 - 一六四頁〕——Ci XII 9も参照。『リヴァイアサン』第二一章(112)〔一四二頁〕の「臣民の自由について」の説明も参照せよ。〔この参照指示は、英訳版では、注(35)の後に言及されている。——訳者付記〕

(39) E II, IX 5; Ci XIII 11; L c. 30 (184)〔二二七頁〕.

(40) Ci XIII 14; L c. 30 (184 f.)〔二二八頁以下〕.

(41) L c. 30 (185)〔二二八頁〕参照。Ci, d を E II, IX 9 および Ci XIII 14 と比較せよ。

(42) 侵略戦争の動機は虚栄心である。W VI 12 参照。

(43) L c. 30 (184)〔二二七頁〕.

(44) B 45.

(45) L c. 30 (187 f.)〔二三〇頁以下〕.

(46) 本訳書、六六頁以下をみよ。〔とはいうものの、ちなみに『ビヒモス』(p. 69) においては、つぎのように述べられている。「わたくしの信ずるところでは、貴族たちは、その大部分が、好戦的で野蛮な性質の原理に従いつつ、かれの（ストラッフォードの）偉大さを嫉妬したが、けれどもかれら自身は、すすんでかれを反逆罪で非難しようとはしなかった」。「好戦的で野蛮な性質の原理に従いつつ、かれの偉大さを嫉妬したが、けれども」という言葉は、より古い版のなかでは現れていないが、テニエスによって、草稿から初めて公にされた。〕

(47) 「……人口が密な都市に住んでいる人びとの間には……流動性や騒々しさや空気の汚濁などのような、不誠実や移り気やいらいらした気分が存在しており、田舎の人びとの間には、かれらが耕している大地と比肩しうる、簡素さや、退屈ではあるが滋養を供給する機能が存在している」。W IV 444.

(48) Ci I 2 における、これらの喜びの描写を参照せよ。

(49) わたくしは、「カール・シュミット『政治的なものの概念』への注解」(Anmerkungen zu Carl Schmitt, Der Begriff des Politischen, [*Archiv für Sozialwiss. und Sozialpol.*, Bd. 67, pp. 738 f.]) のなかで、この点をより詳細に叙述した。

(50) *Hegels Schriften zur Politik und Rechtsphilosophie*, ed. G. Lasson, Leipzig 1913, 379 ff., 472 および 477 ff. 参照。

(51) *Vorlesungen über die Geschichte der Philosophie*, W XV 396.〔この文は、Elizabeth S. Haldane and Frances H. Simson の翻訳 (London, 1895), vol. iii, p. 317 から引用された。「……自然状態は、不正義と暴力の状態、飼い馴らされていない自然の衝動、非人間的行為と感情の状態（である）……」。'*Vorlesungen über die Philosophie der Geschichte*', p. 51 (J. Sibree の翻訳 [London, 1905]) から引用された。〕

(52) L c. 13 (65)〔八五頁〕.

(53) E II, III 2 および Ci VIII 1. ——この点に関しては、H I 1 における無神論的世界生成説と有神論的世界生成説との対比を参照。まさにその対比においてホッブズは明らかに前者が優れているとしている。目的論がときどき（H I 4 および XII 5 ; L c. 11 (53)〔七二頁〕; W VII 176）承認されているが、もしもそれが真面目に述べられているとするならば、それは、ホッブズの哲学全体とは矛盾する、伝統の単なる残滓としてのみ説明されるべきである。テニエスは同様の判断を下している。l. c. 182-184.

（54）L c. 31 (191 f.).〔二三五頁以下〕——W IV 288 f. における、この文章に対するブラムホール司教の批判へのホッブズの嘲笑的応答も参照。

（55）本訳書、二六九頁注（10）をみよ。

（56）『弁論術』II 17. ホッブズの英文の抜粋からの引用。W VI 471 f.

（57）H XIII 5 参照。本訳書、五九頁をみよ。

（58）本訳書、二四頁以下と、二六九頁注（10）をみよ。

（59）E I, IX 13 における虚栄心の一表現としての笑いについてのホッブズの説明を参照。

（60）あらゆる受容的認識を学問から排除することもまた、これと連関している。「……感覚と事物の記憶とを、人間はすべての動物と共有している。たといそれらが認識であるとしても、それにもかかわらず、それらはつねに自然から与えられており、推理することによって獲得せられるのではないがゆえに、それは哲学ではない」。Co I 2.——ア・プリオリな学問としてのホッブズの政治観も参照（本訳書、一三三頁をみよ）。〔『物体論』からの引用文は、英訳版では削除されている。——訳者付記〕

（61）この点に関しては、とくにカスティリョーネ『廷臣論』(l. c., 137 ff.) とホッブズの著作（たとえば、E I, IX 13）における、笑いに関する箇所を参照。

（62）Castiglione, l. c., 68, 35 f. および 72.

（63）l. c., 280, 288 ff. および 300.

（64）l. c., 129.

（65）Castiglione, l. c., 293.

（66）ところで、どの程度までホッブズの政治学が、人間の限界に関する知識を再び掘り崩すことになったかは、本訳書、一三五頁において言及されている。ちなみに、プラトン『プロタゴラス』327 C 以下を参照せよ。

（67）Castiglione, l. c., 48.——自慢家に対するつぎのようなカリカチュアも参照せよ。「すると、もう一人のひとがつぎのようにいった。かれが自分の部屋に姿見を置かなかったのは、かれは、怒ると、見るも怖い形相となり、その結果、自分自身の顔を覗き込むと、非常に恐怖してしまうからであった、と」。l. c., 38.

（68）l. c., 46.

（69）本訳書、七四頁以下参照。

（70）ちなみに、カスティリョーネはつぎのように述べている。「わたくしは、われらが廷臣に一つの教訓をしっかりと心に刻んでいて欲しい。そしてその教訓とは、つねに警戒し……そして大胆であるよりはむしろ恐怖する（差し出がましくあるよりは控え目である）ことである。……」。l. c. 71.

(71)「わたくしは、この言葉（すなわち、恐怖すること）によって、悪しき未来についての何らかの見通しを理解する。わたくしは、単に逃走のみならず、自信のないこと、疑い深いこと、注意深いこと、自分たちが恐れないように用心することをも、恐怖する人びとの属性である、と判断している」。Ci I 2 n. 2.

(72) E I, XIX, 2; Ci XV 7; E, I, X (vain fear = vain dejection) も参照。

(73) 本訳書、二六六頁注（63）をみよ。

[英訳版補注1] この文とそれに先行する文を、ヘーゲル『歴史哲学講義』からのつぎのような文（J. Sibree の翻訳 [London, 1905] からの引用）と比較せよ。「自由が世界のなかへ自己を展開する手段の問題は、歴史の現象それ自体へわれわれを導いていく」。「歴史を一瞥するならば、われわれは、人びとの行為がかれらの必要や情念や性格や才能に由来することを確信させられる。……情念、私的な目的、および、利己的欲望の満足が、……行為の最も効果的な原動力である」(p. 21)。

[英訳版補注2] 本訳書、一三二頁を参照せよ。

[英訳版補注3] L c. 15 (78)〔一〇一頁〕. さらに、E I, XVI 5 と Ci III 6 を参照せよ。

[英訳版補注4] このことが実情であることは、クラレンドンによってはっきりと理解されていた。というのも、かれは『「リヴァイアサン」と題されるホッブズ氏の著書における、教会および国家に対する危険で有害な誤謬に関する概説と考察』(*A brief view and survey of the dangerous and pernicious errors to Church and State, in Mr. Hobbes's book, entitled Leviathan* [1676]) のなかでつぎのように述べているからである。ホッブズは、「つぎのことを悪くとらないにちがいない。すなわち、かれがそのパンによってつねに養われてきた貴族は、かれの制度のなかではいかなる役割も、少なくともいかなる重要性も期待してはならないのであるから、貴族に対するかれの極端な悪意がわたくしには見て取ることができるということ、かれが十戒についてこのように深く省察していたおりに、そして、水平派の人びとが最高潮に達した時期と、あらゆる階級を同一の階級に還元することが、貴族全体に対して、ありとあらゆる軽蔑と侮蔑をもって決定され、開始され、執行された時期と重なり合ったときに、かれはかれのつぎのような判断を公にすることを選んだということ、すなわち、あたかも人民の安全は人びとの平等を要求し、『上流の人びとの名誉は、かれらの善行と、かれらが下層の人びとに援助を与えるか否かとによって、評価されるべきであり、さらには、上流の人びとに対するえこひいきの帰結は、憎悪を生みだし、すべての抑圧的で傲慢な上流の人びとを打倒しようとする努力を人びとの間に生みだした』かのような判断を。この言葉は、その時代の煽動家たちに貸し出されたり、あるいは、かれらから借りられたものである」(p. 181)。クラレンドンによって引用されている言葉づかいは、

『リヴァイアサン』第三〇章（p. 184）〔二二七頁〕に現れている。「かれの意見では、『善き助言は、くじによっても相続によっても得られない。それゆえ、富裕なまたは高貴な人びとから、要塞の大きさを描くことについての善き忠告を期待できないのと同じ理由で、国事についてもかれらから善き忠告を期待できない』。そして、かれは、忠実な水平派のひとのように、いかなる人間もその生まれや家系によって、その種の特権をもつことはできない、あるいは、かれの能力に生来付随する以上の名誉をもつことはできない、と非常に熱心に説いている……」（p. 182）。引用されている言葉づかいは『リヴァイアサン』第三〇章（p. 187）〔二三一頁〕に現れている。王政復古ののちに公にされた、『リヴァイアサン』のラテン語版では、ホッブズは、貴族階級に敵対的な言葉づかいを取り除いた。この関連において前の注を参照せよ。〔前の注とは、本訳書、二七二頁注（46）における英訳版補足部分を指す。——訳者付記〕

[英訳版補注5]　ホッブズ政治哲学における死の恐怖に基づいた国家の設立を、『政治学』（1278 b 24-30）におけるアリストテレスのまったく異なる陳述と比較せよ。

[英訳版補注6]　ホッブズは人間を、いわば、天地創造のプロレタリアートとみなしている。ホッブズによって理解されているような人間は、マルクスのプロレタリアートがブルジョワ世界に対してもっているのと同様な関係を、宇宙に対してもっている。すなわち、かれは、その反抗によって、その鎖のほかには、失うものは何もなく、あらゆるものを手に入れるのである。

[英訳版補注7]　『リヴァイアサン』第四六章（p. 364）〔四五三頁〕における、哲学と都会の生活との関連についてのホッブズの観察を参照せよ。「はじめて大きな繁栄した諸都市があったところに、はじめて哲学の研究がおこったのである」。

[英訳版補注8]　本訳書、一一八頁以下と、一三四頁以下をみよ。

VIII　新しい政治学

（1）本訳書、一八九頁以下を参照。

（2）本訳書、四五頁以下をみよ。

（3）W VIII, p. XXIX.

（4）本訳書、二六九頁注（10）をみよ。

（5）本訳書、一五四頁以下をみよ。

（6）本訳書、五七頁以下をみよ。

（7）すでに詳細な英文の『『弁論術』抜粋』のなかで、ホッブズは、『弁論術』第一巻第六章の再構成に際して、幸福を「忘却し」てしまっている。W VI 431 をみよ。

（8）H XI 6-8 を『弁論術』I §§ 6-7 および 10-15 と比較せよ。——同じ根拠から、ホッブズは、この点でもアリストテレスから逸脱しているのであるが、赤貧ではない貧しさを善の一つに数えあげている。

(9) 本訳書、五九頁を参照せよ。

(10) H XI 14.――本訳書、一九頁も参照。[本訳書、二七五頁［英訳版補注5］をも参照。]

(11) 本訳書、五〇頁以下をみよ。――W VI 453 f. および H XII 4 参照。[さらに本訳書、二五頁以下も参照。]

(12) 本訳書、五四頁と二四八頁注（27）をみよ。

(13) 「……勝利は愉快である。……というのは、卓越性という想念が産みだされるからである」。『弁論術』I 11, 14. 「……勝利は愉快である。というのもそれはひとに自身についての良い評価を作りだすからである……」。H XI 12.――前掲箇所においてホッブズが、アリストテレス（『弁論術』I 11, 15）から逸脱して、つぎのように述べていることもまた、この点に関係している。「しかしながら、もろもろの知力の競争が、最大に、喜びを与える」。この箇所の理解のためには、本訳書、二四五頁注（47）を参照せよ。

(14) L c. 27 (157)〔一九五頁〕. それに続く節は、明らかに、『弁論術』(I 12, 1-4) によって影響されている。ちなみに L c. 27 (161 f.)〔一九八頁以下〕における犯罪の程度の取り扱い方をも『弁論術』(I 14) と比較せよ。

(15) とくに H XII 6 における名誉［gloriatio］と羞恥［pudor］の並置をみよ。E I, IX 3 も参照。――アリストテレスの場合には、(『弁論術』第二巻第六章以外には)『ニコマコス倫理学』1108 a 32, 1116 a 28 ff., 1128 b 1 ff., 1179 b 12 ff. を参照。プラトン『法律』646 E ff. および他の箇所も参照せよ。――もしマンデヴィルの『蜂の寓話』における、ホッブズによって影響された、恥についての論じ方に一瞥を与えるならば、なおいっそう明白になるであろう、恥の評価の相違は、とくに興味深い。というのは、そのなかにホッブズの人間学を特徴づけている虚栄心－恐怖の対立が最も顕著に表現されているからである。恥の価値を低めること、すなわち、恥を恐怖によって置き換えることは、名誉に汲々としつつ、恐怖を「虚栄心によって」隠すことよりも、名誉を断念しつつ、恥をものともせず恐怖を「正直に」告白することを優れているとしたことの必然的な結果である。本訳書、二六頁以下を参照せよ。

(16) 本訳書、五八－五九頁をみよ。

(17) E I, VII 7; L c. 11 (49)〔六七頁〕; H XI 12 および 15.

(18) H XI 11. [本訳書、二四九頁［英訳版補注1］をも参照せよ。]

(19) H XI 14.――一方におけるイギリス功利主義と、他方におけるエピキュロスおよび一般的に古代哲学との間の根本的な相違に関しては、V. Brochard, 'La théorie du plaisir d'après Épicure' (*Études de philosophie ancienne et de philosophie moderne*, Paris, Vrin 1926, 262 f., 273 f. および 288) の説明を参照。[ホッブズ以降の展開については、わたくしとしては、読者にとくにロックの『人間悟性論』〔Book II, ch. 20, §6〕とニーチェの『力への意志』〔Aphorisms 693 ff.〕を参照してもらいたい。]

(20) 「……人間はより大きな富や名誉やその他の力を手に

入れるにつれて、かれらの欲求はますます増大する。そして、かれらがある種類の力において最大限に到達するや、何か他の種類の力においても自分自身が他人よりも後れていると思うかぎり、かれらは他の種類の力を追求するのである」。E I, VII 7.

(21) ホッブズがここで徹頭徹尾友人の不幸について考えているということは、E I, IX 19 における H XI 11（「他人の不幸を見ることは愉快である。というのは、それが愉快であるのは、不幸としてではなく、他人の〔不幸〕としてである。それゆえ、人びとは、他人の死や危険の光景に走っていく習性があるのである」）への対応箇所によって示されているが、その対応箇所はつぎの言葉で結ばれている。「人びとは、通常、……、かれらの友人の不幸の目撃者であることに満足する」。アリストテレスは単につぎのようにいっていた。「また〔悲劇における〕運命の急転や、すんでのところで危険から逃れることは快いことである。なぜならそれらすべては不思議なことだから」（『弁論術』I 11 24）〔前掲邦訳、七二頁〕。早くもその『弁論術』抜粋」において、ホッブズはこの文に辛辣な調子を加えている。「そして、非常にさし迫った他の人びととの危険。そして、かろうじて〔危険から〕逃れ出たこと」（W VI 442）。

(22) E I, VII 7 と Bacon, *Essays* XIX を比較し、H XI 15 末尾と Bacon, *Works* ed. Spedding and Ellis, III 426 f. を比較せよ。——ホッブズとベーコンの原理的な一致については、われわれは他の関連において（本訳書、一一五頁以下と一二四－一二五頁）すでに示唆した。ホッブズに対するベーコンの影響は、最近の研究によって、通常、過小評価されており、しかもその理由は、単にひとがホッブズの政治学にとってのガリレイの意義を過大評価しているからにすぎないのである。

(23) Aubrey, *Brief Lives*, ed. Clark, Oxford, 1898, I 331.〔前掲邦訳、一〇〇－一〇一頁〕

(24) E, d および I, XIII 3-4; Ci, d および p; L c. 4 (15)〔二七頁〕および 11 (52 f.)〔七〇頁〕; Co I 1 および 7.

(25) Ci, d および III 31 f.

(26) というのも、伝統的政治論も、そのあらゆる錯誤にもかかわらず、すでに意見の不充分さに対する治療法を見出そうとする試みを表現しているからである。Ci III 32 参照。

(27) E I, XIII 3 および XVII 14.

(28) それゆえ、ホッブズはつぎのように述べることができた。「何らかの規則と確かな尺度……それをこれまで誰も作り上げなかった……」。Co I 7.

(29) 『ニコマコス倫理学』1094 b 12 以下と 1098 b 5 以下。『弁論術』I 10 末尾参照。

(30) 『国家』504 D-E;『国家』484 C;『法律』964 D-965 C その他の箇所をも参照。

(31) 『国家』473 C, 452 A-D, 506 C;『ニコマコス倫理学』1127 b 25 以下，1145 b 3 以下，22 以下。『国家』505 A と『ニコマコス倫理学』1096 b 以下を比較せよ。さらにアリストテレス『政治学』1264 a 1 以下を参照。

(32) 本訳書、四三頁をみよ。

(33) W VI 100.——「アリストテレスは……事物というよりも言葉に注意を払った……」。O III 498.——「わたくしの意見では、アリストテレスは、事物それ自体には到達できなかったがゆえに、自分勝手な配列に際して、言葉からのみ出発している」。Co II 16.

(34) 「かれらは、徳を、一つには人間の諸情念の中庸によって、一つにはそれらの情念が賞賛されていることによって、評価する。しかるに、ある行為を有徳にするものは、賞賛の多寡ではなく、その行為の原因である……」。W VI 218.——O III 502 および Ci III 31 も参照。

(35) 「アリストテレス、キケロ、セネカおよび他の同じような権威の人びとは、……自らの情念の命ずるままに、正邪の名前を与えたか、あるいは、他の人びとの権威に従ったのである……」。E II, VIII 13.

(36) 「かれらの道徳哲学は、自分自身の情念の記述でしかない。……かれらは、自分自身の好悪に従って、自らの善悪の規則となすのである……」。L c. 46 (366 ; 372)〔四五五頁と、四六二頁〕も参照。

(37) ホッブズは、その政治学のあらゆる叙述において、大度を、単にもろもろの情念のなかの一つの情念としてのみ論じている。L c. 6 (26)〔四一頁〕の諸情念のなかでの気前のよさや、その他の情念の列挙をも参照。

(38) Ci III 32 および H XIII 9 参照。

(39) E II, IX 8 と L c. 21 (113)〔一四四頁〕を L c. 31 (197)〔二四二頁〕と c. 20 末尾〔一三九頁〕と比較せよ。

(40) O V 251.

(41) E, d とプラトン『エウテュプロン』7 B-C を比較せよ。

(42) 「……(古典古代の哲学者たちのなかで最善の者である)プラトンの学派には、すでにある程度数学者になっていないひとは、受け入れられなかった」。W VII 346.——L c. 46 (365)〔四五四頁〕も参照。

(43) アリストテレス『政治学』1260 a 21 以下における『メノン』72-74 A に対する論難を参照。さらに『ニコマコス倫理学』1096 b 24-26 も参照。

(44) アリストテレス『形而上学』1077 b 1 以下。この点に関しては、J. Klein, Die griechische Logistik und die Entstehung der Algebra, *Quellen und Studien zur Geschichte der Mathematik usw.*, Abtl. B, III 72 および 95 f.

(45) 『パイドン』97 B 以下。

(46) 『プロタゴラス』320 C 以下。〔プロタゴラスは、死すべき存在に力を分配した責任があったのは、エピメテウスであり、プロメテウスではなかった、と述べることによって、その長いスピーチを開始し、さらにそれを続け、そして、アテナイ人たちが信じていることを正当化することによって、そのスピーチを終わらせている(とくに 324 C と 328 C をみよ)。プラトンがプロタゴラスのスピーチによって意味していることは、プロタゴラスが、諸事物の現存している状態の正当化と、世界ないし人類の文明の形成に関する「エピメテウス的」教説との間の必然的な結びつきを理解していないということ、そして、こうして、プロタゴラスは自分で話していることをまったく理解していないということである。また361 C-Dも参照。〕

(47)『パイドン』99 C-E参照。

(48)『メノン』75 B-Dと76 D-Eとを比較せよ。さらに『パイドン』100 C-E参照。〔プロタゴラスは、上に挙げた文のなかで、ほとんどもっぱら、（人びとが言っていることについてではなく）人びとが信じていることについて語っているということが、指摘されなければならない。〕

(49)『国家』457 Bと『クリトン』46 D-Eとを比較せよ。

(50)『エウテュプロン』7 B-Dと『パイドロス』263 A；『国家』523 A-524 Cを参照。

(51)『国家』505 D-Eと『テアイテトス』177 D；アリストテレス『弁論術』I 7, 36-37参照。——存在と真理に関しては、明確に、仮象に満足しているソフィスト自身、それでもなお、善なるものの堅固さには執着しなければならないのである。『テアイテトス』167,『エウテュデモス』286 B以下および『クラテュロス』385 E以下を参照せよ。

(52)『饗宴』204 Aと204 E-205 D；『メノン』77 C-D,『ゴルギアス』468 D,『エウテュデモス』278 E-280 B,『ヒッピアス』291 D-Eと294 A.

(53) なるほど、知は霊魂のなかに存在する（『国家』518 B-C）が、しかし〔知は霊魂に「上から」、すなわち、神がみから到達し（『国家』416 E）〕知よりも高く位置するものは、知を越えた存在であり（『第七書簡』324 A以下）、基準である（『ピレボス』66 A-B）。〔『パイドン』78 Dを参照。〕

(54) とくに『ラケス』188 Bをみよ。

(55)『国家』473 A（この箇所から、『パイドン』99 E-100 Aは根底的に理解されなければならない）。『国家』479 A以下と592 Aも参照。——上述の理由から、ソクラテスが、単にかれの同時代人のなかで最も正しい人間としてのみ特徴づけられており（『第七書簡』324 Eと『パイドン』末尾）決して「正しい」とは特徴づけられていないことが説明される。『国家』472 B-Cを参照。

(56)『国家』505 Eと、『プロタゴラス』330 C冒頭と、『パイドン』100 Bを比較せよ。

(57)『国家』472 C以下〔と592〕,『法律』746 B-C.

(58) この理由からしても、徳は知である。『国家』473 Aと、『ソクラテスの弁明』23 A-Bとを比較せよ。

(59)『饗宴』212 A；『テアイテトス』176 C；『国家』536 A.

(60)『パイドン』68 C-69 C；『パイドロス』244 Dと256 E；『饗宴』203 A；『国家』518 Cと521 Cを参照。

(61)『テアイテトス』176 B；『国家』363 Aと367 B.

(62)『国家』423 CとEを参照。

(63) この取り扱い方を、アリストテレス『ニコマコス倫理学』1178 a 28以下、および『政治学』1263 b 8以下における徳が「隠されていること」の問題についての、まったく異なった取り扱い方と比較せよ。

(64)『国家』365 A 以下。

(65)『ニコマコス倫理学』1176 b 16 以下。

(66)『法律』630 C-631 C (963 E 以下参照)。——その箇所で論じられている諸徳の序列は、その序列が、勇敢さから最初は正義へと、そして、つぎには知恵へと、上昇していったかぎりでは、『ニコマコス倫理学』の構造にとっても基準を与えるものである。

(67)『プロタゴラス』342 B と『国家』429 C-430 C とを比較せよ。

(68)『プロタゴラス』349 D;『ゴルギアス』495 C を参照。

(69)『メノン』71 E;『ゴルギアス』469 C, 483 A-B, 491 B, 512 D;『国家』549 D-550 A.

(70)『国家』573 C;『法律』716 A と 731 D-732 B.

(71)『プロタゴラス』349 D を、351 B 以下ならびに『ゴルギアス』492 以下と比較せよ。

(72)『法律』631 C. ——*σωφροσύνη*〔節制〕の堕落形態は *εὐήθεια*〔お人好し〕である(『政治家』309 E)。*εὐήθεια* は太古に固有の徳である(『法律』679 C)。この二つの理由から、それは、ソフィストの *ἀνδρεία*〔男らしさ、勇敢さ〕(『エウテュデモス』275 B など)とは対立する、ソクラテスの *σωφροσύνη* のアイロニカルな叙述(『パイドン』100 D と『メノン』75 C)に適合している。

(73)『ニコマコス倫理学』1177 b 27 以下。

(74)『国家』519 D-520 C. このことのもう一つ別の表現は、哲学するとは、死を意志することを意味するということであるが、しかし哲学者は、自分自身の意志で、自らの生命を終わらせることは許されてはいない。『パイドン』61 D 以下と『クリトン』48 B-E を参照。

(75)*μετὰ φρονήσεως ὑπὸ δικαιοσύνη*「思慮分別をもって、正義に従属しつつ」『第七書簡』335 D.〔本注は英訳版では削除されている。——訳者付記〕

(76)アリストテレスが、プラトンとは異なって、*σοφία*〔知慧〕と *φρόνησις*〔賢慮〕を区別したこともまた、このことに関係している。とくに『ニコマコス倫理学』1140 b 7 以下(ペリクレスについての *φρόνιμος*〔知慮ある(ひと)〕という「民衆の」特徴づけの承認)と『ゴルギアス』515 C 以下を比較せよ。

(77)「政治的な徳」という表現が、プラトンによって(そして、アリストテレスや、プロティノスによっても)、この意味においてではなく、むしろ民衆の徳を特徴づけるために、用いられたということは、その他の点ではいかに重要であろうとも、われわれの関連においては、考慮の外に置かれてさしつかえないのである。

(78)Cf. III 32 その他における、このような理論に依拠した、アリストテレスの徳の解釈に対する論難を参照。このような論難の最も近い典拠は、おそらくグロティウス『戦争と平和の法について』(*De jure belli ac pacis*, Prolegg. §§ 43-45)であろう。グロティウスは、アリストテレスの徳の理論に対する自らの批判を、なかんずく、プラトン主義者に依拠させている。

(79)「弁護士の通常の考えによれば、かれは、自分の顧客の便益のためになしうることはすべていうべきであり、そしてそれゆえ、言葉の真の意味を歪曲する能力や、陪審員および時には判事すらを唆す弁論術の能力や、わたくしがもっていないし、あるいは学ぼうとも意図していない他の多くの技術を必要とするのである」。W VI 6 f.――本訳書、二四八頁注(30)において言及されている箇所も参照。――弁論術に対するホッブズの批判の意義、および、その批判とかれのプラトン主義との関連の意義は、もしホッブズの弁論術についての言明を、ベーコンの言明(たとえば、Works III 409 f.)と比較するならば、最も明らかに示されるであろう。――この点から、歴史に対するホッブズの最終的な批判もまた、根底的に理解されなければならない。この批判の最も鋭い表現は、歴史家にとっては、偉大さという観点が基準を与えるものであるが、哲学にとっては、真なるもの、正しきものが、重要であるということである(Cf. d. トゥキュディデスの歴史書の最初を参照せよ)。しかしながら、偉大さという観点は、まさにソフィスト的弁論術にとって基準を与えるものである(『ゴルギアス』518 E. 伝統における弁論術と歴史の関連に関しては、本訳書、一〇七頁をも参照)。こうして、歴史は、ホッブズにとっては、ちょうどプラトンにとって詭弁哲学(Sophistik)がもったのと類似した意義をもったのである。ちなみに、同じくまさにプラトンの見解によれば、詭弁哲学と、近代の言葉の慣用に従えば歴史的関心として特徴づけられるべきものとの間には、ある関連が存在している。『プロタゴラス』347 C-348 A と 338 E 以下とを比較せよ。

(80) アリストテレスは、同情(Mitleid〔=共苦〕)と憤激(Entrüstung)とを、つぎのように定義した。「同情(pity)とは、それに値しない他者にふりかかった危害や困難を危惧することから生ずる、精神の攪乱である。……憤激(indignation)とは……その価値のない人間の繁栄に対する深い嘆きである」。ホッブズは、この定義を採用するときには、必ず留保をつけたが、そのことは、かかる価値評価が問題を孕んでいることを示唆している。「……(不幸が)それに値しなかったとわれわれには思われる人びとにふりかかったときには、同情(compassion)はより大きい。……憤激とは、その価値がないと自分自身には思われる人びとに大きな成功がもたらされたという観念に存するところの深い嘆きである」(本訳書、五四頁以下をみよ)。同様の傾向は、ホッブズが、善いものの列挙に際して、アリストテレスから逸脱して、もろもろの徳を数え挙げてはいないこと、および、情念の価値評価を省略していることにも、示されている。

(81) 本訳書、一五頁以下と F. Tönnies, Einführung zu: *Th. Hobbes, Naturrecht*, Berlin, 1926, 9 を参照。理性と恐怖の同一視は、生と競走との比較のなかに、その最も意味深長な表現を見出しているが、その表現によって、ホッブズは、その最も初期の、最も完全な情念についての叙述を完成している。そして、その表現のなかには、「以前に言及された情念のほとんどすべてが」見出されているが、しかし恐怖はその場所を見出してはいない（E I, IX 21)。暴力と欺瞞が二つの枢要な徳である、自然状態の無拘束な競走を、市民状態の理性的な競技、すなわち規則に則った「ゲーム」へと緩和させる恐怖は、まさにそれゆえにこそ、情念よりも高く位置し、したがって、理性に取って代わるのである。

(82) Z. Lubienski, *Die Grundlagen des ethisch-politischen Systems von Hobbes*, München 1932, 222 ff. の関連のある叙述は、資料集としては、決して利用されるべきではない。〔本注は英訳版では削除されている。——訳者付記〕

(83) 本訳書、一二四頁以下をみよ。

(84) とくに『ニコマコス倫理学』1096 b 30 以下をみよ。——「主権者とその主要な大臣たちは、（プラトンによってかれらがそうであることが必要とされたようには）……数学的な諸科学を課される必要はない」(L. c. 31 末尾〔二四二頁〕）という観察もまた、アリストテレス『政治学』における教育の処方箋と、プラトン『法律』第七巻の教育の処方箋との比較が明らかにするように、アリストテレスのプラトン批判に一致している。

(85) 財産の共有は必然的に抗争へと導くという、財産の共有を批判するアリストテレスの議論は、ホッブズの場合には、その政治的熟慮のまさに根本となる。Ci, d をみよ。

(86) 本訳書、三頁を参照。

(87) Ci, p.

(88) Ci I 2 n. 1.

(89) この点に関しては、E. Cassirer, *Die Philosophie der Aufklärung*, 25 ff.〔前掲邦訳、二二頁以下〕を参照。

(90) 平和があらゆる文明の条件であるというのでは決してない。なかんずく Ci I 2 末尾をみよ。

(91) これとは対立するものとして、プラトン『ソクラテスの弁明』29 A-B を参照。

(92) 『国家』370 B および、その他の箇所。

(93) 『国家』510 B 以下。

(94) L. c. 4 末尾〔三一頁〕。

(95) 『国家』472 C-E を参照。

(96) 本訳書、一三二頁以下を参照。〔英訳版の注を採用した。——訳者付記〕

(97) この根拠づけは Ci I 7 に見出される。もっとも、それは、この節からのみ理解されるべきではない。

(98) E. Barker, *Plato and his predecessors*, 27.

(99) l. c., 38.

(100) ひとはまさにつぎのようにいってもさしつかえないであろう。「……ギリシアの政治思想においては……権利という観念はほとんど獲得されなかったように思われる。……かれらは権利の神聖さという観念をほとんどもたなかった」。Barker, l. c., 7.〔また Fustel de Coulanges, *La Cité antique* (iii, II と iv, II), および Gierke, *Das deutsche Genossenschaftsrecht*, iii, §3（とくに n. 41）参照。〕

(101) l. c., 212.——「プラトンは女性の権利の教師というよりも、むしろ女性の義務の教師である、とわれわれは理解してよいのかもしれない」。l. c., 221.

(102) l. c. 14 (66)〔八七頁〕と c. 26 (153)〔一九一頁〕。E II, X 5を参照。

(103) Grotius, *De jure belli ac pacis*, lib. I. cap. I. §§ 3-5. [Suarez, *Tr. de legibus ac de Deo legislatore*, i, cap. 2, §§ 4-5も参照。フォーテスキューは *De natura legis naturae* の一つの章 (I, cap. 30) を法 (Law) と権利 (Right) の相違に費やしている。ホッブズ以降の展開に関する事柄は、Gierke, *Althusius*^{3}, pp. 113, 301, n. 94 および 305 をみよ。]

(104) 近代的な「権利」概念の生成にとってのローマ法の意義に関しては、メインのつぎのような表現を参照せよ。「……権利と義務 (duties) の完全な相互主義 (reciprocity) とそれらの固い結合に基礎づけられている契約法は、そのままにしておけば、道徳的義務 (obligations) を、もっぱら、神の国 (Civitas Dei) における市民の公的な義務とみなしたであろう著述家たちの傾向に対する、健全な矯正手段として作用してきたことは、明らかである、とわたくしには思われる」。*Ancient law*, p. 290.

(105) Grotius, l. c., §§ 3 および 9, また prolegg. §§ 8-11 参照。

(106) フォーテスキューの *De natura legis naturae*, Pars Prima, cap. 30 (権利と法の相違) からつぎの箇所をも参照。「……権利と法の関係は、種と類の関係である。というのも、権利は法から語られるからであり、すべての権利は衡平かつ善であるものであるが、すべての権利が法であるわけではない。さらに、すべての法がつねに衡平かつ善であるべきである。さもなければ、法は権利の類たりえないであろう。それゆえ、こうしてすべての法が権利であるが、すべての権利を法と呼ぶことは必ずしも適切ではない。というのも、自分自身のものを要求する各人は、裁判官の前で、権利をもっているが、それを要求する法をもってはいない。法は裁判官のもとにあり、それによって、裁判官自身が、そのひとが求めるものを本人に回復させるべく決定し、そうすることによって、裁判官は、権利と法を回復するのである。……それゆえ、この論稿においてわれわれが裁判権に属する事柄についてしばしば述べているように、われわれは、法という名辞であれ、権利という名辞であれ、絶対的な意味で用いるが、しかし、議論が、何らかの事物の所有や保持の資格に関してや、裁判権には関心が払われない事柄の資格に関してなされる場合には、われわれは、権利と呼んで、法とは呼ばないのである」。ここでは、単に、ホッブズは、フォーテスキューとは異なり、「権利」(Jus) の定義に際して、「衡平、かつ、善」(aequum et bonum) を前提していないということだけが、想起されなければならない。〔本注は英訳版では削除されている。——訳者付記〕

(107) C. E. Vaughan, *Studies in the history of political philosophy before and after Rousseau*, Manchester 1925, I 23.

(108) l. c., 55.

(109) 「……法とは、なされるべきことを命じ、その反対のことを禁じるところの、自然のなかに植え付けられた、最高の理性である。そして、その理性は、それが人間の精神のなかで確立され完成されたときに、法となる」。なるほど、「時として、民衆のように（populariter）話すことが必要となるであろう。すなわち、大衆（vulgus）がそう呼んでいるように、命令や禁止によって、欲することを文書という形式で規定したものを、法と呼ぶことが必要となるであろう。だが、正義とは何かを決定するには、あらゆる実定法が書かれ、あらゆる都市が設立されるよりも何百年もまえに生まれた、かの最高の法から始めることにしよう」。Cicero, *Legg*. I 6. 18-19.

(110) 応用への関心は同時に歴史への転回を動機づけている。こうして、ボダンの歴史的関心（本訳書、一〇八頁以下と一一九頁をみよ）と、かれの主権の理論との間には直接的な関連が存在している。[Bodin's *Republique*, ii, ch. 6 冒頭を参照。]

(111) Ci III 13 と l. c. 15 (79-80)〔一〇三－一〇四頁〕における、なかんずく、アリストテレス『政治学』に対する論難を参照。――「各人は、他人に対して、自分自身の特殊な理性を法として主張するようにさせますか。主権を握る人間の理性を除くならば、いかなる国においても、同意された普遍的な理性は人びとの間には存在しないのである」。W VI 22.

(112) l. c. 26 (141)〔一七八頁〕; l. c. 13 (63)〔八三頁〕を参照。

(113) E II, X 8. l. c. 5 (19)〔三二頁〕を参照。――「しかし（主権を握る人間の理性は）単にひとりの人間の理性にすぎないけれども、それにもかかわらず、それは、福音書のなかで救世主キリストによってわれわれに説かれた、かの普遍的理性に代わるべく立てられているのである……」。W VI 22.

(114) 本訳書、二四四頁注（38）を参照。

(115) Ci VI 19. ――［本訳書、二四七頁注（14）に引用されている］Ci V 9 の国家の定義における「意志」への言及をも参照せよ。［この関連において Gierke, *Althusius*^{3}, pp. 74 (n. 44) および 280 を参照せよ。本訳書、二八一頁注（81）を参照せよ。］

(116) *Discours sur l'origine de l'inégalité*, Première Partie.〔『人間不平等起原論』、小林善彦訳、『世界の名著』30、中央公論社、一九六六年、一二九頁〕

(117) Barker, l. c., 38 f.

(118) こうして、「一般意志」（volonté générale）と「美学」（Ästhetik）とがほぼ同時代に世界に登場したということは、偶然ではない。

(119) 「自然的」という言葉のこの用法に関しては、Klein, l. c., 66 を参照。

(120) この関連において、なかんずく、バークの「抽象的な原理」との闘争が思い出されなければならない。ルソーや、かれの師や、弟子の「理論」に対する論難において、バークは、——論敵そのひとに向かってはきわめて正当にも——「環境」の意義に訴えている。というのは、近代政治論は、古代政治論との対比において、その「理論」の無条件的な応用の可能性［いかなる環境のもとでも応用が可能であること］の要求を掲げているからである。バークが理解しなかったのは、まさに「環境」の原理的な克服への関心、すなわちあらゆる「恣意」を、（つまり、それによって、時々分別のある人間が分別のあることを行なう恣意をさえ、否、まさにそのような恣意を）排除することへの関心、［換言すれば］応用への関心の優越性は、「一般理論」［と「抽象的原理」］がそもそも産みだされたことの本来的な理由であるということであった。ルソーに対する論難においてバークが獲得した見解、ないし、決定的に根拠づけた見解、すなわち、「抽象的原理」に対する判決は、その後のすべての政治論のドグマ的前提である。——その論争と、それとともにバークの積極的な見解は、まったく、古代政治論の水準にとどまっていたということ——このような主張は、上に叙述してきたことに従えば、この場では、詳細な論証を必要とはしていない。ここでは、ただ単に、バークによって闘われた政治論は、そのあらゆる不充分さにもかかわらず、まさにその政治論にとっては原理が問題であったがゆえに、換言すれば、それは少なくとも合理主義の体裁をなおも繕ろっていたがゆえに、それは後代の政治論よりも古代の政治論に、比較にならないほど親密な関係にあるということだけを、指摘するにとどめておく。

(121)　これらの諸前提が、ホッブズの文体の分析を通してはっきりと認められうるということは、Basil Willey, *The Seventeenth Century Background*, London 1934, 98 f. が非常に見事に示している。

(122)　かれ自身つぎのように報告している。「生来、また最初の年月、かれは歴史家と詩人を読むことに没頭した。そののちには、しかしながら、何人かの博識のひととの会話において、感覚の原因について議論がなされたときに、あたかも軽蔑されるのを恐れているかのように、感覚とは何かをあえて問題にしたり、あるいは、それに解答したりするひとが誰一人としていなかったので、かれは驚いてしまった。そして、他の人びとを非常な尊大さをもって、軽蔑している知恵の誉れの高いひとも、かれら自身の感覚が何であるかについては無知であったことに、かれは気づくようになった」。人間の感覚についての問いから出発しながら、かれは、すべての事物の起源は、もろもろの運動の自然［本質］と、もろもろの運動の多様性のなかに、探求されなければならないということを発見した。そして、この発見ののちに、「かれは、とりわけ、動物の感覚、知性、幻想、およびその他の諸性質に影響を及ぼすものは、いかなる種類の運動でありうるのかを問題とした」。O I pp. XX f. および XIV.

(123)　F. Brandt, *Thomas Hobbes' mechanical conception of nature*, Copenhagen/London 1928, 300 f. 参照。

(124) 本訳書、三四頁以下をみよ。——チャッツワースのホッブズ文書のなかにスカリゲル (Scaliger) の『微妙さについて』(*De subtilitate*) からの抜粋が見出される。その抜粋のなかでも、なかんずく、この著作の練習 (Exercitatio) 286 が書き抜かれており、それは、アリストテレスに対する明白な論難において、他の動物の触覚に対する人間の触覚の卓越性を取り扱っている。

(125) E I, V 1-2, L c. 5 (21)〔三四 - 三五頁〕; Ci I 2; Co I 2; H X 1.

(126) 本訳書、一一頁以下を参照。——自然と人間の意志の対立は同時に身体と言語の対立である。後者に関しては、たとえば、H X 2 の末尾を参照せよ。

(127) E I, VIII 5-6 と L c. 10 (43-44)〔五八 - 六一頁〕を比較せよ。[さらに、本訳書、二七〇頁注 (22) を参照せよ。]

(128) 本訳書、一八 - 一九頁を参照。[この関連において、のちのラテン語版の『リヴァイアサン』のテクストのなかでホッブズが施したいくつかの変更は、とくに、人間と他の「政治的被造物」の重要な比較に関して、非常に啓発的である。われわれは英語版から引用するが、括弧 ( ) のなかには、ラテン語版における変更を掲げておく。「人間は名誉と尊厳を求めて不断に競争するが、これらの被造物はそうではない。そしてその結果、人間の間では、その理由から〈on that ground〉(propter eam, *inter alias*, causam〔もろもろの原因のなかでも、その原因を通して〕) 羨望と憎悪、そして最後には戦争が生じるのである。しかるに、これらの被造物の間ではそうではない〈not so〉(inter illa rarissime〔これらの被造物の間ではきわめて稀にしか生じない〕)。……人間の喜びは、自分自身を他人と比較することにあるが、かれは、優れている〈eminent〉もの以外は何も楽しむことができない (Homini autem in bonis propriis nihil tam jucundum est, quam quod alicuius sunt maiora〔しかしながら、人間にとって、自分自身の善のなかでは、他人よりも優れていることほど愉快であるものは何もない〕)」。Ch. 17 (p. 88)〔一一四頁〕および *Opera latina*, vol. iii, p. 129. 犯罪に導く諸情念の分析は、英語版では、つぎの命題をもって始まっている。「最も頻繁に犯罪の諸原因になる諸情念の一つは、虚栄心〈Vain-glory〉すなわち、自分自身の価値についての愚かな過大評価に存している……」。他方、ラテン語版では、「Passionum, quae crimina potentissime suadent, sunt ira, avaritia, caeteraeque cupiditates vehementiores, sed non sine spe〔最も強力に犯罪へと誘う諸情念のなかには、怒り、貪欲、および、他の非常に激しい好奇心が含まれているが、希望がないわけではない〕」。Ch. 27 (p. 157)〔一九五頁〕, および *Opera latina*, vol. iii, p. 214. 英語版では、自然状態においては「いかなる行動も不正ではありえない」と述べられているのに対して、ラテン語版では、「Nihil...est injustum〔何も……不正ではない〕」となっている事実もまた、同じ関連に属している。Ch. 15 (p. 74)〔九七頁〕, および *Opera latina*, vol. iii, p. 111 f. 本訳書、二四六

頁注(65)を参照せよ。〕

(129)「ホッブズが、人間というものにまず帰している相互に征服し合いたいという願望は道理にかなっていない。命令とか支配とかいう観念は、非常に複合的で他の観念に依存するところが多いから、人間がまずもつような観念ではないであろう」。*De l'esprit des lois*, I 2.〔『法の精神』（上巻）、三辺博之訳、岩波書店、一三頁〕

〔英訳版補注1〕「……もしも……道徳の教説と政治の教説が論証されたとするならば、なにゆえわたくしは、それらが数学者たちによっても所持されたはずである、と信じないのであろうか。というのは、主題ではなく、もろもろの論証が数学を作るからである」。*Opera latina*, vol. iv. p. 23. また loc. cit., p. 390 も参照。

〔英訳版補注2〕精神、すなわち、思想が作品「のあとに」来る自然学のことであり、それは、精神、すなわち、思想が作品に先行する「プロメテウス的」自然学とは区別される。

〔英訳版補注3〕この理由から、徳の本質に関するプラトン的問いは、徳についてのアリストテレス的定義によっては、答えられえないのである。換言すれば、この理由から、徳はつねにある特定の存在の徳であるという知覚は（『国家』353 B-E）、プラトンにとっては、それがアリストテレスにとってもっている根本的な重要性を、帯びないのである。

〔英訳版補注4〕アリストテレスがその論争において強調しているように、唯一の根拠〔理性〕としての根拠〔理性〕の問いが、国制の変化に関するプラトンの理論をとくに特色づけている（『政治学』1316 をみよ）。

〔英訳版補注5〕この権利は、最小限の要求であり、そのようなものとして、根本的に正しく、しかも、いかなる他の正しい要求の起源でもある。もっと正確にいうと、その権利は、あらゆる環境のもとですべての人びとの前で擁護されうるがゆえに、無条件的に正しいのである。この種の要求とは、生命と四肢を保護するための要求であるにすぎない。最大限の要求、すなわち、ひとが、自然によって、すなわち、かれが「予見されない不運」によって、もろもろの不幸の経験によって、教育されないかぎりにおいて、なす要求とは、他のすべての人びとに対する勝利の要求である。この「自然の」要求は、暴力による死に対する恐怖によって制御されて、人間の合理的な最小限の要求となり、こうして「自然権」が存在するようになる、あるいは、少なくとも明るみにでるのである。すなわち、「自然権」は、もしもひとが人間の自然、すなわち、人間の自然的な欲求から出発するならば、最初に生起する法学的ないし道徳的事実である。「自然法」は、人間の自然から国家への進歩のもっとのちの段階に属している。自然「権」は『市民論』の第一章で取り扱われているが、自然「法」は第二章と第三章で取り扱われている（同じ順序は『法の原理』においても見出されるはずであり、『リヴァイアサン』においても、あまり明瞭ではないけれども、見出されるはずである)。法を前提せずに、あらゆる法に先行する権利はどのように理解されるべきかは、フィヒテのつぎの文章によって示されている。「不正義が自分自身へと返ると、自分自身を正当化する正義〔権利〕、自分自身を正義〔権利〕として構成する正義〔権利〕、すなわち、絶対的正義〔権利〕となる……」。(*Sämtliche Werke*, vol. iii, p. 119.)

［英訳版補注6］ モンテスキューの言葉「最高権力者の意思は最高権力者そのものである」を参照せよ。*L'Esprit des lois*, ii. 2〔『法の精神』(上巻)、三辺博之訳、岩波書店、一九頁〕.

［英訳版補注7］ このことは、A・コバンが (*Rousseau and the Modern State*, London, 1934, p. 144) つぎの点を強調しても疑いもなく正当化されるということを、否定するものではない。すなわち、ルソーの「理論は、もしもわれわれがそれを、のちに登場し、情動や感覚や伝統の名のもとに、新しいルソー主義的な民主的理念に抗して、過去の貴族的、君主的制度を擁護したものと比較するならば、まったく理性の側に立っている」。しかし、ルソーの歴史的意義を判断するにあたって、われわれの主たる関心はかれの理論のそれ以前の諸理論との関係にあり、これらの理論と比較されるならば、ルソーの理論は理性の側に立っていないことは確かである。

［英訳版補注8］ 『国家』422.

［英訳版補注9］ 『政治学』1265 a.

［英訳版補注10］ とくに『政治学』1324 b-1325 b を参照せよ。

［英訳版補注11］ 『法律』628.

［英訳版補注12］ 本訳書、一六四頁以下をみよ。

［英訳版補注13］ *Leviathan*, ch. 25, 末尾〔一七四頁〕。

［英訳版補注14］ *Leviathan*, ch. 17 (p. 88)〔四八－四九頁〕.

［英訳版補注15］ 「あなたのそのような意見は、通念に反してはいるけれども、たしかに真理であるようにわたくしには思われるが、やがては通念になるであろう。ところで、ホッブズのすべての教説を弁護するあなたは、かれがその物理学や政治学のなかで述べていることに対して、何をいうつもりですか」。*Opera latina*, vol. iv, p. 226.

［英訳版補注16］ 「革命の神話は……事物の記述ではなく、意志の表現である。これに反して、ユートピアは知識の労働の産物である……」。G. Sorel, *Réflexions sur la violence*, Paris (Rivière), 1930, p. 46. 本訳書、一九四－一九五頁を参照せよ。

［英訳版補注17］ とくに『テマエウス』68 E と『国家』493 C を参照せよ。

［英訳版補注18］ 本訳書、二四四頁注 (39) と、本訳書、三一一頁を参照せよ。

［英訳版補注19］ ホッブズの「唯物論」の哲学的意味に関しては本訳書、一八四頁以下をも参照せよ。

［英訳版補注20］ Brandt, *op. cit.*, p. 333. とくにホッブズによるつぎの観察と比較せよ。「自然の結果の最大の部分を、かれ（すなわち、ホッブズ）は、かれが単純な円と呼ぶ運

動へ還元する……」。*Opera latina*, vol. iv, p. 266.

［英訳版補注21］ *De homine*, cap. II, art. 15. 円運動に対する直線運動の優越は、非‐機械論的諸前提、反‐機械論的諸前提に基づいてさえ、主張されうるということは、ベルクソンのつぎの文章によって示されているが、その文章は *De homine*, cap. II, art. 15 と比較されるべきである。「生命一般は運動そのものである。生命の個々の発露は、この運動をしぶしぶ受けとるにすぎず、たえずそれに遅れている。運動はつねに前進するのに、個々の発露はその場で足踏みしていたがる。進化一般は可能なかぎり直線的に進もうとし、特殊な進化はいずれも円を描く過程である」。*L'Evolution créatrice*, Paris (Alcan), 1907, p. 139〔『創造的進化』、真方敬道訳、岩波文庫、一五九‐一六〇頁〕. ベルクソンの理論に劣らず、ホッブズの理論も、主に、自己認識に基づいているのであって、科学的な性質をもった諸省察に基づいているのではない。

［英訳版補注22］ この観点から、（われわれが「虚栄心」について語ることによって解釈した）自惚れ〔高慢〕についてのホッブズの概念と、その伝統的な概念との相違を、われわれは理解することができる。「自惚れ」(pride) とは、伝統的な意味においては、もろもろの存在の階層秩序 (gradation) に対する反抗を意味する。それは、それゆえ、その階層秩序の存在と拘束力のある性質とを前提にしている。他方、「自惚れ」についてのホッブズの概念は、自然的階層秩序の否定を前提にしている。この概念は、実際、その階層秩序を「説明する」、すなわち、否定するための手段以外の何ものでもない。精神の諸能力に関しては自然的階層秩序が存在するという主張は、「ほとんどすべての人びとが自分は大衆よりもはるかに多くの知恵をもっていると考えている」、自分自身の知恵についての虚しい概念」に由来するのである (*Leviathan*, ch. 13, p. 63〔八三頁〕; ch. 15, p. 79 f.〔一〇三頁〕と *De cive*, cap. 3, art. 13 におけるアリストテレスの〔ホッブズとは〕異なる意見についての辛辣な批判とも比較せよ)。自惚れについてのこの概念の革命的性格――「幻想」や「イデオロギー」についての近代の批判の根底にあるものは、まさにこの概念である――は明瞭である。教会のヒエラルヒーと世俗のヒエラルヒーを批判するに際して、そのヒエラルヒーが自惚れに由来しているとも理解していた清教徒たちが、この概念をどの程度先取りしていたかは、ここでは未決の問題のままであらざるをえない。

訳者あとがき

本書はL. Strauss, *Hobbes' Politische Wissenschaft* (Luchterhand, 1965) の全訳である。「序文」で述べられているように、もともとこのホッブズ研究は英訳版（*The Political Philosophy of Hobbes. Its Basis and Its Genesis*. Translated from the German Manuscript by Elsa M. Sinclair, foreword Ernest Barker, The Clarendon Press, 1936. American edition, with a new preface, The University of Chicago Press, 1952）の形で出版された。本書が底本としたドイツ語版は、英訳版にいう the German Manuscript に、内容的に関連のふかいシュミット論（初出は *Archiv für Sozialwissenschaft und Sozialpolitik*, LXVII, 1932, pp. 732-749. 本論文については、シンクレアによる英訳〔L. Strauss, *Spinoza's Critique of Religion*, Schocken Books, 1965, pp. 331-351.〕とシュワーブによる英訳〔C. Schmitt, *The Concept of the Political*, Rutgers University Press, 1976, pp. 81-105.〕があり、訳出にさいして参照した）を「付録」としてくわえて一書にまとめたものである。

たしかにシンクレアによる英訳はすぐれたものであり、スピノザ研究の英訳も彼女が担当していることからみても、その理解力・翻訳能力にたいするシュトラウスの信頼のほどがうかがい知られる。つまり、これらの英訳版はシュトラウス自身によって（ホッブズ的な意味で）オーソライズされているとみなすことができ、事実、シュトラウスのホッブズ研究、スピノザ研究に言及する論者のほとんどは、英訳版を用いている。また、シュトラウス自身、一九三七年の"Der Ort der Vorsehungslehre nach der Ansicht Maimunis."という論文を最後に、以後ドイツ語による論文・著書は("Zu Mendelssohns 'Sache Gottes oder die gerettete Vorsehung.'", 1962を唯一の例外として)いっさい発表していない。しかし、それ以前の時期のシュトラウスが基本的にドイツ語で思考していたことは確かであり、何よりもシュトラウス自身が直接執筆したドイツ語草稿が公刊されている以上、かれのオリジナルな思考を理解するためにはこれに即することが妥当と考え、ドイツ語版を底本とした。ただし、英訳版では、単なる翻訳技術上の省略や敷衍的説明以上の大幅な補訂がシュトラウス自身によってなされている。そこで、訳出にさいしてはあくまでもドイツ語版を底本とし、五二年初版のアメリカ版を参照しながら英訳版における補訂部分を明示する(削除箇所はそのむね注記し、補足箇所は〔 〕で示す。なお、〔 〕は訳者補足であり、原文イタリックは傍点で示した)ことによって、ドイツ語草稿のオリジナル性と英訳版のメリットの双方を生かすように努めた。また、ドイツ語版のとくに「注」の部分に散見される意味不明確な略語等も、英訳版に従って適宜訂正した。

ドイツ語版を底本としたことから、邦訳書名は『ホッブズの政治学』とした。これについては、若干の説明が必要である。そもそもドイツ語草稿では、〈Politische Philosophie〉という表現は一度も用いられていない。英訳版の〈Political Philosophy〉は、ドイツ語版の〈Politische Wissenschaft〉ないしは〈Politik〉の訳である。ただし、Ⅳ章のタイトル〈Die neue politische Wissenschaft〉は〈The New Political Science〉と訳されている。つまり、英訳版は〈Wissenschaft〉を、〈philosophy〉と〈science〉の両方の意味を含むものとして理解している(形容詞〈wissenschaftlich〉は、おおむね〈scientific〉と訳されている）。ホッブズにおいて〈history〉と対比される〈science〉は、〈philosophy〉とも呼ばれる（『リヴァイアサン』第九章）から、Wissenschaft—science—philosophy の等置は誤りではない。しかし、英訳版が〈Politik〉をも〈Political Philosophy〉と訳している点は、問題がないわけではない。というのは、シュトラウスは〈Politik〉という語を、ひろく政治思想一般という意味とともに、より限定的に、〈Politische Wissenschaft〉とは明確に区別して、学問以前の単なる政治的臆見という意味でも用いているからである。このような用語上の関連にくわえ、一八世紀以降のドイツ哲学のヴォキャブラリーにおいて〈Wissenschaft〉はラテン語の〈scientia〉に対応していること、そして本書においてシュトラウスは何よりもホッブズにおける「人間と国家についての新しい学（*nuova scienza*）」の成立を問題にしていること、さらに〈philosophy〉と〈science〉を区別し〈philosophy〉の〈science〉化を批判することにこそシュトラウス政治哲学の眼目があること、こうした事情をふまえて、われわれは〈Politische Wissenschaft〉に「政治学」の訳語をあて〈Politik〉を「政治論」と訳した（したがって、〈wissenschaftlich〉は原則として「学問的」としたが、「自然科学」と関連する文脈では、「科学的」とした場合もある。なお、〈Politik〉と並置される〈Moral〉は「道徳論」とした）。

本書はシュトラウスによるホッブズ研究であることから、大きく二とおりの読み方ができよう。ひとつは、ホッブズ研究史のなかで本書がどのような位置を占めるかという観点からの読み方であり、もうひとつは、ホッブズ研究を通して表明されたシュトラウス自身の政治哲学への関心からの読み方である。

前者についていえば、シュトラウスによるホッブズ解釈の基本的モティーフとそれが従来の解釈にたいして有する意味に関しては、「序言」「序文」においてシュトラウス自身によってこのうえなく明晰に語られているので、あえて訳者が要約する必要はないであろう。訳者としては、この新しい視点の正当性を論証しようとするシュトラウスの解釈の冒険——ときには舌をまくほど鮮やかな、ときには頭をかかえこむほど執拗かつ晦渋な論理の運び——を、読者自身が熟読翫味されることを望むだけである。ホッブズ研究史上、本書はすでに「古典」の評価を獲得している。それはいいかえれば、日進月歩のホッブズ・インダストリーにあっては「骨董品」ともみなされかねないということでもある。事実、シュトラウス自身、本書がホッブズ研究としていくつかの「欠陥」を有し「補訂」が必要であることを承認している。シュトラウスは言及していないが、本書出版後に明らかになった事実で、ホッブズの「初期の著作」を重視する本書にとって重要な資料上の問題をひとつだけ挙げておく。近代自然科学の影響以前の、しかも反伝統的なホッブズの「道徳的態度」を明らかにするために、シュトラウスはとりわけ二つの英文の「『弁論術』抜粋」を重視しているが、その後の研究によって、本書において「より簡略な『弁論術』抜粋」として言及されているもの（'The art of rhetoric plainly set forth'. 本訳書六二頁以下および二四八頁注（30）をみよ）は、ホッブズの著作ではなくイギリスのラミスト Dudley Fenner の *The Artes of Logike and Rhetorike* (Middleburg, 1584) のなかのレトリックの部分の翻刻であったことが明らかにされている（佐藤正志「歴史における真理と修辞——初期ホッブズにおける方法の問題——」、渋谷浩編著『啓蒙政治思想の形成』、成文堂、一九八四年、六七頁。また、『社会思想史書誌シリーズ1・名古屋大学附属図書館所蔵イギリス近代思想史原典コレクション目録』、社会思想史学会、一九八三年、vii頁における水田洋の指摘、参照）。

こうした「欠陥」にもかかわらず本書が今日なお注目に値するのは、ホッブズ研究史上の「古典」としてだけではなく（シュトラウスと問題関心を共有しながら、シュトラウス以後の研究成果をふまえた最近のホッブズ研究として、佐藤、前掲論文および佐々木力「リヴァイアサン、あるいは機械論的自然像の政治哲学

（上）（下）」、『思想』No. 787, 788）、『自然権と歴史』の邦訳出版（塚崎智・石崎嘉彦訳、昭和堂、一九八八年）によりわが国でもようやく広く知られるようになってきたシュトラウスの政治哲学そのものへの関心からでもある。

シュトラウスは、一八九九年九月二〇日ドイツのヘッセン州キルヒハインで生まれた。かれは正統派ユダヤ教徒として育てられ、ギムナジウム教育を受けたのち、マールブルク、フランクフルト、ベルリン、ハンブルクの各大学で数学、物理学、哲学等を学んだ。一九二一年、ヤーコビの認識論に関する研究でハンブルク大学より哲学博士の学位を授与されたが、二二年フライブルク大学に赴き、そこで当時哲学教授職にあったフッサールとかれの助手を務めていた若きハイデッガーから大きな思想的影響を受けた。その後、一九二五年から三二年の間、かれはベルリンのユダヤ主義研究所（The Academy of Jewish Research）の研究員を務め、一七世紀における聖書批判の研究、とりわけスピノザの神学－政治論研究に取り組むとともに、M・メンデルスゾーンの哲学的著作の編集にも従事した。また、ベルリン時代にかれは、F・ローゼンツヴァイク、A・コジェーヴ、K・レーヴィット、J・クライン、H-G・ガダマー、A・コイレたちと交流した。三二年、ロックフェラー財団の援助により、パリを経て英国に渡り、三八年までケンブリッジに滞在しホッブズ研究に取り組んだ。その後はアメリカに定住し、四九年までニュー・ヨークのニュー・スクール・フォー・ソーシャル・リサーチ、六八年までシカゴ大学で政治哲学を講じた。シカゴ大学退職後は、Claremont Men's College, St. John's College で研究・教育に従事したが、一九七三年一〇月一八日メリーランド州アナポリスにて没。シュトラウスは現代の政治哲学者たちのなかで唯一「学派」（the Straussians）を形成した人物であり、その人脈はアカデミズムをこえる広がりを有しているといわれる。『アメリカン・マインドの終焉』の著者A・ブルームも「シュトラウス学派」の一人である。

シュトラウスの著書・論文に関する網羅的なビブリオグラフィーは，L. Strauss, *Studies in Platonic Political Philosophy* の巻末におさめられている。著書のみを年代順に挙げておこう。

Die Religionskritik Spinozas als Grundlage seiner Bibelwissenschaft : Untersuchungen zu Spinozas Theologisch-Politischem Traktat. Berlin : Akademie-Verlag, 1930. (Reprinted with an Introduction by Nobert Altwicker, Hildesheim : Georg Olms Verlag, 1981. English Translation, *Spinoza's Critique of Religion*. New York : Schocken Books, 1965)

Philosophie und Gesetz : Beiträge zum Verständnis Maimunis und seiner Vorläufer. Berlin : Schocken, 1935. (English Translation, *Philosophy and Law : Essays Toward the Understanding of Maimonides and His Predecessors*, Foreword by Ralph Lerner, Philadelphia/New York/Jerusarem : The Jewish Publication Society, 1987)

The Political Philosophy of Hobbes : Its Basis and Its Genesis. Oxford : Clarendon Press, 1936. (Reissued with a new preface, Chicago : University of Chicago Press, 1952, pbk ed., Chicago and London ; Midway Reprint, 1984)

On Tyranny : An Interpretation of Xenophon's Hiero. New York : Political Science Classics, 1948. (Reprint. Glencoe, Ill. : Free Press, 1950, Revised and enlarged, including Alexandre Kejève, "Tyranny and Wisdom." New York : Free Press of Glencoc, 1963)

Persecution and the Art of Writing. Glencoe, Ill. : Free Press, 1952. (pbk ed., Chicago and London : University of Chicago Press, 1988)

Natural Right and History. Chicago : University of Chicago Press, 1953.

Thoughts on Machiavelli. Glencoe, Ill. : Free Press, 1958.

What is Political Philosophy? Glencoe, Ill. : Free Press, 1959.（pbk ed., Chicago and London : University of Chicago Press, 1989）

History of Political Philosophy. Coeditor. Chicago : Rand McNally, 1963.（3 rd ed. 1987）

The City and Man. Chicago : Rand McNally, 1964

Socrates and Aristophanes. New York : Basic Books, 1966.

Liberalism Ancient and Modern. New York : Basic Books, 1968.（With a new foreword by Allan Bloom, Ithaca and London : Cornell University Press, 1989）

Xenophon's Socratic Discourse : An Interpretation of the "Oeconomicus". Ithaca : Cornell University Press, 1970.

Xenophon's Socrates. Ithaca : Cornell University Press, 1971.

The Argument and the Action of Plato's Laws. Chicago : University of Chicago Press, 1975.

Political Philosophy : Six Essays by Leo Strauss. ed. by Hilail Gildin. Indianapolis and New York : Bobbs Merrill/Pegasus, 1975.

Studies in Platonic Political Philosophy. Foreword by Joseph Cropsey, Introduction by Thomas Pangle. Chicago : Univeristy of Chicago Press, 1983.

その後、つぎの二著が新たに出版された。

An Introduction to Political Philosophy : Ten Essays by Leo Strauss. ed. with an Introduction by Hilail Gildin, Detroit : Wayne State University Press, 1989.（前掲 *Political Philosophy : Six Essays by Leo*

Strauss, 1975 に、新たに四編の論文を追加したもの）

The Rebirth of Classical Political Rationalism : An Introduction to the Thought of Leo Strauss—Essays and Lectures by Leo Strauss. selected and introduced by Thomas L. Pangle, Chicago and London : University of Chicago Press, 1989.

これらの著作を通してシュトラウスが一貫して追究したことは、「近代性」(modernity) 批判という一事につきる（シュトラウスの業績に関する個別論文はかなりの数にのぼるが、まとまった著書としては、'the first book devoted exclusively to Leo Strauss' たる Kenneth L. Deutsch and Walter Soffer (eds.), *The Crisis of Liberal Democracy. A Straussian Perspective*. New York : State University of New York Press, 1987 がある。また、ブルームによる追悼論文 "Leo Strauss : September 20, 1899-October 18, 1973", *Political Theory*, Vol. 2, No. 4, 1974, pp. 372-392. は、シュトラウスの生涯と作品についてのすぐれたイントロダクションとなっている）。ここで「近代性」とは、富沢克の適切な表現を（若干修正して）かりれば、「ある特定の原理もしくは〈形而上学〉に基づいて特定の方向に向けて秩序づけられた新しいもの (modern) の一形態」（富沢克「レオ・シュトラウスと近代性の危機——自由主義的理性批判序説(1)——」、『同志社法学』三九巻三・四号、一九八七年、四〇八頁）という意味であり、より実質的・限定的にいえば、合理主義・個人主義・自由主義（包括的には人間中心主義）という原理もしくは〈形而上学〉に基づく産業化・民主化・分化への運動によって特徴づけられる文明の一形態のことである。「近代性」が自明のものとして信じられ、あるいは獲得されるべき普遍的価値とみなされていた間は、それは問題として浮上してくることはなかった。近年「脱 - 近代性」(post-modernity) との関連で「近代性」が問題視されてきたのは、「近代性」の限界ないしは危機――産業化が人類の生存条件そのものを破壊し、民主化がある種の衆愚政治を帰結し、分化がきわめて狭隘な趣味の領域への自閉をもたらす、といった――への認識が広い範囲で共有されてきたことのあらわれである。

政治思想の領域でこうした認識の共有化に貢献したのは、二〇世紀の「新しいリヴァイアサン」たる全体主義の経験への真剣な反省から独自の政治思想を形成していった一群の政治哲学者たち――シュトラウス、アレント、オークショット、フェーゲリン、ジュヴネルなど、そしてその背後にはフッサール、ハイデッガー、ウィトゲンシュタインらがいる――である。かれらに共通しているのは、全体主義を「近代性」からの逸脱ないしは「近代性」の未熟さの結果としてとらえるのではなく、まさしく「近代性」そのものの危機としてとらえる発想である。本書においてシュトラウスは、「ニヒリズムか、あるいは実際上それと同じことだが、狂信的な蒙昧主義かに転化」してしまった近代的思惟の流れを遡行して、その源泉をホッブズに見出す。ホッブズこそ、伝統的政治哲学からの絶縁と合理的な政治科学の創造（合理主義）、国家の個人意志への還元（個人主義）、国家と宗教の分離（自由主義）を、自覚的かつ体系的に展開した最初の政治思想家といえるからである。その後シュトラウスは、「近代性」の創始者はホッブズに先行するマキアヴェルリ（「近代性」の第一の波）であり、ルソー（第二の波）、ニーチェ（第三の波）によりいっそう純化されるとともに、その問題性が露呈されてくると考えるようになる（'The Three Waves of Modernity', *Political Philosophy : Six Essays By Leo Strauss*. pp. 81-98.）が、「近代性」についてのシュトラウスの基本的な見解は萌芽的な形ですべて本書に含まれている。

本書におけるシュトラウスによるホッブズ解釈の要点は、ホッブズ政治学の独創性を「新しい道徳的態度」――暴力による死への恐怖を善とみなし虚栄心を悪とみなす道徳意識――、ないしは「ホッブズにとって基準となる信念」にまで遡って明らかにすることにある。それは単にホッブズ政治学の「動機」であるだけではなく、同時にそれこそが「近代性」の最下・最深の層にあるいわば近代文明の無意識でもある。つまり、シュトラウスは『リヴァイアサン』によってはかえって隠蔽されてしまうホッブズ政治学のもともとの「動機」の解明を通じて、同時に「近代性」そのものの精神分析を行なったといえる（本訳書七‐八頁参照）。たとえばシュトラウスは、「愉快な事柄」に関するアリストテレスとホッブズの見解の、ともすれば見落とされかねない微妙な差異のなかに、（古代的意識と対比される）近代的意識の特徴――「安らぎ」ではなく「前進」こそが「愉快」であるとする意識、端的にいえばヘーゲル的な「自己意識」――を見出しているが（本訳書一六五頁以下）、ここからも窺えるように、シュトラウスのホッブズ解釈は、決定的な点でA・コジェーヴによるヘーゲル解釈に依拠している。コジェーヴは、最近評判になったF・フクヤマの論文「歴史の終焉?」のなかでの言及によってあらためてその重要性が注目されつつある思想家である。本書で予告されているシュトラウスとコジェーヴの共同研究（二五三頁、注(60)）は実現されず、*On Tyranny* においてかれらは正面から対立するにいたるが、人間の生と死、自然と歴史、支配と隷従をめぐるかれらの論争は、シュミット論における自由主義批判（文化が自然の陶治〔文化〕であることを隠蔽・忘却した自由主義の行き着く果ては、娯楽の世界である！）とともに、今日ますますアクチュアルな関心を呼び起こしつつある（山之内靖「思想の言葉」、『思想』No. 791, pp. 1-4. 参照）。本書は、こうした観点からもわれわれに「真剣な」思考を、つまり自由主義的な「誠実さ」でもロマンティッシェ・イロニーの「真面目な戯れ」でもない「真剣な」思考を、促し続けているのである。

本訳書は訳者三名による共同作業の成果である。まず、各自が全体を通読し基本的な用語・表記等について、翻訳作業を進めるうえでの共通原則を確認した。ついで、それに従って各自が分担部分について草稿をもちより、お互いに検討しあうなかで全体的な調整・統一をはかり最終稿を作成した。そのための会合は十数回にのぼり、議論は句読点の打ち方にまでおよんだ。したがって、本訳書の長所・短所の双方に三名はそれぞれなにがしかの貢献をなし、あるいは責任を有している。草稿段階での分担はつぎのとおりである。序言、Ⅶ、Ⅷ——飯島。序文、Ⅰ、Ⅱ、Ⅲ、Ⅴ、Ⅵ——添谷。Ⅳ、付——谷（ただし、序文とⅠ、Ⅱ、Ⅲ、Ⅳは、添谷・谷の共訳により『埼玉大学紀要』（社会科学篇）第二六、二七、二八巻に一度発表したが、今回全面的に改訳した）。本文中の引用箇所については、既訳のあるものは参照させていただいた（『リヴァイアサン』からの引用は、原則として水田洋・田中浩訳『リヴァイアサン〈国家論〉』（世界の大思想・13）、河出書房新社、一九六六年に従った）が、文脈上訳し変えたものもあり、訳者諸氏にはお礼とともにお詫びしたい。ともかく、こうして「あとがき」を書くところまでこぎつけることができ、訳者一同精神的負債の幾分かからは解放された、というのが偽らざる実感である。

最後に、諸般の事情により中断していた添谷・谷の訳稿に目をとめ、強く翻訳の継続を勧められるとともに、飯島というすぐれた共訳者をご紹介いただいた、早稲田大学の藤原保信先生には感謝の言葉もない。先生のさまざまなご配慮がなければ、本訳書が日の目を見ることはなかったであろう。また、牛歩のようなわれわれの仕事の進行に辛抱強くおつきあいいただいた、みすず書房の守田省吾氏の「寛容と忍耐」にたいしても、謝意を表する次第である。

一九九〇年八月

訳者を代表して

添谷　育志

索　引

（注部分は該当数字でしるす）

ア　行

カ　行

カッシーラー　Cassirer, E.　I(1); VIII(89)
ガーディナー　Gardiner, S. R.　V(44)
ガリレイ　Galilei, G.　3, 9, 168, 184-185
カント　Kant, I.　xiii, xiv, 2, 29, 203
『人倫の形而上学』　IV(52)
『世界市民的意図における普遍史のための理念』　198
『道徳形而上学原論』　II(41)

キケロ　Cicero, M. T.　75, 110; VIII(35)
『義務について』　75; IV(16), (45)
『法律について』　VIII(109)
『雄弁について』　108; VI(14)
キャヴェンディッシュ　Cavendish, W.
初代デヴォンシャー伯爵　1. Earl of Devonshire　x, xi
二代目デヴォンシャー伯爵　2. Earl of Devonshire　xi, 40, 140
三代目デヴォンシャー伯爵　3. Earl of Devonshire　62; III(30)
ニューカスル伯爵　Earl of Newcastle　101; III(31); V(51)
ギールケ　Gierke, O. v.　VIII(100), (115)

クインティリアヌス　Quintilian, M. F.　108
クライン　Klein, J.　xiv; VIII(44), (119)
グラシャン　Gracian, B.　IV(18), (40)
クラレンドン　Clarendon, E. H.　101; VII[4]
クリューガー　Krüger, G.　xiv; IV(46)
クリュシッポス　Chrysippus　117
グロティウス　Grotius, H.　ii, 191
『戦争と平和の法について』　VI(11); VIII(78), (103), (105)

コジェヴニコフ　Kojevnikoff, A.　IV(60)
コバン　Cobban, A.　VIII[7]
コルテス　Cortes, D.　238
コンドルセ　Condorcet
『人間精神進歩の歴史』　VI[5]

サ　行

サッカリ　Thackeray, W.
『虚栄の市』　VII(24)

シュミット　Schmitt, C.　xiii, 207-240; VII(49)
シンクレア　Sinclair, E. M.　x

スアレス　Suarez, F.　ii
スウィフト　Swift, J.　xvi
スカリゲル　Scaliger, J.　VIII(124)
スキピオ　Scipio, P. C. (Maior)　109
ストゥパヌス　Stupanus, J. N.　VI(8)
ストブニッツァ　Stobnicza, J. de　IV(17)
スピノザ　Spinoza, B.　xiii, xvii, 22, 35, 95, 204; II(82)
『エチカ』　228; VI(20), (42)
『国家論』　V(19)
『知性改善論』　II(36)

セーガー　Segar, W.　69
セネカ　Seneca, L. A.　VIII(35)
ゼノン（キティオンの）　Zenon v. Kition　xvi

ソキヌス(ソッツィーニ)　Socinus

(Sozzini), F.　V(46)
ソクラテス　Sokrates　187, 189, 190 ; VIII(55), (72)
ソレル　Sorel, G.
『暴力論』　VIII[16]

タ　行

ダヴナント　Davenant, W.　IV(21)

チャーバリィ　Cherbury, H. v.　V(51)

ディオニュシオス・ハリカルナッセウス　Dionysius v. Halikarnass　VI(11)
ディルタイ　Dilthey, W.　6 ; I(5)
デヴォンシャー　Devonshire　→キャヴェンディッシュをみよ
デカルト　Descartes, R.　3, 22, 103 ; IV(59)
『情念論』　78, 79 ; IV(58) ; VI(20)
『方法序説』　II(35)
テニエス　Tönnies, F.　viii, ix ; V(8), (14), (15), (31) ; VIII(81)
デモステネス　Demosthenes　41, 44

トゥキュディデス　Thukydides　viii, 38, 41, 42, 44, 62, 64-66, 68, 81, 82, 87, 88, 91, 92, 99, 105, 108, 110, 112, 123, 124, 137-142, 163, 164 ; III(10) ; IV(7) ; V(20), (41) ; VI(1), (15), (31) ; VIII(79)
トーニー　Tawny, R. H.　ix
トマス・アクィナス　Thomas v. Aquin　75
トンプソン　Thompson, F.　ix

ナ　行

ナトルプ　Natorp, P.　211

ニキアス　Nikias　100
ニゾリウス　Nizolius, M.　II(6)
ニーチェ　Nietzsche, F.　200
『力への意志』　VIII(19)
ニフス　Niphus, A.　IV(11)
ニューカスル　Newcastle, Earl of　→キャヴェンディッシュをみよ

ノース　North, Sir Thomas　VI(4)

ハ　行

バーカー　Barker, E.　ix, xii ; VIII(98), (117)
バーク　Burke, E.　VIII(120)
パッサント　Passant, E. J.　ix
パトリキウス　Patricius, F.　VI(8), (11)
バルト　Barth, K.　xiii
ハンニバル　Hannibal　109

ピッコローミニ　Piccolomini, F.　63, 68 ; IV(15)
ヒューム　Hume, D.
『人性論』　VII(22)

ファブリキウス　Fabricius, C.　108, 226
フィヒテ　Fichte, J. G.　VIII[5]
フォークランド　Falkland, Lucius Carey, Viscount　V(46)
フォーテスキュー　Fortescue, J. F.　VIII(103), (106)
フッカー　Hooker, R.　ii
Ecclesiastical Polity　V(21)
プーフェンドルフ　Pufendorf, S.　228
フュステル・ド・クランジュ　Fustel de Coulanges
『古代都市』　VIII(100)
ブラウン　Brown, Th.　IV(51)
ブラックボーン　Blackbourne, R.

Republique　VIII(110)
ホビィ　Hoby, Th.　IV(44)
ホメロス　Homer　41, 44, 64；VI(59)
ポラン　Polin, R.　xiv
ホール　Hall, N. F.　ix

マ 行

マキアヴェルリ　Machiavelli, N.　xv, xvi, 226
『君主論』　xvii；VI(24)
『ディスコルシ』　xvii
マコーリ　Macaulay, Th. B.　IV(51)
マーリ　Murray, J. A. H.　IV(18)
マルクス　Marx, K.　VII[6]
マルシリウス（パドヴァの）　Marsilius v. Padua　xvi
マンデヴィル　Mandeville, B.
『蜂の寓話』　VIII(15)

メイン　Maine, Sir H. S.　129-131
『古代法』　VI(70), (75)
Early History of Institution　VI(71)

モールズワース　Molesworth, Sir W.　ix
モンテスキュー　Montesquieu, Ch.　ii, 204
『法の精神』　VIII(129), [6]

ヤ 行

ユークリッド　Euklid　36, 37, 42, 142, 161, 164, 167, 168, 170, 172, 183, 201, 205

ラ 行

ラ・ロシュフーコー　La Rochefoucauld　vi
ライプニッツ　Leibniz　ii；V(46)
ラッソン　Lasson, G.　VI(76)；VII(50)

リッコボーニ　Riccoboni, A.　VI(32), (43)
リプシウス　Lipsius, J.　108, 110；VI(11), (39)
リュビエンスキー　Lubienski, Z.　VIII(82)
リンゼイ　Lindsay, A. D.　ix

ルカヌス　Lucan　VI(59)
ルキアノス　Lukian　108,110
ルソー　Rousseau, J. J.　ii, xvi, 2, 4, 195, 200；VIII[7]
『人間不平等起原論』　VIII(116)

レアード　Laird, J.　i；I(5)

ローゼンツヴァイク　Rosenzweig, F.　xiii
ロック　Locke, J.　129, 192
『人間悟性論』　VIII(19)
ロバーツ　Roberts, S. C.　x
ロバートスン　Robertson, G. C.　iv
ローリ　Raleigh, W.　IV(11), (39)；VI(63)

著者略歴

(Leo Strauss, 1899-1973)

1899年ドイツのヘッセン州キルヒハイン生れ，正統派ユダヤ教徒として育てられる．1921年，ヤーコビの認識論に関する研究でハンブルク大学より学位を授与される．1922年フライブルク大学に赴き，フッサールとハイデガーから大きな思想的影響をうけた．その後ベルリンのユダヤ主義研究所に勤め，スピノザやメンデルスゾーンの研究に従事，コジェーヴ，レーヴィット，ガダマーらと交流する．1932年イギリスに渡りホッブズ研究に取り組んだシュトラウスは，1938年以降アメリカに定住，1949年までニュー・スクール・フォー・ソーシャル・リサーチ，1968年までシカゴ大学で政治哲学を講じた．著書は本書の他に『自然権と歴史』(1953，昭和堂，1988)『哲学者マキャベリについて』(1958，勁草書房，2011)『政治哲学とは何であるか？ とその他の諸研究』(1959，早稲田大学出版部，2014)『都市と人間』(1964，法政大学出版局，2015) など多数ある．1973年歿．現代の政治哲学者のなかで唯一「学派」(the Straussians) を形成した人物であり，その人脈はアカデミズムをこえる広がりがある．

訳者略歴

添谷育志〈そえや・やすゆき〉1947年栃木県に生れる．東北大学法学部卒業．明治学院大学名誉教授．著書『近現代英国思想研究，およびその他のエッセイ』(風行社，2015)『背教者の肖像――ローマ皇帝ユリアヌスをめぐる言説の探究』(ナカニシヤ出版，2017) ほか．

谷 喬夫〈たに・たかお〉1947年群馬県に生れる．中央大学法学部卒業．新潟大学名誉教授．著書『ヒムラーとヒトラー――氷のユートピア』(講談社，2000)『ナチ・イデオロギーの系譜――ヒトラー東方帝国の起原』(新評論，2012) ほか．

飯島昇藏〈いいじま・しょうぞう〉1951年千葉県に生れる．Ph.D. (政治学，シカゴ大学)．元早稲田大学政治経済学部教授．2017年歿．著書『スピノザの政治哲学――『エティカ』読解をとおして』(早稲田大学出版部，1997)『社会契約――社会科学の理論とモデル10』(東京大学出版会，2001) ほか．

ホッブズの政治学

2019 年 7 月19日　新装版第 1 刷発行
2022 年 6 月 9 日　新装版第 3 刷発行

著　者　　レオ・シュトラウス
訳　者　　添谷育志・谷喬夫・飯島昇藏
発行所　　株式会社 みすず書房
〒 113-0033 東京都文京区本郷 2 丁目 20-7
電話 03-3814-0131(営業) 03-3815-9181(編集)
www.msz.co.jp
印刷・製本　大日本印刷株式会社

ISBN 978-4-622-08848-6
［ホッブズのせいじがく］

本書は、みすず書房より 1990 年 10 月 24 日、第 1 刷として発行した『ホッブズの政治学』の 2007 年 10 月 3 日発行、第 3 刷を底本としています。